KB105752

스피노자, 욕망의 기하학

SPINOZA

GEOMETRIA
CUPIDITATIS

스피노자, 욕망의 기하학

METAPHYSICA CONATUS

DEUS SIVE NATURA

TRACTATUS THEOLOGICO-POLITICUS KORTE VERHANDELING

D B CAUTE

TRACTATUS INTELLECTUS EMENDATIONE

DE COGITATA

이근세 지음

ETHICA

아카넷

차례

◆◆◆◆◆◆◆◆◆◆◆◆◆◆◆◆◆◆◆◆◆◆◆◆◆

◆◆◆◆◆◆◆◆◆◆◆◆◆◆◆◆◆◆◆◆◆◆◆◆◆

머리말: 욕망의 기하학

욕망은 인간의 본질이다. 욕망을 보존하고 강화하려는 성향은 욕망의 삶을 지배한다. 욕망은 안정적으로 전개될 수도, 소모적으로 낭비될 수도 있다. 작용과 반작용이 충돌하는 힘의 세계에서 욕망은 굴절되고 다양한 흔적을 남기며 확장된다. 욕망의 흔적과 확장은 무한정하다. 욕망의 장(場)은 기회이자 위기이다.

스피노자(Baruch de Spinoza)의 철학은 욕망의 체계이다. 스피노자는 욕망의 구조를 샅샅이 살피고 욕망의 다양한 작동방식을 개념화했다. 욕망의 체계는 욕망의 여정을 다차원적으로 그려낸 **욕망의 기하학**이다. 욕망의 낭비와 욕망의 완성 사이에 다양한 삶의 방식이 펼쳐진다. 소수만이 욕망의 완성을 누린다. 욕망의 완성을 향한 여정은 가파르다. 욕망의 완성이 편한 길이었다면 그토록 많은 사람이 그 여정을 도외시하지 않았을 것이다.

스피노자는 현실적인 사람이었다. 군중이든 공적인 일에 개입된 사람이든 대다수가 이성만을 따르면서 욕망을 완성하도록 설득하는 것은 몽상이다. 욕망의 여러 차원을 그린 욕망의 지도는 단순치 않다. 삶의 근원적 활력인 욕망이 변질되고 소모되는 수동적 감정 상태에서 허우적대는 이들에게 지성을 통한 욕망의 완성을 논증하는 것은 헛된 일이다.

스피노자는 종교의 미신적 독단에 빠져 타인을 비난하는 방식부터 익힌 젊은이에게 필요한 것은 이성이 아니라 시간이라고 말했다. 진리를 들을 준비가 안 된 이들에게 진리의 체계를 굳이 설명할 필요는 없다. 그들에게 알맞은 처방은 제재이다. 도덕적 차원의 제재는 종교이고 제도적 차원의 제재는 정치이다. 종교와 정치는 대다수 사람이 지성을 통해 완성될 수 있는 욕망의 의미를 몰라도 지성에 어긋나지 않은 삶을 살도록 유도하는 장치이다. 무지한 사람도 사회규범과 종교덕목을 따르면서 안정된 삶을 살 수 있다. 그렇게 확보된 시간의 여유 속에서 혹시라도 지성의 참된 가치를 접할 수 있을 것이다. 스피노자는 욕망의 입체적 지도를 그리고 여러 갈래의 의미를 비교 설명할 뿐이다.

스피노자 자신은 욕망을 완성으로 이끄는 여정을 체험했을까? 욕망의 완성은 욕망 주체가 자신의 근원과 실상을 이해하고 감정의 원인을 인식하면서 느끼는 기쁨의 지속 상태이다. 스피노자 자신의 증언을 신뢰할 수 있다면 그는 욕망의 완성에 이른 것으로 보인다. 한 편지에서 스피노자는 확신에 찬 어조로 선언한다.

"진리는 진리에 대립하지 않습니다. 제가 단 한 번도 결함을 발견하지 못한 자연적인 이해 능력에서 획득한 결실은 저를 행복한 사람으로 만들어주었습니다. 여기에 제 즐거움이 있고 저는 불평과 탄식이 아닌 평온, 기쁨, 웃음 속에서 제 삶을 살아가려고 노력하며 어김없이 새로운 단계를 넘어섭니다. 나아가 저는 모든 것이 최상으로 완전한 존재의 능력을 통해 이루어진다는 것을 인정하며 저의 가장 큰 만족과 영혼의 평정을 바로 그런 인식을 통해 얻습니다."

― 『스피노자 서간집(Epistolae)』, 서신21

아무 결함 없이 작동하는 지성을 통해 기뻐하고 그 기쁨의 근원에 최상의 완전한 존재가 작용함을 인식하면서 최고의 만족과 평정을 누리는 것이 욕망의 완성이다. 그러나 우리는 스피노자가 겪은 일을 알고 있다. 스피노자는 유대교의 원리를 거부한 이유로 유대공동체로부터 파문을 당했다. 동족에게 온갖 비난을 받으며 추방당한 스피노자는 어떻게 평온을 누렸을까? 스피노자의 모든 편지와 저작에 그가 겪은 파문에 관한 언급은 단 한마디도 없다. 그가 체험했을 감정적 격동은 차가운 철학 체계 속에 해소된 채 개념화되고 이 체계에서 영속적인 기쁨이 욕망의 완성으로 제시된다.

암스테르담의 유대공동체에 최고의 율법학자가 탄생하리라는 기대를 안겨주었던 스피노자이지만, 신을 인격체로 보는 유대교의 여러 교리에 의심을 품었고 결국 저주의 판결과 함께 유대공동체에서 쫓겨났다. 그는 종교의 외형적 절차를 최소화하는 몇몇 기독교 계열과 가까워지기도 했지만 기독교를 자신의 종교로 받아들이지도, 또 자기 삶의 원리로 활용하지도 않았다. **신 즉 자연**(Deus sive Natura)이라는 스피노자의 원리는 유대교뿐 아니라 기독교의 신을 정면으로 부정하는 개념이다.

서양철학사에서 일반적으로 스피노자는 이단자나 무신론자로 여겨진다. 오늘날까지도 스피노자의 체계를 보수 진영에 맞서기 위한 도구로 사용하는 이들이 꽤 많다. 그러나 스피노자가 **절대적으로 무한한 존재**라 일컫는 신이 진짜 신이라면 유대교와 기독교가 무신론일 것이다. 스피노자의 사유는 그 자체로 논쟁적이다. 이 책의 본문에서 스피노자가 어떻게 유대교와 기독교를, 그리고 자신의 존재론을 규정하는지 세밀히 밝힐 것이다.

스피노자의 신은 자연이다. 자연의 바깥은 없다. 모든 것은 신 안에 있다. 자연을 넘어선 초월이 없으므로 스피노자의 철학은 **내재론**이다. 신이 유일하다고 말하는 것도 부적합하다. 신은 자연이고 자연은 전체이다. 전체를 마치 분리되어 있는 개별 사물처럼 **하나**라고 말하는 것은 표현 방식일 뿐 전체의 실상을 나타내지 않는다. 자연의 참모습을 파악하는 것은 극히 어렵다. 세상을 잘라서 바라보는 습관은 쉽게 고쳐지지 않는다. 자연의 모든 부분은 단절 없이 연결되어 있다. 신은 자연 전체이다.

신 즉 자연이라는 전체의 개념 안에서 욕망의 기하학이 펼쳐진다. 신이 자연 바깥에 있다고 믿는 이들은 가장 심한 욕망의 낭비를 겪는다. 존재하지 않는 것에 의거하는 욕망 주체는 존재하는 것의 의미를 왜곡하면서 다양한 가짜 지표에 얽매인다. 자연을 초월한 존재를 믿는 욕망 주체는 **미신**의 주체가 된다. 닭의 창자, 새의 날갯짓, 어디선가 떨어진 돌멩이 등 모든 것이 신의 뜻이 된다.

미신이 정치권력과 결합하면 건전한 이들이 불경한 자로 여겨져 억압되는 고약한 일이 발생한다. 스피노자는 미신에 맞서 진짜 종교가 무엇인지 상세히 밝힘으로써 욕망의 일탈을 막을 방안을 제시한다. 물론 미신으로부터의 탈출이 곧 지성의 향유는 아니다. 유대-기독교가 따르는 성서를 제대로 이해한다면 자연을 초월한 신에 욕망을 맡기는 것이 성서의 내용이 아니라는 점이 드러난다. 미신과 이성 사이에 욕망 주체의 안정을 보증해줄 지표가 있다는 점을 밝히는 것이 스피노자의 주저 중 하나인 『신학정치론(Tractatus Theologico-Politicus)』의 전반부 내용이다.

이 책의 1~4장에서는 스피노자의 두 주저인 『에티카(Ethica)』와 『신학정치론』에 의거하여 스피노자의 자연주의 원리, 자연주의를 방해하는 미신의 의미, 그리고 미신에서 벗어나지만 이성의 영역에는 속하지 않는 종교의 역할을 다룬다.

5장에서는 스피노자의 정치학을 논의한다. 스피노자의 정치학은 『신학정치론』의 후반부에 완결된 형태로 제시되어 있다. 『신학정치론』 전반부는 이성의 영역인 철학과 신앙의 영역인 종교를 분리시키는 데 집중한다. 이성과 신앙의 분리를 통하여 철학과 종교 각각의 자유가 보장된다. 그러나 이와 같은 자유는 사회공동체에서 어떠한 한계를 갖는가? 이 문제가 정치학이 다루는 내용이다. 사회는 욕망들의 야만적 충돌을 피하면서 필연적으로 구성되며 사회규범은 욕망의 충동을 제어하는 기능이다. 그러나 정치권력이 불투명해지고 비대해지면서 개인의 욕망은 위축될 수 있다. 스피노자는 개인은 사회규범을 따라야 하고 정치권력은 관용을 유지해야 하는 근거를 제시함으로써 개인적 욕망과 집단적 욕망이 종합될 수 있는 방식을 규명한다.

6장부터 『에티카』에 제시된 욕망의 문제에 본격적으로 접근한다. 욕망은 각 개체에게 분배된 자연의 힘이다. 신이 자연의 힘 전체를 한결같이 유지하듯이 각 개체는 자기 존재를 고수하려는 성향이 있다. 이것이 **자기보존노력**이고 욕망이다. 인간은 욕망이다. 그러나 인간은 욕망의 원인을 인식하지 못한 채 욕망의 충족을 추구하면서 욕망을 낭비할 수 있다. 그래서 욕망 주체는 자신의 근본 목표인 기쁨의 지속 상태에서 멀어져 수동적 감정 상태가 자기 존재를 증명하는 지표라고 믿을 정도로 변질된 삶을 살수 있다.

극도의 수동성에 빠진 욕망을 제어하는 기제가 정치와 종교가 될 것이고, 많은 사람은 정치규범과 종교덕목을 따르면서 나름대로의 안정된 삶을 살 수 있다. 그러나 스피노자는 욕망의 구조를 존재론적으로 밝히고 욕망을 완성으로 이끌기 위한 체계를 구축했다. 『에티카』는 이해하기 매우 까다로운 개념 체계이다. 아무 서론도 없이 신, 자기원인, 실체, 속성, 양태 등의 무미건조한 존재론 개념들이 쏟아져 나온다.

7장에서는 왜 스피노자가 신의 개념에서 체계를 출발시켜야 했는지를 해명한다. 『에티카』의 서론 역할을 하는 저작이 『지성개선론(Tractatus de Intellectus Emendatione)』이다. 『지성개선론』은 스피노자가 수동적 감정 상태에 대한 체험을 고백하는 유일 저작으로서 욕망의 문제가 자신이 실제 겪은 삶에서 나온 것임을 엿보게 해준다. 7장은 『지성개선론』의 논의 전체를 해독함으로써 욕망의 완성 조건인 **완전한 존재**의 개념에서 출발하는 스피노자의 존재론 체계에 접근할 토대를 마련한다.

8장에서는 스피노자 존재론의 근본을 이루는 개념들을 전면적으로 다룬다. 독자는 매우 까다로운 개념 체계를 접하게 될 것이다. 존재론은 욕망의 문제를 다루기 위한 필수 조건이다. 자기

원인, 실체, 속성, 신, 양태 등 스피노자 존재론을 직조하는 근본적 개념 체계를 규명하는 것이 8장의 내용이다.

9장 역시 스피노자 존재론을 다루지만, 특히 신 또는 자연이 산출한 **무한양태**를 논의한다. 무한양태는 자연의 구조가 어떤 법칙에 따라 작동하는지 보여주는 개념이다. 무한양태는 다시 **직접무한양태**와 **간접무한양태**로 나뉘는 난해한 개념으로, 많은 스피노자 애호가도 피해가는 영역이지만 욕망의 기하학을 이해하고 욕망의 완성에 접근하기 위해 필수 불가결한 개념이다.

10장에서는 스피노자의 존재론을 토대로 인간의 본성을 규정한다. 인간은 신 또는 자연의 유한한 부분으로서 **유한양태**이다. 인간은 신의 본질을 표현하는 사유와 물질 두 속성으로 조합되므로 정신과 육체로 변용된 개별적 존재이다. 인간의 정신은 현존하는 육체의 관념이다. 그렇기 때문에 인간의 욕망은 정신과 육체의 차원에 모두 적용되면서 작동한다.

11~13장에서는 욕망 주체가 극도의 수동성을 거쳐 능동적 상태로 이행하는 여정을 제시한다. 이를 위해 스피노자 철학의 대미를 장식하는 『에티카』 5부의 관점에서 『에티카』 전체를 조망한다. 욕망의 완성을 향한 여정은 불필요한 껍질을 벗겨가는 과정이다. 우리 삶에서 불필요한 것을 하지 않기란 매우 어려운 일이다. 스피노자의 존재론을 온전히 이해한 눈으로 본다면 욕망은 항상 완전한 것이었고 욕망 주체는 항상 행복했었다. 다만 욕망의 본래적 완전성을 몰랐기 때문에 욕망 충족의 수단을 다른 곳에서 찾았고 행복은 불행으로 전도되었었다. 욕망의 완성은 우리

가 본래 갖춘 완전성의 주변을 닦아내어 완전성을 부각하는 것이다. 우리의 삶이 지속하는 한 욕망의 완전성은 계속 은폐될 수 있다. 그러나 욕망의 완전성이 확보되고 외부의 위협에 맞설 면역력이 생기면 나머지 일은 거의 무의미할 정도로 욕망의 삶에 영향을 주지 않는다. 어떤 삶이 좋은 삶인지 알고 좋은 삶이 뒤바뀌지 않을 정도로 습관이 되면 과거로 돌아갈 수 없다.

1.

스피노자 철학의 근본원리

초월성의 부정

우리가 살고 있는 세계의 불완전성을 넘어서는 초월적 존재를 상정하는 관점은 서양철학의 장구한 전통을 이룬다. 플라톤의 이데아, 아리스토텔레스의 부동의 영원한 신, 세계의 창조자인 유대-기독교적 신은 불완전한 현실 세계를 초월해 있는 정신적·관념적 초월자이다. 기독교에 이르러 초월론은 매우 정밀한 체계를 갖춘다. 서양 고전철학의 큰 기둥인 유신론 관점에서 신은 최상의 지혜, 능력, 선의 속성으로 구성되며 신 개념은 우리의 세계가 최선의 곳이라는 생각의 기초가 된다. 스피노자보다 후배이지만 전통적 관점을 정당화했던 라이프니츠(Gottfried Wilhelm von Leibniz)에게 신의 지혜는 모든 것을 조율하고 최선의 조화를 계획하는 신의 본질로서 이 세계를 넘어서 존재하며 모든 것을 주관하는 초월적 원리이다.

스피노자는 신의 초월성을 정면으로 부정하면서 서양 전통 철학의 근간을 무너뜨리려 했다. 스피노자에 따르면 전통적으로 인정되어온 초월적 신 개념은 자신이 자유롭다고 믿는 인간의 환상에 기인한 것이며, 진정한 행복은 초월적 신의 미신에서 벗어나 자신을 자연의 일부로서 인식하는 데 있다. 이 자연주의적 관점은 단순한 견해 이상의 것으로 엄밀한 증명을 통해 정당화되고 있다. 스피노자의 다음과 같은 지적은 라이프니츠가 계승해온 전통 형이상학의 관점에 대한 직접적인 반박이다.

"모든 것을 신의 자의적 의지에 종속시키고 모든 것을 신의 뜻에 의존하게 하는 이 의견은 신이 모든 것을 선의 근거에서 행한다고 주장하는 사람들의 의견보다는 진리에 더 가까움을 나 역시 인정한다."

— 『에티카』, 1부, 정리33, 주석2

스피노자는 지성을 통해 세계를 구상하고 선한 의지와 능력을 통해 세계를 창조하는 인격신 개념을 정면으로 부정한다. 창조론은 환상이다. 스피노자는 인격신 개념에서 신 안의 간극과 결여, 즉 불완전성을 보기 때문에 세계가 지성에 의해 미리 구상되고 의지와 능력에 의해 논리적으로든 존재론적으로든 나중에 실현되는 방식을 받아들일 수 없다. 신의 본질은 지성이나 의지가 아니다. 현실 세계는 여러 세계들 가운데 선택된 세계가 아니다. 현실 세계는 지성에 의해 미리 생각되고 창조된 것이 아니라 계획과 실현 간의 간극 없이 그 자체로 필연적으로 존재한다. 스피노자의 신은 인격적 존재가 아니며 자기 본성의 필연성에 따라 현존하고 작용하는 자연 전체이다. 다음의 편지에서 스피노자의 입장은 선명하게 드러난다.

"오늘날의 신학자들이 제 저작으로 불쾌해하고 그들의 습관적인 적개심으로 저를 비난할까 걱정이 됩니다. 저는 논쟁을 매우 싫어합니다. 그러나 이 문제에 대한 선생님의 견해를 고려해보겠습니다. 이 저작이 설교자들을 다소 불쾌하게 할 수 있는 내용을 선생님께 알려드린다면 다음과 같습니다. 저는 그들이 신에게 귀속시키는 신의 여러 속성들을 피조물들로서 간주하며, 그들이 편견 때문에 피조물로 간주하는 다른 것들을 신의 속성들로 간주합니다. 저는 그들이 신의 속성들을 제대로 이해하고 있지 못하다는 것을 제시하려고 합니다. 나아가 저는 제가 알고 있는 저자들이 그렇게 하듯이 신과 자연을 분리하지 않습니다."

— 『스피노자 서간집』, 서신6

전통적 세계관을 따르는 신학자나 설교자는 신의 본질에 속하지 않는 지성이나 의지를 신의 본질로 간주함으로써 신의 개념을 오인한다. 선을 목표로 세계의 창조를 계획하고 실행하는 신은 자기 힘을 억제하거나 자기 외부의 어떤 것에 종속되는 존재이다. 여러 세계 가운데 최선의 세계를 택한다는 것은 나머지 세계들을 배제한다는 의미이다. 따라서 창조하지 않을 여러 세계를 생각만 한 셈이 되므로 이는 신이 자기 힘을 억제한 것이고 생각을 낭비한 것이다. 신이 계획이나 목적이 있다고 주장하는 것은 신에게 욕구를 도입하는 것이고, 신 안의 결여나 불완전성을 인정하는 것이다. 신학자들은 신이 무엇인가 필요하기 때문에 목적을 갖는 것이 아니라 창조를 통해 인간을 동화(同化)하려는 호의의 목적을 갖는다며 논의를 복잡하게 하지만 달라질 것은 없다. 목적은 그것이 최상이든 아니든 간에 외부의 무엇인가에 종속된다는 것을 말한다. 신 안에 목적이 있다는 것은 아직 실현되지 않은 상태가 신 안에 있다는 것이다. 계획과 실행 간의 간극이 있는 창조신은 완전한 존재일 수 없다.

그렇다면 스피노자가 인정하는 신의 개념은 무엇인가? 신은 인격이 아니다. 목적성을 가진 창조 또는 **무로부터의 창조**(creatio ex nihilo)는 인격신을 통해 이루어진다. 창조할 세계를 지성을 통해 구상하고 의지와 능력을 통해 세계를 현존케 하는 개념이 창조론이다. 창조하는 인격신은 계획하고 계획을 실현하는 인간의 모습을 신에 투영한 거짓 개념이다. 지성이나 의지는 신의 본질을 구성하지 않는다. 세계는 지성에 의해 구상된 여러 세계 가운데 의지를 통해 선택된 세계가 아니다. 세계는 창조 전에 계획된 것이 아니라 그 자체로 영원으로부터 존재한다. 신이 바로 세계이다. 이것이 바로 스피노자 철학의 핵심을 표현하는 **신 즉 자연**이다.

신 즉 자연

스피노자의 신이 지성과 의지를 본질로 갖고 있지 않다고 해서 신이 사유 능력이 없는 것은 아니다. 스피노자의 철학에서 사유가 무엇인지는 상세히 다루겠지만, 사유는 분명 능동적 힘이며 전통적 신 개념에서 신의 본질로 인정하는 지성과 의지는 사유라는 근원적 힘의 결과일 뿐이다. 지성에 의한 구상과 그 실현 간의 간극이 없으므로 물질도 지성에 의존되지 않는다. 물질도 신의 완전성이며 사유와 동급으로 신의 본질을 구성한다.

사유와 물질의 관계와 관련하여 스피노자가 데카르트(René Descartes)에게 받은 영향과 그 극복 과정에서 스피노자 체계의 진화 과정이 드러난다. 데카르트는 사유를 그가 '연장(延長, res extensa)'

이라고 명명한 물질적 실체와 구분했다. 그는 사유 실체와 연장 실체로 구성된 이원적 세계의 개념을 구축했고 이 실체들의 창조자인 신을 상정했다. 인간은 창조된 세계에 대한 유한한 인식만을 가질 뿐 창조의 일반적 목적 등 신의 작용 자체에 대해서는 인식이 미치지 못한다. 결국 데카르트는 초월적인 신을 이해할 수 없다는 불가지론적 입장을 보였다.

우선적으로 스피노자는 데카르트에 반대하여 사유와 연장을 유일한 실체의 결과 또는 **양태**로 간주했다. 즉 스피노자는 세계를 두 원리로 분리하기보다는 자연의 전체적 완전성과 신의 통일성을 유지하려고 했고, 단일한 원리가 세계를 관통한다는 범신론적 직관을 가지고 있었다. 이런 직관은 모든 사태의 배후에 신이 존재한다는 유대 전통의 영향일 수도 있고 세계가 일자(一者)로부터 유출된 결과라는 신플라톤 학파의 영향일 수도 있다.

스피노자는 데카르트 철학에 대한 연구가 깊어지면서 사유와 연장의 데카르트식 구분에서 자신의 체계 구축을 위해 유익한 점을 보기 시작했다. 스피노자의 논의는 다음과 같이 진화했다. 사유와 연장은 실질적으로 구분되기 때문에 서로 영향을 주고받지 않고 그 자체로 파악된다. 따라서 사유와 연장은 실체적인 어떤 것, 무한성과 비인과성을 드러낸다. 사유와 연장은 실체의 **속성**들이다. 그러나 속성들이 있는 만큼 실체들도 있는가? 즉 사유 속성을 갖는 사유 실체, 연장 속성을 갖는 연장 실체, 그리고 모종의 다른 속성을 갖는 신적 실체가 서로 구분된 채 존재하는가? 이 경우 신은 자신이 창조한 다른 실체들과 근원적으로 분리된 다른 실체가 될 것이며, 비인과적인 사유와 연장이 다른 실체를 원인으로 삼아 작용을 받게 될 것이다. 스피노자가 보기에 이는 불합리하다. 오히려 모든 속성들이 하나의 동일한 실체를 구성한다고 보는 것이 논리적이다. 나아가 이 속성들이 유일실체에 통합된다고 해서 모순이 발생하는 것도 아니다. 왜냐하면 속성들은 각각 무한하므로 서로가 서로를 제한하지 않기 때문이다. 속성들의 실제적 구분은 유일실체의 개념과 어긋나기는커녕 오히려 유일실체의 개념을 가능케 하는 것이다. 왜냐하면 속성들은 실제적으로 구분되므로 서로 대립할 수도 없기 때문이다. 이렇게 스피노자는 데카르트를 이용하여 데카르트와 거리를 두는 결론, 그리고 그가 가졌던 최초의 범신론적 직관을 강화하는 결론을 도출했다.

데카르트와 달리 스피노자는 사유와 연장이 초월적 신에 의해 창조되었다는 것을 부정했다. 세계를 넘어서는 영역은 없으므로 세계 밖으로 탈출할 곳은 없다. 신 또는 자연이라는 전체만이 있을 뿐이다. 사유와 연장은 신의 피조물이 아니라 신을 구성하는 속성들이다. 사유와 마찬가지로 연장도 신을 구성하는 속성이므로 분할되지 않는다. 따라서 무한히 분할될 수 있는 물질 개념을 나타내는 데카르트적 '연장'은 스피노자가 말하고자 하는 분할되지 않는 물질 개념에 부합하지 않는다. 여기서는 흔히 '연장'으로 번역되는 스피노자의 물질 개념을 '물질'로 명명할 것이다.

스피노자가 구축한 세계는 사유의 영역과 물질의 영역 간의 인과성 없이 사유계와 물질계가 평행하게 작동하는 체계이다. 달리 말하면 사유의 명령에 의해 물질이 작용하는 것도 아니고 사유가 물질을 불완전하게 표상하는 것도 아니다. 사유계는 사유 법칙에 따라 신의 힘을 그대로 표현하고 물질계는 물질 법칙에 따라 신의 힘을 그대로 표현한다. 스피노자는 신을 구성하는 속성들이 변용된 결과를 **양태**로 명명하며 사유계와 물질계는 각각 사유 속성의 변용과 물질 속성의 변용을 통해 무한히 많은 방식으로 산출되고 작동한다. 전통적으로 신의 본질이자 창조자로서 인정되는 신의 지성도 사실은 창조자가 아니라 사유-속성이 변용된 양태이다. 지성은 자기가 개입하지 않을 때도 묵묵히 전개되는 실재를 관념들의 체계 형태로 확인할 뿐이다. 무한한 실체, 그리고 실체를 구성하는 속성들로부터 무한히 많은 양태들이 파생되는 세계의 역동성은 궁극적으로 신적인 힘의 익명적 발현 또는 **신의 절대적 본성의 표현**이며 이것이 바로 스피노자가 **필연성**이라고 명명하는 것이다.

신이 곧 자연이라는 명제는 신의 산출, 즉 신적 인과성과 함께 이해해야 한다. 우선 신의 능력의 항상성 또는 현행성(現行性)을 고려해야 한다. 존재하는 모든 것은 신 안에 있고 신은 만물의 내재적 원인이므로 외부의 그 무엇도 신의 산출을 강제할 수 없다. 신은 내적으로도 강제되지 않는다. 유한한 존재들에게 관념적 구상과 실제적 활동 사이의 간극이 있는 것과 달리 신의 능력은 그의 행동을 촉발하는 내적인 명령에 의해서 실행될 수 없다. 신의 능력은 신의 절대적 본성의 완전성 자체일 뿐이다.

"신의 고유한 본성의 완전성을 제외하고는 외적으로나 내적으로나 신으로 하여금 행동하도록 이끄는 어떠한 원인도 존재하지 않는다."

— 『에티카』, 1부, 정리17, 따름정리1

신이 자유롭다는 것은 신이 자기 본성의 필연성 자체에 의하여 산출력을 전개한다는 것과 같다. 자유는 자유로운 결정이 아니라 **자유로운 필연성**이다.

자연의 필연성

신의 절대적 본성의 필연성은 신의 완전성을 표현하는 행동 법칙이다. 신은 자신의 완전성을 구조화하는 필연적 법칙을 자기 자신에게 부여한다. 신이 스스로에게 부여하는 내적 법칙은 왕들의 법처럼 불안정하거나 변덕스러울 수 없다. 그러므로 신의 본성이 무한히 많은 것들을 무한히 많은 방식으로 산출하는 자유로운 필연성에 의해 발현된다면 무한성과 복잡성을 나타내는 신적 구조는 신의 변용 자체라고 말해야 한다. 즉 신이 자신의 힘을 전개하는 필연성은 신적 변용 속에서 드러난다. 신의 존재방식과 행동방식, 그것이 바로 신적 산출이고 이 세계이다.

그러나 신이 자신의 외부에 결과를 산출한다고 말할 수는 없다. 존재하는 모든 것은 신 안에 존재하기 때문이다. 따라서 양태의 필연적 산출은 내재적 인과성에 속한다. 간단히 말해 만물은 신의 절대적 본성의 필연성에 의하여 신 안에 산출된다.

"신의 최고 능력 또는 신의 무한한 본성에서 무한히 많은 것이 무한히 많은 방식으로, 곧 만물이 필연적으로 나왔으며, 항상 동일한 필연성과 함께 생겨났다. 이는 세 각의 합이 2직각과 같다는 것이 영원에서 영원에 이르기까지 삼각형의 본성으로부터 비롯한다는 점과 마찬가지이다. 그러므로 신의 전능은 영원에서부터 현행적이었고 영원히 동일한 현행성을 가질 것이다. 내 생각에는 바로 이런 방식으로 신의 전능은 훨씬 더 완전하게 인정된다."

— 『에티카』, 1부, 정리17, 주석

그런데 산출이 필연성에 의해 특징지어진다면 필연적 산출은 신의 능력을 숙명에 종속시키는 것 아닌가? 신은 산출하지 않을 수 없기 때문이다. 또한 필연적 산출이 신의 능력의 순수 현행성이라면 신의 능력은 더 이상은 아무것도 산출할 수 없기 때문에 고갈되어버리는 것 아닌가? 결국 신이 절대적 자유에 따라 자신의 능력을 행사할 수 있도록 신에게 결정의 자유를 부여해야 하지 않겠는가?

스피노자에 따르면 이러한 주장들은 부조리를 낳을 뿐 아니라 학(學)에 대한 심각한 장애물이다. 신이 그의 결심이나 자유로운 결정에 의하여 자연을 창조했다고 말하는 것은 그가 자유의지라는 절대적 의지가 있기 때문에 자신이 원하지 않는다면 자연의 산출을 억제할 수도 있다고 말하는 것이다. 그러나 이 논거에는 문제가 있다. 만일 신이 그의 계획을 바꿀 수 있다면 이는 신이 그가 현재 가지고 있는 의지 및 지성과 다른 의지 및 지성을 가진다고 말하는 것이다. 따라서 논박을 다음과 같이 되돌릴 수 있다.

"만일 신의 본질과 완전성을 전혀 변경하지 않고 신에게 또 다른 지성과 의지를 귀속시킬 수 있다면, 신이 피조물에 관한 자기의 결정을 지금 변경하고 또한 마찬가지로 완전히 중지하지 못할 어떤 이유가 존재하는가?"

— 『에티카』, 1부, 정리33, 주석2

이와 관련하여 두 가지 문제점을 드러낼 수 있다. 첫째, 신의 지성과 의지의 변화가 신의 본질의 변화 없이 가능하다고 주장한다면, 신의 본질에 인간적인 불안정성이나 변덕을 귀속시킬 수 있게 된다. 둘째, 지성과 의지의 변화에 의하여 신의 본질이 함께 변한다고 주장한다면, 더 이상 신의 본질에 신성을 귀속시킬 수 없게 된다. 신의 본질은 신의 현존과 동일하므로 신은 존재하기를 멈추게 될 것이기 때문이다. 그러나 이 두 가지 명제 모두 부조리에 빠지지 않고서는 절대적으로 완전한 존재에 적용될 수 있는 것이 아니다. 이런 주장은 만물을 주관적 경향성에 따라 판단하는 인간적 상상에서 비롯하는 것일 뿐이다. 신이 인간에게 자유의지를 부여하고 자유의지의 사용 방식에 따라 보상과 벌을 준다는 환상에 의하여 사람들은 신에게 자신의 절대적 본성의 필연성에 따라, 즉 자기 고유의 내적 법칙에 따라 전개되는 최고 능력을 귀속시키기는커녕, 마치 신이 판사나 왕인 것처럼 인간의 의지와 유사한 의지를 귀속시키는 것이다. 스피노자는 신과 인간이 같은 형상을 갖는다는 신인동형론을 경계해야 한다는 점을 끊임없이 강조한다.

> "나는 여기에서 많은 사람이 신에게 귀속시키는 그 능력은 인간적인 능력일 뿐만 아니라(많은 사람은 신을 인간으로 또는 인간과 유사한 것으로 생각한다) 무능력까지도 포함한다는 것을 밝힐 수 있다. 그러나 나는 똑같은 점에 대하여 그토록 여러 번 반복해서 말하고 싶지 않다. 나는 단지 독자들에게 1부의 정리16부터 결말에 이르기까지 이 점에 관해 언급한 것을 숙고해보라고 거듭 부탁할 뿐이다. 왜냐하면 어느 누구도 신의 능력을 왕의 능력이나 권능과 혼동하지 않도록 특히 주의하지 않으면 내가 뜻하는 것을 제대로 이해할 수 없기 때문이다."
>
> ― 『에티카』, 2부, 정리3, 주석

존재하는 모든 것이 필연성에 의해 익명적으로 작동한다는 것은 선과 악, 질서와 무질서, 미와 추 등의 가치는 상대적일 뿐이며 그 자체로는 절대적인 의미가 없다는 것을 뜻한다. 그러나 이는 인간의 자유로운 행동에 대한 책임을 부정하고, 따라서 도덕을 파괴하는 것 아닌가? 이미 스피노자는 영국 왕립학술원 초대 사무총장인 올덴부르크(Henry Oldenburg)로부터 다음과 같은 질문을 받았다.

> "선생님께서는 만물과 그 작용을 숙명적 필연성에 종속시키시는 듯

합니다. 이런 점을 인정하고 주장하면, 모든 율법과 모든 덕, 그리고 종교의 힘을 이루는 것이 무너지며 보상과 벌은 헛된 것이 된다고 독자들은 평가합니다. 달리 말하면 그들은 강제적이거나 필연성을 포함하는 것은 모두 용서 가능한 것이 된다고 생각합니다. 결과적으로 누구도 신 앞에서 용서받지 못할 자가 없는 셈입니다. 우리가 운명에 의해 이끌리고, 마치 거역할 수 없는 손의 압력이 우리에게 행사되듯이 사물의 진행이 전적으로 결정되고 불가피한 것이라면, 잘못과 벌의 여지가 있을 수 있겠습니까? 바로 이런 점이 그들이 파악하지 못하는 것입니다. 어떤 도구로써 이런 매듭을 끊을 수 있을지 말하기가 어렵습니다. 저는 선생님께서 이와 같은 난점을 완화할 수단을 찾으시고 저희에게 알려주시기를 바라마지 않습니다."

— 『스피노자 서간집』, 서신74

스피노자는 도덕적 행동이 그 자체로, 즉 그것의 질(質)에 따라 평가된다고 강조한다. "행동을 따르는 보상은 삼각형의 본성으로부터 그 세 각이 두 직각과 동일하다는 것이 도출되듯이 필연적으로 따라 나온다."(『스피노자 서간집』, 서신21) 또는 성서에서 무분별한 자의 형벌은 그의 무분별 자체라고 강조했듯이, 덕에 대한 보상은 덕 자체이고 반대로 어리석음에 대한 벌은 어리석음 자체이다. 모든 행위가 보편적 필연성을 근거로 용서 가능하며 무엇에 대해서든지 불평을 해서는 안 된다고 해서 모두가 동일한 삶의 질을 누리는 것이 아니다.

"불경한 사람들은 신을 인식하지 못하기 때문에 단지 장인의 손에 있는 도구로서 자신도 모르게 사용되고 또 사용되면서 파괴되는 도구일 뿐인 반면, 정의로운 사람들은 자신들이 사용된다는 것을 알면서 사용되며, 또 그렇게 하면서 더욱 완전해진다."

— 『스피노자 서간집』, 서신19

세계를 넘어선 신의 계획이나 목적이 없듯이 선과 악도 인간의 외부에서 부과되는 선험적 가치가 아니다. 우리의 구체적인 삶에 유용한 것으로서 정확히 인식된 것만이 선이다. 즉 삶의 기준은 인식이다. 인간의 목적은 자신의 존재를 보존하는 것이고 존재보존 욕망을 유지하고 증대시켜주는 것은 인간이 그것을 확실히 아는 한에서 선한 것이다. 인간은 세계가 자신을 위해 만들어지고 조직되었다고 믿고 외부 사물들을 자의적으로 규정하면서 우연적인 이익을 기대할 때 이런 무지와 상상으로 인해 외부 사물들에 속박될 뿐이다. 이와 반대로 세계를 있는 그대로의 모습으로 인식할 때 우리는 진정으로 유용한 것을 찾아낼 수 있다.

전통적으로 인간의 특권으로 부여된 자유의지도 스피노자의 필연적 세계에서는 의미 없는 낱말이자 내용 없는 관념에 불과한 환상이다. 자유의지는 나의 욕망과 행동의 필연적 원인을 모를 때 갖게 되는 거짓 의식일 뿐이다. 자유의지의 부정이 도덕적 책임을 위태롭게 한다는 것도 스피노자에게는 이유가 되지 않는다. 도덕적 책임이 없는 행위는 일탈로 이어질 수 있다는 것이 자유의지의 부정에 대한 일반적 비판이다. 그러나 각각의 행위는 그

것이 사회적으로 타인에게 해가 될 경우는 제재가 따르게 되고, 개인 내면의 차원에서도 비도덕적인 행위는 감정적 결과가 뒤따른다. 감정은 행위의 자동적 승인이고 진리는 기쁨의 징표이다. 내가 자유의지를 통해서 진리를 승인하기 때문에 진리가 진리인 것이 아니라, 진리는 진리이기 때문에 내 안에서 자동적으로 승인되는 것이다. 이성만이 진정한 힘이다. 사물들이 필연적으로 작동한다는 사실을 이성적으로 파악함으로써 인간은 자신의 존재를 확증하기 위하여 해야 할 바가 무엇인지 확실하게 알 수 있기 때문이다.

2.

미신과 종교

미신의 기원

욕망의 온전한 충족은 이성적 인식을 통해 이루어진다. 욕망 주체는 자신이 신 또는 무한한 실체가 변용된 양태라는 것을 이해할 때 자유로워진다. 자유는 자연 전체에서, 그리고 자연의 모든 세부적인 사태에서 나타나는 질서와 필연성을 지성이 이해한 모습 그대로 인정하면서 누리는 기쁨의 상태이다. 감정을 **신 즉 자연**에 대한 이해를 통해 이성적 인식의 차원으로 끌어올리고 나아가 감정과 지성을 일치시키는 것이 스피노자의 존재론적 윤리학이다.

인간의 자유와 행복은 이성적 인식에 달려 있다. 그러나 욕망 주체는 삶을 위한 진정한 유용성이 외부 사물에 의존된다고 상상하고, 나아가 외부 사물이 자기 뜻에 따라 욕망에 부응한다고 믿을 때 예속 상태에 빠진다. 이 경우 불확실한 감정인 희망과 불안, 그리고 이에 따라 경쟁, 증오, 집착, 후회 등 다양한 종류의 수동적 감정들의 연쇄에 휘말린다. 스피노자의 주저 『에티카』는 무지하게 태어나 상상에 종속될 수밖에 없는 인간이 지성을 통해 세계와 자신을 이해함으로써 감정의 평온을 누릴 수 있는 길을 안내한다. 인간은 자신을 외부 사물에 결부시키는 상상을 포기하고 자신에게 내재한 최고의 능력인 지성이 욕망을 주관하게 해야 한다.

그러나 주위의 많은 것이 욕망의 충족에 유용한 성질을 본래 갖는다거나, 인간은 자유롭고 신은 계획이 있다는 생각은 친숙한 만큼 쉬운 반면, 자연의 참모습을 보아야 하는 지성의 길은 험준하다. 또한 없는 것을 있는 것으로, 유한한 것을 무한한 것으로 착각하는 미신적 착란은 지성적 삶을 끊임없이 방해한다. 그래서 스피노자는 『에티카』 1부 부록에서 자연주의 체계의 이해를 방해하고 군중을 미신으로 이끄는 목적론의 편견을 매섭게 공격한다. 만물이 인간을 위해 정해진 쓰임새를 가지며 자연에 그런 목적성을 부여한 초월적 존재가 세계를 주재한다는 목적론은 미신이며 그 원인을 해체해야 하는 착란이다.

신은 창조자가 아니다. 신은 자기와 다른 존재들을 자신의 밖에 마음대로 산출하지 않는다. 이 경우 창조자와 피조물 사이에 건널 수 없는 간극이 생기고 인간은 신과 결합할 수 없을 것이며 구원, 즉 욕망의 근본적 충족은 불가능해질 것이다. 스피노자의 자연주의 체계에 따르면 신은 무한한 속성과 무한한 양태 아래 필연적으로 전개되는 실체이다. 정신과 육체로 구성된 인간은 실체의 두 속성인 사유와 물질만을 알지만, 삼각형의 모든 특성 속에서 삼각형이 동일하게 인식되듯이 속성들의 모든 변용에서 동일한 실체가 인식된다. 따라서 구원은 가능하다. 욕망 주체는 신의 힘을 인식함으로써 신과 결합할 수 있기 때문이다.

물론 신은 세계와 분리된 창조자가 아니다. 신은 스스로 산출되는 실체로서 창조신, 즉 자신의 재량에 따라 자신의 밖에 자연을 창조하는 신의 개념과 전적으로 대립한다. 스피노자는 무신론자라기보다는 신과 구원에 대해 다른 철학자들 및 신학자들에 의해 통상적으로 제시된 개념보다 합리적인 개념을 제시하고자 했다. 신은 자연의 광대한 힘이다. 자연은 스스로 산출되며 이런 자기 산출 외에 다른 어떤 목적도 없다. 스피노자가 보기에 여러 다른 세계 가운데 한 세계를 선택하거나 인간을 위해 세계를 실현하는 창조신이야말로 자기 힘을 억제하고 자기 외부의 목표에 종속되는 미신적 신의 개념이다.

『에티카』 1부 부록에서 스피노자는 자신의 자연주의적·내재적 존재론의 증명 체계를 방해하고 창조론 또는 초월론으로 다시 유도하는 **목적론적 환상**을 폭로하고 해체하고자 한다.

목적론적 환상의 근원은 인간이 자연 현상의 진정한 원인을 모른 채 태어나 자기에게 유용한 것을 욕망하며 자기가 자유롭다고 믿는 데 있다. 세계에 대한 목적론적 해석은 무지와 욕망의 연결에서 생겨난다. 실제로 인간이 자연에서 원초적으로 확인하는 것은 특정한 존재가 다른 존재를 위해 쓰인다는 것이다. 눈은 보기 위한 것이고 동물은 먹기 위한 것이며 태양은 빛을 제공해주는 것이다. 자연 현상의 원인을 모르는 인간들은 이처럼 자연물이 자신들의 필요를 충족할 수단이라고 상상한다. 그러나 적어도 그들은 이 수단을 만들어낸 것도, 자신들에게 유용하게 조직해놓은 것도 자신들이 아님을 안다. 자연이 저절로 그렇게 된 것이라고 생각할 수는 없기 때문에 그들은 모종의 신적 지배자들이 경배를 받기 위해 자연을 그렇게 배치해놓았다고 상상한다.

목적론적 자연 해석

세계에 대한 목적론적 해석은 이렇게 시작되고 끝없이 계속된다. 자연에 대한 평가가 엇갈릴 때조차도 목적론적 해석은 멈추지 않는다. 실제로 목적론을 따르는 이들은 자연이 이로운 것만을 제공하지 않고 자연재해 같은 불행한 일을 보여줄 때, 이는 신을 모욕한 불경한 자들에 대한 신의 노여움 때문이라고 여긴다. 그러나 경건한 사람에게 피해가 생길 경우는 신의 신비로운 의지 때문이라고 믿는다. 목적론을 정당화하려면 이런 조건을 인정하는 수밖에 없다. 스피노자는 이 경우 인간도 자연도 신도 변덕과 신비가 뒤섞인 착란 상태에 빠지는 것과 같다고 일갈한다. 사람들이 목적에 따라 행동하는 신, 지성과 의지를 갖춘 신 개념을 상상하는 이유 및 그 오류를 더 살펴보자.

우선 인간의 원초적 조건은 무지한 채로 태어나고 생존을 위하여 자신에게 유용한 것을 욕망하며 이런 상황을 의식하고 있다는 사실이다. 그러나 욕망 활동에 대한 의식은 욕망을 온전히 설명해주지 못한다. 인간은 자신의 욕망을 확인할 뿐 그 원인을 모르기 때문이다. 이런 혼란한 의식의 영향하에 인간은 자신이 본래 자유롭다고 믿는 것이다. 자연물 및 그 원인에 대한 평가는 무지에 기초한 자유와 목적 개념에 따라 이루어질 수밖에 없다. 무지한 인간이 자유롭게 욕망하는 목적은 자연물의 인식을 위한 유일한 원천이 된다. 이로부터 인간은 자기 욕망의 목적을 유일한 원인으로 간주하며, 반면 자연물은 이 목적을 위한 수단으로 생각할 뿐이다. 그런데 욕망의 원인에 대한 무지에도 불구하고, 적어도 자연물을 산출하고 배치해놓은 것이 자기 자신이 아니라는 점은 의식하므로 욕망 주체는 자연을 지배하는 존재가 있어서 자신의 유용성을 위하여 자연물을 창조했다고 결론 내린다.

이런 생각을 살펴보면 타협이 발견된다. 원초적인 무지가 간과되고 있기 때문이다. 그럼에도 목적성을 고수한다는 것은 신의 의지를 인간의 의지에 은밀하게 종속시키는 것 아닌가? 게다가 자연에는 수많은 불편이 경건한 사람이나 불경건한 사람에게 무차별적으로 발생한다는 것이 쉽게 관찰되는바, 모든 것은 신의 의지에 의하여 이루어진다는 것이 전제되어 있으므로 신의 계획에서 변덕이나 불안정성을 발견하게 되지 않겠는가? 목적론자들의 추론을 간단히 정리하면 다음과 같다. 즉 **인간이 이런저런 것을 욕망하기 때문에 신은 그것들에 상응하는 것을 행했다.** 이로부터 자연 질서 전체가 전도된다. 원인과 선행하는 것이 결과와 후속적인 것의 자리에 놓인다.

또한 신의 행동에 목적성이 귀속될 경우 완전과 불완전의 질서가 전도된다. 왜냐하면 신이 목적을 위하여 행동한다면 그가 최초로 산출하는 것은 최종으로 산출하는 것보다 덜 완전하게 될 것이기 때문이다. 달리 말하면 최종적인 산출 결과는 최초의 것에 비하여 신의 에너지를 더 필요로 할 것이기 때문이다. 사실 목적성을 인정하는 논리는 신의 행동에 목적을 설정함으로써 시작부터 내적인 모순을 내포한다. 신에게서 목적성을 인정하는 것은 신 안에 보충해야 할 결여나 공백이 있음을 인정하는 것이기 때문이다. 그러나 절대적으로 완전하고 절대적으로 충만한 존재인 신에게 균열이나 간극이 있다는 것은 부조리한 일이다.

목적론은 취약한 추론인 무한정한 역진(逆進, regression)에 의거하는 학설일 뿐이다. 무한정한 역진에 의거할 경우 모든 논의는 한 사건의 원인을 탐구하기 위하여 원인의 원인을 묻고 또 제3, 제4의 원인을 묻는 식으로 무한정하게 진행될 것이다. 사건의 원인을 제1원인의 질서, 즉 신의 필연성을 통하여 파악하기보다는 불가해한 신의 의지에 의거하여 설명하게 되는 것이다. 그러나 신의 의지라는 관념은 모든 것을 유용성에 따라 설명하고자 하는 인간적 경향성의 투사일 뿐이며 **무지의 피난처**에 빠지는 길이다. 다음은 스피노자가 목적론의 추종자들에게 태형을 가하는 구절이다.

"예컨대 만일 지붕 위의 돌이 머리에 떨어져서 어떤 사람이 죽었다면, 그들은 돌이 그 사람을 죽이기 위해서 떨어졌다고 여기고 다음과 같이 증명할 것이다. 만일 돌이 신의 의지에 따라서 그러한 목적을 위하여 떨어진 것이 아니라면, 어떻게 그렇게 많은 사정이(왜냐하면 주변의 많은 사정이 흔히 동시에 일어나기 때문에) 우연히 일치할 수 있는가? 바람이 불었기 때문에, 그리고 그 사람이 그곳을 지나갔기 때문에 그렇게 되었다고 대답한다면 그들은 다음처럼 반박할 것이다. 왜 바람이 바로 그때 불었는가? 왜 그 사람은 바로 그때 그곳을 지나갔는가? 만일 여기에 대하여, 전날까지도 날씨가 좋았지만 갑자기 날씨가 거칠어지고 그때 바람이 불었으며 그 사람은 벗의 초대를 받았다고 답한다면 물음은 끝이 없기 때문에 그들은 다음과 같이 논박할 것이다. 왜 바다가 거칠어졌는가? 그 사람은 왜 그때 초대를 받았는가? 이처럼 그들은 계속하여 원인의 원인을 물어서 끝내는 신의 의지, 곧 무지의 피난처에 도피할 때까지 그렇게 끊임없이 물을 것이다."

— 『에티카』, 1부, 부록

자연에 대한 목적론적 해석은 합리적 인식을 차단하고 대중을 몽매한 상태로 이끄는 미신이다. 목적론적 해석은 물리학자가 물체의 낙하 법칙을 연구하거나 의사가 유기체를 해부하는 것을 불경한 행위로 간주하고 방해한다. 과학적 연구 대신에 목적론자는 그냥 그렇게 배치해놓은 신의 자의적 의지에 의거하는 데 만족한다. 그러나 이는 무지의 피난처로 피신하는 것일 뿐이다. 신적 목적성에 의거하는 것은 아무것도 설명해주지 못한다.

성서는 미신인가

목적론적 해석은 또한 자연과 삶에 대한 왜곡된 개념을 도입하는 결과를 낳는다. 자연에서 인간의 즉각적 유용성에 도움이 되는 것은 **선**으로, 도움이 되지 않는 것은 **악**으로 말해진다. 인간의 행위와 관련해서는 그가 신을 만족시키려고 자유롭게 수행하는 것은 **공적**으로, 그것을 거부하는 것은 **죄**로 불린다. 우리의 감각을 편안하게 하는 것은 **미와 질서**로, 불편하게 하는 것은 **추와 무질서**로 불린다. 그러나 인간 각각의 육체적 상태는 다르며 따라서 유용성도 각각에게 다른바, 이와 같은 개념들은 상대성을 피할 수 없다. 한 사람에게 좋아 보이는 것은 다른 사람에게 나빠 보인다. 그래서 머릿수만큼이나 많은 다른 생각이 있게 마련이고 이런 식으로 우리는 회의론에 빠지게 된다.

여기서 중요한 점은 감각을 통해 받아들이는 사물의 유용성은 이성적 가치를 지니지 못한 채 여러 이미지들을 뭉뚱그린 상상적 기준이라는 것이다. 이와 반대로 스피노자가 전개한 관점은 모든 사물을 각자의 감각에 나타나는 즉각적 유용성이 아니라 그것의 **고유한 본성** 또는 **고유한 힘**에 근거하여 평가하도록 해준다. 어떤 사물이 우리 자신의 감각을 불쾌하게 한다고 해서 그것이 나쁘다고 말해서는 안 된다. 오히려 인간 자신을 비롯하여 모든 사물이 각기 차지하는 자리에서 자기 역할을 하는 자연의 전체적 장치를 보아야 한다.

목적론적 해석에서 미신의 원형을 발견하고 유용성과 가치의 상대성을 고발한다고 해서 스피노자가 인간이 자기 고유의 이익을 추구하는 것을 금한다고 생각해서는 안 된다. 스피노자가 비판하는 것은 욕망과 무지의 결합에서 비롯된 이익의 추구뿐이다. 욕망은 인간의 본질이고 욕망의 진정한 충족은 무지에서 벗어나는 데서 시작된다. 욕망 주체의 힘은 그의 지성이 내포한 긍정의 힘으로부터 나온다. 욕망 주체는 육체가 느끼는 모습 그대로의 즉각적 유용성이 아니라 지성의 힘에 따라 자신과 세계를 포함한 모든 것을 평가할 때 참된 만족을 누리게 된다. 반면 목적론적 해석은 상상에 근거한 유용성의 추구로 인간을 끌어들이고 호의를 얻어내야 하는 초월성이 존재한다고 믿게 한다. 목적론적 해석은 인간이 자기 기준에 맞게 신들을 만들어내게 하고 자연으로부터의 탈출을 상정하는 상상의 착란으로서 지성의 눈으로만 볼 수 있는 자연의 힘을 놓치는 관점이다.

요컨대 이성과 미신은 명확히 대립된다. 미신은 자연에서 인간에게 응답하는 신의 의지를 확인하려는 관점으로서 인간을 불안과 후회에 빠뜨리는 답 없는 추구로 빠져들게 한다. 이성은 자연에서 전적으로 드러난 힘의 전개를 보는 지성적 능력으로서 인간이 자신의 존재를 정확히 인식하며 신과 결합하게 한다.

여기서 종교의 문제를 제기하지 않을 수 없다. 스피노자가 이성의 전개를 통해 해방과 구원의 길을 제시한다고 할 때 신에 대한 신앙과 경배를 요구하는 성서는 이성에 대립되는 상상적 개념으로서 예속의 원천이 아닐까? 성서에 기초한 종교는 미신인가? 『에티카』는 이 문제에 대해 답하지 않는다. 스피노자가 서구 문명의 큰 축인 유대-기독교 전통을 미신으로 치부하는지 알아보려면 그의 다른 주저 『신학정치론』을 살펴보아야 한다.

『신학정치론』에서 스피노자는 미신의 폐해를 언급하면서 곧바로 논의를 시작한다. 그의 관점은 『에티카』 1부의 목적론적 환상 비판과 일맥상통한다. 목적론적 환상은 욕망을 호의를 얻어내야 하는 초월적 존재의 상상으로 이끄는 미신으로서 인간의 **무능력**을 나타낸다. 자기를 보존하려는 욕망과 무지가 결합된 무능력은 인간이 원초적으로 처하는 상황이며 불안과 거짓 희망을 낳는다. 신의 신비로운 의지에 의거하는 순간부터 인간은 아무 도움도 없는 곳에서 도움을 찾는다. 이성에 의거하는 대신에 인간은 꿈, 닭의 창자, 소의 가죽, 광인의 착란에서 신의 의지를 찾는다.

인간은 이런 식으로 스스로 예속을 준비한다. 인간의 미신적 성향은 종교의 이름으로 공포를 가장하고 군중을 지배하려는 정치권력에게 가장 좋은 먹잇감이 된다. 그렇다면 성서는 미신인가? 스피노자는 『신학정치론』의 논의를 통하여 미신과 예속의 악순환에서 빠져나올 수단을 제공한다. 이를 위해 스피노자는 성서가 미신과도 구분되고 이성과도 구분되는 고유의 영역을 갖는다는 점을 밝힌다. 제대로 이해된 종교는 이성의 영역을 침해하지 않기 때문에 사상의 자유를 보장한다. 종교의 역할은 실천의 방향을 정하는 것이며 우리는 종교의 한계를 정하고 철학자에게 자유를 보장하는 국가를 생각할 수 있다. 스피노자는 『신학정치론』 부제에서 증명하고자 하는 명제를 명시한다.

"철학의 자유는 참된 신앙과 공적 공동체의 평화를 전혀 위협하지 않는다. 그 반대로 자유의 침해는 평화와 모든 신앙의 파괴를 불러온다."

— 『신학정치론』, 54~55쪽

전체 20장으로 구성된 대작 『신학정치론』에서 15장까지는 성서해석이 다루어진다. 여기서 스피노자는 이성과 신앙 각각의 영역이 근원적으로 다르기 때문에 양자는 경쟁 관계가 될 수 없다는 것을 확립한다. 성서에서 이성적인 지식이나 이성보다 상위의 지식을 찾으려는 일을 포기할 때 우리는 비로소 성서의 본질, 즉 실천적 차원의 교훈을 발견하게 된다. 성서는 무지한 대중을 구원으로 이끄는 올바른 태도를 정의하며 이론적 이성의 설명과 다른 확실성을 제시한다. 그러나 이성과 신앙의 독립성을 국가의 권한과 조화시켜야 하며 이것이 『신학정치론』 16~20장에 개진 된 정치철학이 다루는 내용이다. 스피노자가 제기하는 문제는 표현의 자유와 신앙의 자유가 어떠한 한계 내에서 국가의 통치권을 손상시키지 않고 인정될 수 있는가 하는 것이다. 이제 스피노자의 존재론과 윤리학을 논하기에 앞서 그의 종교론과 정치론을 차례로 살펴보자. 이 논의는 스피노자의 철학 전체를 독특한 방식으로 가로지르는 상당히 긴 여정이 될 것이다.

3.

종교와 상상

예언과 예언자

예언 또는 계시는 "신에 의해 인간에게 드러난 것에 대한 확실한 인식"(『신학정치론』, 78~79쪽)으로 정의된다. 예언의 이런 정의는 자연적 인식, 즉 『에티카』 체계의 근간을 이루는 이성적 인식에도 적용된다. "우리가 명석 판명하게 이해하는 모든 것은 신의 관념과 본성이 우리에게 규정해주는 것"(『신학정치론』, 80~81쪽)이다. 따라서 자연적 인식과 계시는 모두 신으로부터 비롯하고 확실하므로 양자는 기원 및 확실성의 차원에서는 구분되지 않는다. 이들은 다른 기준을 통해 구분된다. 예언은 이성의 확실성에 의거하는 자연적 인식과 달리 말이나 이미지 같은 상상적 수단을 통해 확실한 인식을 계시한다. 이성적 인식은 인간의 지성이 자신의 내부에서 신을 체험하는 직접적 인식인 반면, 상상적 인식은 감각을 매개로 이루어지는 간접적 인식이라고 할 때, 우리는 성서에서 이성에 대립되는 상상의 연쇄, 따라서 예속의 원천만을 확인할 수 있지 않은가? 간단히 말해 성서를 통한 구원은 가능한가?

『신학정치론』에 따르면 성서는 이성에 속하지 않는 동시에 이성과 양립 가능한 구원의 길을 알려준다. 성서에 의한 구원과 이성에 의한 구원이 무엇인지는 차츰 규명할 것이다. 일단 성서가 이성에 비해 결함이 있지만 대다수 사람의 상상, 무지, 불충분한 지력에 맞춘 수단을 통해 이성과 독립된 가르침을 담고 있다는 것을 기억해두자. 신은 인간이 자연적 이성을 통해 인식할 수 있는 것을 다른 수단을 통해 인간에게 전할 수 있다. 이 점이 스피노자의 종교론이 입증할 논점이다.

『신학정치론』 전반부는 이성과 다른 이 가르침이 무엇인지 명시하지 않고 우선 신적 계시가 이성적 지식에 속하지 않는다는 점을 밝힌다. 스피노자는 자신의 핵심 주장을 논의의 끝에서 밝히는 습관대로 '신학 부분'의 결론을 이루는 14~15장에서 이성과 다른 구원의 길을 밝힌다. 마찬가지로 정치철학을 다루는 '정치 부분'에서도 16장의 사회계약론의 최종적 의미는 마지막 장인 20장에서 구체화된다.

스피노자가 계시를 논하는 방법은 성서의 내용을 이성을 근거로 판단하는 것이 아니라 성서 내용 간의 일치성을 살피는 데 있다.

> "이 주제에 대해 말해질 수 있는 모든 것은 오직 성서로부터 도출되어야 한다. 실제로 우리의 지성의 한계를 넘어서는 문제들에 대해서, 예언자들이 말이나 글로 전한 것 말고 우리는 무엇을 말할 수 있겠는가?"
>
> ─『신학정치론』, 82~83쪽

성서를 오직 성서에 따라 해석하는 방법론은 『신학정치론』 본문의 구조상 신학 부분(1~15장)의 중간에 위치한 7장에서 별도로 논의된다. 성서 해석 방법론은 스피노자 종교론의 핵심을 이루기 때문에 이 방법론을 다루면서 논의를 시작하는 경우가 많은데, 스피노자는 7장에서 다룬 방법, 즉 성서를 성서 자체에 의해 해석하는 방법에 따라 1장부터 논의를 진행하므로『신학정치론』
의 논의 순서를 그대로 따르도록 하겠다.

———

먼저 스피노자는 성서 자체에 의거하여 신의 계시 또는 예언을 고찰한다. 예언과 관련하여 성서는 신이 예언자에게 말이나 형상을 통해 또는 둘 모두를 사용하여 계시했다고 밝힌다. 말이나 형상은 상상의 밖에 관찰 가능한 대응물이 실재하는 경우가 있고, 이와 달리 잠이나 꿈에서 보거나 듣는 등 철저히 상상적인 경우가 있다. 따라서 예언은 차별화된다. 모세와 예수의 경우가 통상적인 예언의 성격과 다르다. 한편으로 모세에게 내려진 율법의 계시는 모세가 신의 **진짜 소리**를 들으면서 이루어졌고 다른 예언들보다 중요하기 때문에 **실재적** 성격을 갖는다. 다른 한편 예수가 사도들에게 내린 계시는 신과의 직접 교류에서 오는 것이다. 신은 예수에게 **모습**을 드러내거나 말을 건넨 적 없이 예수를 통해 사도들에게 구원의 길을 제시한바, 신과 예수는 정신을 통해 직접 소통했다.

> "모세가 한 사람이 자기의 동료와 하듯(즉 두 몸을 통해) 대면하고 이야기를 나누었다면 예수는 신과 정신 대 정신으로 소통했다."
>
> ―『신학정치론』, 92~93쪽

모세와 예수의 경우 외의 통상적인 예언은 대응하는 실재가 없는 상상의 영역에 속한다. 예언자들은 때때로 신의 소리를 직접 들었다거나 신의 정신을 보유했다고 말하지만, 이에 대해서는 매개적이고 특수한 원인을 건너뛰는 유대인의 표현 방식을 고려해야 한다. 유대인들은 사업에서 돈을 벌면 신이 돈을 주었다거나 어떤 욕망이 생기면 신이 마음을 움직였다는 식으로 모든 것을 곧바로 신과 연관시킨다. **정신과 관련해서도 신의 정신을 갖는다**는 표현은 **평범을 넘어선 특이한 힘을 갖는다**는 것, 그리고 **비범한 영혼을 가지고서 굳건하게 경건을 실천했다**는 것 등을 의미한다. 스피노자는 다음의 설명에서 예언자의 특별한 능력이 초자연적인 것이 아님을 시사한다.

"자연이 다른 사람들에게 부여하지 않는 몇몇 자질을 특정인들이 지니고 있다고 해도, 그들만이 소유한 그러한 특징이 인간 본성의 정의를 통하여 파악될 수 없는 것이 아닌 한, 우리는 그들이 인간 본성을 넘어선다고 말하지 않는다. 예를 들어 거대한 키의 사람은 드물지만 그래도 사람이다. 또한 즉석에서 시를 짓는 것도 소수의 사람들에게 주어진 능력이지만 이도 역시 인간에 속하는 일이다. 어떤 것을 마치 눈앞에 두고 있는 것과 같은 생생함으로 눈을 뜬 채로 그것을 상상하는 것도 마찬가지이다. 그러나 어떤 사람이 다른 지각 수단과 인식의 다른 근거를 소유한다면 그는 분명히 인간 본성의 한계를 넘어설 것이다."

— 『신학정치론』, 656~659쪽

결국 예수를 제외한 예언자들은 오직 상상의 수단을 통해서, 예언이 실재적 대응물이 있든 없든 간에 말이나 이미지를 통해서 신의 계시를 받는다. 예언을 하기 위해서는 더 높고 완전한 수준의 정신이 필요한 것이 아니라 더 생생한 상상력이 필요할 뿐이다.

스피노자는 성서를 통해 이 테제를 입증한다. 솔로몬이 다른 사람들보다 우월했던 것은 예언 능력이 아닌 높은 지혜 덕분이었고, 아브라함의 하녀인 하가가 예언 능력을 부여받은 것은 예언이 더 높은 수준의 지식이 아니라 생생한 상상력에 의거한다는 것을 보여준다. 그러나 스피노자는 예언이 확실한 인식임을 강조했다. 예언적 계시의 수단이 상상일 뿐이라면 어떻게 예언의 확실성이 보증되는가? **진리는 자기 자신의 기준**(verum index sui)이라는 스피노자 철학의 대명제처럼 이성의 명석 판명한 관념은 본성상 확실하지만 상상은 그 자체로 확실성을 내포하지 않기 때문이다.

예언의 확실성은 다른 요소들의 매개를 필요로 한다. 우선 예언자는 자기가 본 것이나 들은 것을 확인해줄 증표(signum)를 필요로 한다. 역시 스피노자는 성서의 많은 구절을 인용하며 이 점을 예시한다. 일례로 「출애굽기」(3:12)의 "이것이 내가 너를 보낸 증거니라"와 같은 구절은 신이 모세에게 말한 증거를 예시한다. "예언자들은 그들이 예언의 양상으로 상상한 것을 확신하게 해주는 어떤 증표를 항상 가지고 있었다."(『신학정치론』, 114~115쪽) 또한 **진짜** 예언자는 모세의 율법에 아무것도 첨가하지 않으며, 또 올바른 삶을 유지한다는 사실에 의해 **가짜** 예언자와 구분된다.

　예언의 이런 특징은 예언의 확실성이 본성상 확실성을 내포하는 **이성적·자연적** 인식과 달리 **도덕적 차원**의 것임을 나타낸다. 예언의 확실성은 **말**과 **이미지**, **증표**, **정의롭고 선한 삶**과 같은 여러 요소의 매개를 거쳐 확립된다. 즉 성서 자체가 예언의 확실성은 예언자가 보거나 들은 것 자체에서 비롯하지 않음을 인정하므로 예언의 상상적 수단은 수학의 확실성처럼 자족성을 갖춘 이성적 인식과 다르다는 점을 받아들여야 한다.

　따라서 예언은 오직 예언자를 설득하기 위해 주어진 것으로서 예언자들 각각의 상상 및 기질과 그들이 물들어 있는 의견에 따라 차별화된다. 예언자가 쾌활한 사람일 경우 승리와 평화 등 기쁨으로 이끄는 것이 계시되었고, 반대로 예언자가 슬픈 기질일 경우 전쟁, 형벌 등 다양한 악이 계시되었다. 농부는 소들을 보았고 군인은 군대를, 귀족은 왕궁 사람들을 보았다. 혼란한 정신은 혼란한 방식으로 말했고 정교한 정신은 정교한 방식으로 말했다. 예언은 예언자의 편견을 전달했다. 예를 들어 여호수아는 태양이 멈췄다고 믿었다.

> "여호수아는 햇빛이 더 오랫동안 남아 있게 된 실제 원인을 몰랐고 그와 함께 있던 모든 군중과 함께 태양이 일주(日周) 운동으로 지구 주위를 돌며 그날은 일정 기간 동안 멈췄다고 믿었다. 그들은 그것이 낮이 더 길었던 원인이라고 믿었다. 그들은 그때 그곳의 허공에 떠 있던 많은 양의 얼음이 평상시보다 더 강한 굴절을 일으킬 수 있었다

는 점(「여호수아」, 10:11)을 알아차리지 못하였다."

— 『신학정치론』, 128~129쪽

이런 점은 예언이 예언자를 더 학식 있게 만들어주지 않으며 예언자가 이미 가졌던 견해를 반영한다는 것을 보여준다.

신의 본성에 대한 지식에 대해서도 불충분한 개념이 발견된다. 아담은 숨으려고 했는데 이는 신이 편재하고 전지(全知)하다는 것을 아담이 몰랐다는 점을 나타낸다.

"신은 모든 곳에 존재하지 않고 아담이 있는 곳과 그의 죄를 모르는 사람처럼 아담의 이해력에 맞추어 그에게 계시되었던 것이다."

— 『신학정치론』, 130~131쪽

모세도 신이 전지하다는 것을 파악하지 못했다. 그는 신이 항상 존재했고 존재하며 존재할 것이라는 점을 알면서도 미래의 사건을 의심했다. 모세 이후의 예언자들도 신이 후회한다거나 신이 결정을 바꾸지 않는다고 말하는 등 신과 관련하여 불완전한 지식을 드러낸다. 스피노자는 결론 내린다.

"신은 자신의 계시를 예언자의 이해력과 지론에 맞추었으며 예언자들은 애덕(愛德, charitatem)과 삶의 유용성이 아닌 순수한 사변과 관련된 것에 대해서 무지했을 수 있다."

— 『신학정치론』, 142~143쪽

곧바로 스피노자는 예언자들이 순수한 사변, 즉 이성적 인식과 관련하여 무지했다고 단언한다. 예언자들에게서 "자연적이고 정신적인 실재들에 대한 인식"(『신학정치론』, 142~143쪽)을 찾으려 해서는 안 된다.

예언이 상상의 영역에 속하고 이성적 인식에 미치지 못한다고 해서 스피노자가 성서를 부정하거나 성서에 대한 회의적인 입장을 제시하는 것은 아니다. 그는 예언자 간의 상충된 개념뿐 아니라 오류까지 들추어내지만 이는 예언이 이성적 인식과 다르다는 것을 강조하기 위해서이다. 예언의 확실성은 계속 인정된다. 예언적 계시는 도덕적 차원의 확실성, 즉 여러 요소가 합쳐지면서 구성되는 확실성을 갖출 뿐이지만, 그래도 확실성이다. 모든 논점은 이 확실성이 무엇에 적용되는지 찾아내는 데 있다. 예언의 확실성이 적용되는 대상이 바로 성서의 본질을 이루게 될 것이다. 그러나 스피노자는 우선 성서의 본질이 아닌 것을 먼저 걸러내고자 한다. 그는 예언적 계시의 확실성은 **상위의 이성적 지식**에 적용되지 않는다는 것을 밝힘으로써 예언자와 예언에 대한 검토의 유일한 목표는 신학과 철학을 분리하는 것임을 명시한다.

신의 선택과 신법

예언의 개념을 규정한 후 스피노자는 유대-기독교 전통의 핵심 사안인 유대 민족에 대한 선택 개념을 검토한다. 신이 유대 민족과 같은 특정 민족을 선호하여 언약의 상대로 선택하는 것은 가능한가? 신이 다른 민족을 제외하고 모세를 통해 유대 민족에게만 정의로운 율법을 부여한 **언약**의 의미는 무엇인가?

우선 고찰해야 할 것은 타자의 불행이 나의 행복을 증대시켜준다고 생각하는 것은 신의 인식과 참된 지혜에 걸맞지 않다는 것이다.

> "우리는 신이 솔로몬을 더 행복하게 하려고 다른 누구에게도 그만큼의 지혜를 부여하지 않겠다고 그에게 약속했다고 생각할 수는 없다."
>
> ─ 『신학정치론』, 150~151쪽

달리 말하면 신이 유대 민족을 선택한 것은 다른 민족들을 불행한 상태에 두고 유대 민족을 특별히 행복하게 하기 위해서가 아니다. 신은 참된 행복에 대해 무지했던 유대인들의 수준에 맞추어 율법을 계시했다. 스피노자는 유대인의 무지에 대해서 「신명기」의 모세의 증언에 의거한다.

> "너희는 주 너희 하느님께서 저 좋은 땅을 차지하라고 너희에게 주시는 것은 너희가 의롭기 때문이 아니라는 것을 알아야 한다. 정녕 너희는 목이 뻣뻣한 백성이다." "너희는 광야에서 주 너희 하느님의 분노를 일으킨 일을 기억하여 잊지 마라. 너희가 이집트 땅에서 나와 이곳에 이를 때까지 너희는 줄곧 주님을 거역해왔다."
>
> ─ 「신명기」, 9: 6~7

유대 민족에게 공포된 모세 율법은 사회학적·정치적 의미만을 갖는다. 즉 신의 법은 유대인의 수준에 맞게 정치 공동체의 규범으로 주어졌다. 그러나 모세 율법은 유대 민족이라는 특수한 틀 속에서 정치와 종교의 미분화 상태로 나타났지만 이 신법의 보편적인 골자는 그런 특수성과 분리될 수 있다. 추후 논의하겠지만 이 분리는 예수에 의해 이루어진다. 이 지점에서 스피노자는 유대인의 배신자로 간주된다. 공식적 유대주의에 따르면 **토라**(Torah), 즉 모세 율법은 해체할 수 없는 것으로서 그것이 보편적인 확장성을 가진다는 신약성서의 언약은 이단에 속한다. 그래서 현대 유대인 철학자 레비나스(Emmanuel Lévinas)는 같은 유대인인 스피노자를 배신자로 여긴다.

"스피노자의 배신이 존재한다. 사상사에서 스피노자는 유대교의 진리를 신약성서의 계시에 종속시켰다. (……) 따라서 유대 지식인들의 해체에 스피노자가 행사한 유해한 역할은 명백하다. (……) 모든 종교적 신앙을 버린 얼마나 많은 유대 지식인들에게 예수의 존재는 예언자들의 가르침의 완성으로 나타나는가? 스피노자가 지킨 합리론 덕에 기독교는 암묵적으로 승리를 거둔다."*

스피노자는 유대 민족에 대한 특별한 선택 개념을 진단하기 위하여 우선 **신의 도움**을 자신의 존재론과 관련시켜 설명한다. 여

---

* Emmanuel Lévinas, *Difficile liberté*(어려운 자유), pp.155~156.

기서 스피노자는 "도움", "지배", "통치", "명령/결정(decretum)" 등의 용어를 사용하는데, 그가 인격적 존재로서의 신을 논한다고 오해해서는 안 된다. 스피노자는 『에티카』를 관통하는 자연주의 원리를 고수하고 있다. 신의 통치는 "자연의 고정불변의 질서, 즉 자연적 존재들의 연쇄"로서 신의 결정과 지배에 의하여 필연적으로 이루어진다. 이성의 관점에서 볼 때 특정한 입법자로서의 신의 관념은 상상에 불과하다. "신의 지도(Dei directionem)"는 자연의 고정불변의 질서이며 자연의 어떤 존재의 힘은 신의 힘 자체의 부분일 뿐이다. 그러나 한 존재는 자신에게 분배된 힘을 자기 자신을 통해 전개하거나 자연의 다른 존재들과 결합함으로써 전개할 수 있다. 첫 번째 경우는 "내적 도움"으로 이루어지며, 두 번째 경우는 "외적 도움"으로 이루어진다.

> "우리는 인간 본성이 자기 존재의 보존을 위하여 갖출 수 있는 모든 것을 신의 내적 도움으로 명명하고, 외부 원인들의 힘을 통하여 인간 본성에 이익이 되는 모든 것은 신의 외적 도움으로 명명할 권리가 있다."
>
> ─『신학정치론』, 152~153쪽

신의 선택은 내적 도움으로 이루어질 때 보편적인 것이며, 신이 외적 원인들에 의해 인간사(人間事)를 이끌어가는 것은 운(fortuna)이라고 불릴 수 있다. 이 점에서 존재자들은 개별적으로나 집단적으로 다소간의 운을 가진다. 내적 원인들의 차원에서

신적 선택이 신의 질서를 인식하고 수동적 감정 상태를 통제할
수 있도록 해주는 이성의 능력에 적용된다면, 외적 원인들의 차
원에서 신적 선택은 몸의 건강이나 사회에 적용된다. 내적 도움
이 보편적이라면 외적 도움은 특수한 차원의 일이다. 개인이든
집단이든 인간들은 동일한 운을 가지고 있지 않다. 운은 신이 외
적이고 예기치 않은 원인들을 통하여 인간사를 지도하는 한에서
신의 통치이다. 특히 안전한 삶을 위해서는 사회보다 유용한 것
은 없다.

> "규정된 법을 통하여 사회를 형성하고 세계의 특정 지역을 점유하여
> 모두의 힘을 마치 하나의 육체에 응집하듯이 사회에 응집하는 것보
> 다 확실한 수단은 없다."
>
> ― 『신학정치론』, 154~155쪽

사회 또는 국가는 건강과 안전을 보장해준다. 유대 역사에서
모세 율법은 종교적이고 정치적인 기능이 융합되어 있었다. 유대
민족에게 관건은 항상 "정치를 신성화하고 신성을 정치화"*하는
것이었다.

스피노자는 이 두 번째 차원, 즉 **운**의 경우를 유대 민족의 선
택 개념에 적용한다. 운은 건강한 몸으로 안전하게 사는 데 있고

---

*   Alexandre Matheron, *Le Christ et le salut des ignorants chez Spinoza*(스피노자
의 철학에서 그리스도와 무지인들의 구원), pp.14~49.

이는 외부 원인들, 구체적으로는 사회 조직에 달려 있는바, 유대 민족에 대한 선택은 모세 율법이 유대 민족에게 한 나라로서 존속하게 해준 국가 조직을 부여했다는 것을 의미할 뿐이다. 민족들이 서로 구분되는 것은 사회와 법에 의해서이다.

"신이 유대 민족을 다른 민족들보다 선호하여 선택한 것은 지성이나 마음의 평정과 관련해서가 아니라, 사회, 그리고 유대 민족이 국가를 가졌고 또 오랫동안 국가를 가지게 되었던 운과 관련해서이다."

— 『신학정치론』, 156~157쪽

스피노자는 존재론에 의거하여 설명한 이 논점을 성서를 통해 증명한다. 유대 민족이 율법을 위반할 경우 국가를 잃으리라는 것이 그들에게 알려지는데, 이는 율법이 사회학적·정치적 차원이라는 점을 말해준다. 율법은 항상 존재했던 것도 아니다. 율법은 유대 민족의 독립이 무너지면서 함께 멈추었다. 유대 민족이 수세기에 걸쳐 다른 나라들 사이에서 생존한 것은 놀라운 일이지만 그런 생존은 전적으로 자연적인 원인으로 설명된다. 예를 들어 할례 같은 의례를 통해 유대 민족은 다른 민족들과 차별화되었다. 신법과 정치적 법을 동일시하면서 결집되었던 유대 민족의 배타주의가 그들이 오래 존속할 수 있었던 원동력이었다. 유대 민족의 선택을 다루는 『신학정치론』 3장을 마무리하면서 스피노자는 다음과 같이 결론 내린다.

"누군가가 이런저런 이유로 유대인들이 신에 의해 영원히 선택되었다고 주장하고자 한다면, 나는 그가 다음과 같은 조건을 정확히 할 경우는 반대하지 않겠다. 즉 그런 선택은 그것이 유한하든 영원하든 간에 유대인들에게 특별한 것인 한에서 오직 국가와 몸의 이익에 관련된다는 점 말이다(왜냐하면 오직 이런 점을 통해 한 민족은 다른 민족과 구분될 수 있기 때문이다). 그러나 지성이나 참된 덕과 관련해서는 어떤 민족도 다른 민족과 구분되지 않으며, 따라서 이 영역에서는 어떤 민족도 다른 민족보다 선호되어 신에 의해 선택되지 않는다."

—『신학정치론』, 178~179쪽

물론 유대 민족이 정치적 법과 동일시한 신법은 그 특수한 틀 속에 보편성을 내포한 것이며 유대 민족은 그 보편성을 파악하지 못했을 뿐이다. 보편적 신법의 내용은 14~15장에서 구체화된다.

스피노자는 『신학정치론』 4~5장에서 국가의 안전을 위한 삶의 규칙과 같은 특수한 인간적 율법과 보편적 신법의 관계를 고찰한다. 『에티카』에서 확립된 바대로 우선 스피노자는 이성의 관점에서 볼 때, 신법은 오직 "최상의 선, 즉 참된 인식과 신의 사랑"(『신학정치론』, 184~185쪽)과 관련된다는 점을 강조한다. 인간이 지성을 통해 신을 만물의 원인으로 인식하고 이런 참된 인식에 따라 신을 사랑할 때, 신에 대한 인식과 사랑은 인간 삶의 궁극적 목적이자 규칙이 된다.

"신에 대한 사랑은 인간의 최상의 행복, 지복, 그리고 궁극적 목적이
고 모든 인간 행동의 목표이기 때문에, 이로부터 다음의 결론이 도출
된다. 즉 벌에 대한 불안에 의해서나 향락, 명성 등 다른 것에 대한 사
랑을 위하여 신을 사랑하는 것이 아니라, 오직 자신이 신을 인식하며
신에 대한 인식과 사랑이 최상의 선임을 알고 있다는 사실만으로 신
을 사랑하는 데 관심을 두는 사람만이 신법을 따르는 것이다."

— 『신학정치론』, 186~189쪽

따라서 신에 대한 인식과 사랑은 벌이나 공포를 피하려는 외
적 동기에 의해 행하는 것이 아니라 그 자체가 보상이다. 주지하
듯이 『에티카』는 "지복이 덕의 보상이 아니라 덕 자체(Beatitudo
non est virtutis praemium, sed ipsa virtus)"라는 명제로 마무리된다.
『신학정치론』에서도 신의 인식과 사랑이 곧 보상이라는 점을 동
일하게 강조한다.

"신법의 최상의 보상은 법 자체, 즉 견고하고 꿋꿋한 마음으로 신을
인식하고 참되고 자유롭게 신을 사랑하는 것이다. 벌은 그런 선들의
결핍, 육신의 예속 또는 흔들리고 불안정한 마음이다."

— 『신학정치론』, 190~191쪽

이와 같은 **자연적 신법의 본성**에 따르면 신법은 다음과 같은
특징을 보여준다.

1. 신법은 보편적 인간 본성으로부터 도출되는 것으로서 모든 인간에게 공통된 것이기 때문에 특정한 민족에게 부과되는 것이 아니다.
2. 신법은 인간 본성으로부터 이해되는 것이므로 특정 사건들에 대한 믿음을 요구하지 않으며 따라서 역사적인 것이 아니다.
3. 신법은 지성의 완전성과 무관한 의례들, 즉 특정 제도에 의해서만 의미가 있는 의식의 준수를 요구하지 않는다.
4. 신법은 보상의 획득을 위한 조건이 아니라 신법 자체가 보상이다.

이처럼 규정된 자연적 신법은 성서와 상충하는 것처럼 보인다. 성서에서 모든 율법은 유대 민족이라는 특정 민족에게 내려지고 보상을 위한 조건으로 나타나며, 의례를 명령하고 특정한 역사적 사건들에 대한 믿음을 부과하는 것 같기 때문이다.

사실 **인간들에게 법을 부과하는 입법자나 군주**로서의 신 개념은 모호하다. 이성의 관점에서 볼 때 신 안에서 지성과 의지의 실제적 차이는 없다. 삼각형의 관념이 신 안에 있다고 우리가 생각할 때 우리는 신이 삼각형을 인식한다고 말하며 신이 삼각형을 원한다고 말한다.

"신이 삼각형의 세 각의 합이 두 직각과 같다는 것을 영원히 원했고 결정(명령)했다고 말하거나 신이 그렇게 이해했다고 말할 때 우리는 단지 동일한 것을 말하는 것이다. 이로부터 신의 긍정이나 부정은 항상 영원한 필연성이나 진리를 내포한다는 결론이 도출된다."

—『신학정치론』, 192~193쪽

이를 토대로 볼 때 유대 민족은 상상에 대한 속박과 그로 인한 무지 때문에 영원한 신법을 특정한 시간적 명령이나 세속적 명령으로 간주했을 수 있다. 그러나 유대 민족의 무지와 특수성 때문에 신법의 보편성이 사라지는 것은 아니다. 예수가 유대 민족의 특수한 율법이라는 틀을 깨고 그 안에 담긴 보편적 신법, 모든 인간의 마음에 새겨진 보편적 법을 드러냈기 때문이다. "예수 그리스도는 예언자라기보다 신의 소리"였다.

"신은 그리스도 또는 자기의 정신에게 직접적으로 계시되었고, 예언자들에게처럼 말과 이미지를 통해서 계시되지 않았다는 사실을 통해 우리는 오직 다음처럼 이해할 수 있을 뿐이다. 즉 그리스도는 계시된 것들을 참되게 지각하고 이해했다." "왜냐하면 어떤 것을 이해한다는 것은 그것을 말과 이미지 없이 오직 정신을 통해서 지각하는 것이기 때문이다. 따라서 그리스도는 계시된 것들을 참되고 적합하게 지각했다. 그러므로 그리스도가 때때로 그것들을 율법들인 것처럼 명령했다면 그것은 대중의 무지와 완고함 때문이다. 그렇기 때문에 이 점에서 그는 신의 역할을 맡았다. 왜냐하면 그는 대중의 기질에 자신을 맞추었기 때문이다."

—『신학정치론』, 196~197쪽

따라서 예수를 통해 성서는 신법을 특수한 명령이 아니라 영원한 진리로서 제시한다고 인정해야 한다.

또한 스피노자는 성서가 지복의 조건으로서 율법을 부과한다고 판단하지 않는다. 아담에게 내려진 명령의 이야기는 선을 위해 선을 추구하라는 요구로서 해석될 수 있다. "신은 아담에게 제대로 행동하고 선을 악의 반대가 아닌 선 자체인 한에서 추구할 것을, 즉 악에 대한 불안이 아닌 선에 대한 사랑을 통해서 선을 추구할 것을 명령했다."(『신학정치론』, 200~201쪽) 특히 스피노자는 지성의 결실이 오직 참된 삶 자체이고 형벌은 지성의 결핍이라고 한 솔로몬의 말을 강조한다. 이처럼 스피노자는 아담에게 내려진 명령이나 솔로몬의 격언이 "자연적 신법을 포함하고 자연적 빛의 명령과 전적으로 일치"(『신학정치론』, 200~201쪽)한다고 인정하지만, 이는 성서가 이성의 사용을 권장한다는 것을 강조하기 위해서이다. "성서는 자연의 빛과 자연적 신법을 전적으로 권장한다(commendat)."(『신학정치론』, 206~207쪽)

여기서 성서가 자연법과 이성에 의한 구원을 권장한다는 것은 성서가 자연법으로 환원된다는 뜻이 아니다. 즉 스피노자는 이성에 의해 파악된 자연적 신법을 성서에서 그대로 발견하자는 것이 아니라 성서에서 제시된 신법이 자연적 신법과 형식적 차원에서 상충되지 않는다는 점을 강조하는 것이다. 물론 성서의 신법과 자연적 신법이 동일한 내용을 갖지 않는다는 점은 예수가 제시한 보편적 신법을 살펴볼 때 드러날 것이다. 앞서 강조했듯이 모든 문제는 이성에 대립되지 않은 채 이성을 넘어서는 보편적 신법이 무엇인지 성서를 통해 밝히는 데 있다. 우선적으로 스피노자는 성서에서 제시된 신법의 본질이 아닌 것을 강조한다. 성서의 신법은 유대 민족에게 내려진 특수한 율법, 지복을 위한 조건, 의례, 역사적 사실들에 대한 믿음이 아니다.

기적

스피노자는 성서의 본질을 규정하기 위한 성서 해석 방법론을 논의하기 전에 성서의 본질에 속하지 않는 마지막 요소로서 기적을 다룬다. 기적에 할당된 6장의 끝부분에서 스피노자는 예언을 다룰 때와 완전히 다른 방법을 사용했다고 명시한다. 예언과 관련해서는 성서에서 제시된 계시에 의거했다면, 기적은 "자연적 빛에 의해 알려진 원리들"(『신학정치론』, 270~271쪽)을 통해 설명된다. 예언이 지성의 범위를 넘어선 순전히 신학적인 문제라면 기적은 철학적인 차원에서 온전히 해명될 수 있기 때문이다. 기적의 문제는 성서 자체의 증언에 의거하지 않고도 이성에 의해 다루어질 수 있다. 물론 스피노자는 기적의 문제를 철학에 의해서만 다룰 수 있다고 주장하는 것이 아니다. 기적은 자연법칙과 관련되는 문제이기 때문에 철학을 통해 접근하는 것이 보다 타당할 뿐이다. 따라서 기적과 관련해서는 철학적 해명이 주를 이루고 성서에 의거하는 것은 보조적 역할을 한다.

무지인들은 신이 자연에서 행동하는 방식에 대해 혼란스럽게 생각한다. 그들은 신이 자신의 법칙을 교란할 수 있다고 믿는다. 다시 말해 신에게서 상충되는 두 능력, 즉 자연법칙을 형성하는 능력과 자연법칙을 교란하는 능력을 상상하고 자연의 기괴한 작용을 기적이라고 부른다.

스피노자는 우선 자신의 존재론에 따라 다음과 같이 단언한다. "자연에 반하여 일어나는 일은 아무것도 없으며 자연은 영원하고 고정불변의 질서를 유지한다."(『신학정치론』, 240~241쪽) 앞서 신법을 다루며 설명했듯이, 지성과 의지 또는 본질과 능력이 동일한 신이 산출한 보편적 자연법칙은 신의 결정에 다름 아니다. 따라서 신이 자연법칙에 반하는 것을 행한다면 이는 자기 본성과 반대로 행동하는 셈이 된다. 기적은 우리가 그 원인을 모르는 자연의 작용일 뿐이다.

나아가 기적은 자연의 질서와 반대로 신의 본질, 현존, 섭리를 이해하게 해주지 못한다. 기적은 한정된 작용이며 한정된 결과만을 나타내므로 "무한한 능력을 가진 원인의 현존"(『신학정치론』, 250~251쪽)에 대한 인식을 이끌어내지 못한다. 반대로 자연의 고정된 질서는 무한한 결과들을 포함하며 절대적으로 무한한 원인을 요청한다. 성서 자체도 기적이 신을 증거하기에는 불충분하다는 것을 인정한다. "모세는 거짓 예언자가 기적을 행할 때조차도 그를 처형하라고 명령한다."(『신학정치론』, 254~255쪽)

"너희 중에 선지자나 꿈꾸는 자가 일어나서 이적과 기사를 네게 보이고 그가 네게 말한 그 이적과 기사가 이루어지고 너희가 알지 못하던 다른 신들을 우리가 따라 섬기자고 말할지라도" (……) "그런 선지자나 꿈꾸는 자는 죽이라 (……)"

— 「신명기」, 13:1~5

물론 성서는 여러 기적을 이야기한다. 그러나 앞서 예언과 관련하여 살펴봤듯이, 유대인들이 특수하고 매개적인 원인들을 건너뛰고 모든 특별한 사태를 기적적이라고 부르며 곧바로 신과 연결시키는 특성을 고려할 필요가 있다. 기적은 매개 원인들의 작용을 거친 자연적 사태라고 볼 수 있는 것이다. 다만 성서는 자연적 원인들에 의거해서 사태를 설명하지 않고 대중을 신앙으로 인도하기 위한 방식을 사용할 뿐이다.

"사태들을 그 자연적 원인들에 의해 가르치는 것은 성서에 속한 일이 아니다. 오히려 상상을 폭넓게 점유하는 사건들을 이야기하고, 이 사건들에 대해 가장 큰 감탄을 자아내고 결과적으로 군중의 마음에 신앙심을 각인하기에 가장 적합한 방법과 스타일로 이야기하는 것이 성서에 속하는 일이다."

— 『신학정치론』, 260~261쪽

성서에서 유대인들이 기적을 실제로 믿은 것은 사실이지만, 태양의 멈춤에 대한 일화에서 드러나듯이, 사람들은 굴절 현상이 있었을 뿐임에도 불구하고 여호수아가 태양을 멈췄다고 믿었다. 이런 점은 무지와 상상 때문이다.

이처럼 이성에 의거하여 기적을 무지와 연관시킨 후에 스피노자는 성서의 여러 구절을 예시함으로써 "자연은 고정불변의 질서를 유지하고 신은 우리에게 알려지고 또 알려지지 않았던 모든 세기에도 동일했으며 자연법칙은 더 덧붙이거나 뺄 수 있는 것이 아무것도 없을 정도로 완전하고 풍요롭다는 것, 마지막으로 기적들이 새로운 어떤 것으로 나타나는 것은 인간들의 무지 때문이라는 것"(『신학정치론』, 272~273쪽)이 명백하다고 밝힌다.

요컨대 스피노자는 기적이 "자연적 현상"임을 명시한다는 점에서 자연주의를 벗어나지 않는다. 그러나 자연적 수단이지만 이성으로 환원되지 않는 수단을 통한 신의 계시가 가능한지, 그리고 그 내용이 무엇인지 살펴볼 필요가 있다. 스피노자의 성서 해석에 따르면 이와 같은 신의 계시는 확실한 인식으로서 주어졌다. 이제 성서적 계시의 핵심, 즉 신법의 보편적 내용이 무엇인지 규정해야 한다.

4.

성서의 본질

성서 해석방법론

스피노자는 『신학정치론』 6장까지 부정적 접근법을 통해 성서의 본질에 속하지 않는 것을 규정했다. 즉 예언은 이론적 사변이 아니고, 신법은 특수성, 보상, 의례, 역사성이 아니며, 기적은 신에 대한 인식을 나타내지 않는다. 7장부터 스피노자는 성서 해석방법론을 제시하고 앞의 여섯 장에서 구체적인 답을 주지 않았던 보편적 신법의 내용 규정을 준비한다. 성서 해석방법은 성서 텍스트를 자연처럼 간주하고 거기서 사실들을 수집하고 그로부터 일반적 정의들을 도출해내는 것이다.

> "성서 해석방법은 자연 해석방법과 다르지 않으며 전적으로 그것과 부합한다. 실제로 자연 해석방법은 자연에 대한 체계적 조사를 실행한 후에 확실한 자료들로부터 결론을 도출해내듯이 그 조사로부터 자연물의 정의들을 도출해내는 데 그 핵심이 있다. 마찬가지로 성서를 해석하기 위해서도, 각 주제에 대해 체계적이고 정직하게 역사적 조사를 실행한 후에 확실한 자료들과 원리들로부터 결론을 도출해내듯이 타당한 귀결의 방법을 통해 성서 저자들의 사유를 도출해내야 한다."
>
> ─『신학정치론』, 278~281쪽

이는 실험과학의 방법이며 오늘날의 언어로 말하자면 귀납적 방법이다. 자연이나 성서나 관련 주제에 대한 정의들을 제공하지 않기 때문에, "자연의 다양한 작용들로부터 자연물에 대한 정의들을 결론 내려야 하듯이 마찬가지로 성서에서 각 주제에 대해 제시되는 다양한 이야기들로부터 정의들을 도출해내야 하는 것이다."(『신학정치론』, 282~283쪽) 스피노자의 성서 해석방법은 사실들의 수집과 사실들의 비판 또는 평가, 즉 역사적 절차와 비판적 절차라는 두 계기로 구성된다.

역사적 절차는 히브리어에 대한 언어학 지식을 전제한다. 구약과 신약의 저자들 모두가 유대인들이었기 때문에, 비록 두 텍스트는 서로 다른 언어로 유포되었다고 할지라도 "유대화한다(hebraizant)." 또한 텍스트는 맥락 속에 위치시켜야 한다. 즉 누가 누구에게 언제 말했는지 확인해야 한다. 예를 들어 율법과 도덕적 규범을 구분하기 위해 이는 중요하다. 국가가 제대로 작동할 경우 모세는 "눈에는 눈"의 율법을 부과하지만, 예수와 예레미야는 도시의 몰락 등의 다른 상황에서는 복수를 하지 말라고 권고한다. 또한 텍스트의 해석은 더 보편적인 것에서 덜 보편적인 것으로 나아간다. 즉 성서의 저자들에게 공통된 교의를 모호함을 보이는 더 특수한 언술들로부터 분리하면서 추출해낸다.

스피노자는 로마의 교황이나 바리새인이 존중한 랍비 등 그 어떤 전통도 따르지 않는다. 다만 그가 신뢰하는 전통은 유대 언어이다. 그가 변질되지 않은 것으로서 인정해야 한다고 본 전통은 "유대 언어의 낱말들의 의미"이다. "문장의 의미를 변형하려는 데는 관심을 가질 수 있지만 그 누구도 낱말의 의미를 변형시키는 데 관심을 두지는 않는다."(『신학정치론』, 296~297쪽) 낱말의 의미를 바꾸는 것은 해당 언어를 사용한 모든 저자들을 그 기질과 사유에 따라 설명해야 하는 어려운 일이다.

물론 성서 텍스트에 대한 역사적 접근은 한계가 있다. 모든 실험적·귀납적 방법처럼 역사적 방법은 추측에 머무는 경우가 많다. 그러나 스피노자는 성서 전부를 온전히 해명할 수 있다고 주장하지 않는다. 언어로 인한, 그리고 알려지지 않은 상황으로 인한 모호함은 남을 것이다.

역사적 절차

스피노자는 자신이 제시한 성서 해석방법론의 첫 부분인 역사적 절차를 통해 구약성서의 진위에 관해 논의한다. 텍스트 비판 작업을 통해 스피노자는 성서의 몇몇 권(券)을 모세나 다윗이 썼다고 인정하는 것은 무리가 있고, 여러 교정을 거친 수차례의 집필이 있었으며, 성서 텍스트들이 성전으로 확정된 것은 매우 뒤늦은 때의 일로서 여러 논란을 일으켰다는 점 등을 강조한다.

구약성서의 역사적 검토 후에 스피노자는 신약성서에 등장하는 사도들의 위상을 논의한다. 그들의 행동이 입증하듯이 사도들은 예언자이겠지만, 그들이 복음서들(사도서들)을 예언자의 자격으로 집필했는지는 의문을 가져야 한다. 스피노자는 사도들이 **예언적 권위**와 거리가 먼 학자의 작업을 했다고 평가한다. 특히 바울은 「고린도전서」, 「로마서」 등에서 자신의 견해에 따라 다소 지나치게 자유롭게 말하고 주저함과 당혹감을 드러내기도 하며 특정 견해를 강요하지 않는다. 또한 사도들은 계시와 신적 명령보다 자연적 판단에 근거한 추론의 방식을 자주 사용한다. 나아가 사도들 간에는 견해의 차이도 나타난다. 종교의 토대에 대해 바울은 인간이 결코 행동에 의해 의인(義人)으로 인정될 수 없고 오직 신앙에 대해서만 영광스러워 할 수 있다고 주장하지만, 야고보에 따르면 인간은 신앙이 아닌 행동에 의해서만 의인으로 인정된다.

"야고보는 종교의 모든 교의를 바울의 모든 논의를 제외한 채 이 얼마 안 되는 원리들에 의거하게 한다."

— 『신학정치론』, 424~426쪽

스피노자는 사도들이 학자로서 집필했다는 점을 부정적으로 평가한다. 종교의 토대에 대한 사도들의 다양한 개인적 견해로부터 교회를 분열시킨 논란이 비롯되었기 때문이다. 교회를 분열시킨 사도들의 상충된 견해와 관련하여 스피노자는 자신의 종교론의 핵심적 측면을 시사한다. 즉 종교는 철학적 사변으로부터 분리되어야 하고 "그리스도가 가르친 극히 단순한 소수의 교리"(『신학정치론』, 426~427쪽)로 환원되어야 한다는 것이다. 그래서 신약의 본질은 예수의 이야기가 담긴 복음서에 있지만 네 개의 복음서도 이미 너무 많다. 신이 예수의 이야기를 네 번이나 반복해서 말하고자 했을 리 없기 때문이다. 종교의 핵심은 산상수훈과 같은 예수의 도덕적 가르침이다. 예수는 사도들에게 신적 계시를 전했고, 복음서에서 사도들은 예언자로서 그 계시를 설교한 것이며, 학자로서 그들의 복음서들(사도서들)에서 주해했다. 성서의 핵심은 신약의 텍스트라기보다는 예수의 존재이다. **사도들에 의해 첨가된 부분을 걸러낸 예수의 가르침 자체가 보편적 신법의 골자**이다. 여타 예언자와 예수의 차이를 강조했듯이 예수는 예언자 이상으로서 **신의 소리**(vox Dei)이기 때문이다.

앞서 신법을 논하면서 성서의 신법은 유대인들에게 사회학적·정치적 차원에서 특수한 방식으로 지각되었다는 점을 강조했다. 그 특수한 틀을 깨고 율법의 보편성을 드러낸 것은 예수이다.

> "그리스도의 강림 이전에 예언자들은 종교를 국가의 법과 모세의 시기에 체결된 협약을 근거로 설파하는 관습이 있었다. 그러나 그리스도의 강림 이후 사도들은 종교를 보편적 법으로서 (……) 모두에게 설파했다."
>
> — 『신학정치론』, 438~439쪽

물론 내용의 차원에서 그리스도가 유대 민족의 특수한 틀을 벗겨냄으로써 신법에 첨가한 것은 아무것도 없다. 그리스도는 성서의 공통된 교의를 이루며 인간의 마음에 새겨진 신법의 보편성을 드러낸 것이다. 예수가 그 보편적 적용을 계시한 신법은 변질 없이 전승되고 보존되어왔다.

스피노자가 성서 해석방법으로서 규정한 역사적 절차의 결론은 "성서가 가르친 보편적 신법 전체가 변질되지 않고 우리에게 전해졌다"(『신학정치론』, 446~447쪽)는 것이다. 물론 문자로서의 성서 텍스트는 훼손되고 수정되었으며 심지어 왜곡된 채 전해 졌다. 그러나 보편적 신법으로서의 신의 말씀은 종이에 적힌 검은 글자가 아니다. 성서는 신의 말씀이 역사 속의 수많은 외적 훼손과 변형에도 불구하고 모든 인간의 마음에 새겨져 있다고 증언한다. 보편적 신법의 구체적 내용은 무엇인가?

비판적 절차

성서 텍스트에 대한 역사적 조사 후에 스피노자는 비판적 절차를 통해 성서의 본질을 추출하고 그 의미를 규정한다. 성서의 본질을 이루는 보편적 신법은 사변적 학설을 포함하지 않거나 최소화하고 대중에게 맞춰진 단순한 가르침만을 제시한다.

"성서의 교의는 높은 수준의 사변이나 철학적 학설을 포함하지 않으며 가장 둔한 정신도 파악할 수 있는 매우 단순한 것들만을 포함한다."

— 『신학정치론』, 450~451쪽

이와 같은 성서의 가르침에 추후 첨가된 철학적 사변을 분리해내고 나면, 성서의 가르침의 골자는 도덕적 또는 실천적 의미로 환원된다. 즉 신앙 또는 신에 대한 복종은 **정의**와 이웃에 대한 **자비심**과 동일시된다. 신앙을 위해서는 신에 대한 사변적 인식이 필요하지 않으며, 정의 및 자비와 분리 불가능한 **실천적 인식**이 요청될 뿐이다.

"신에 대한 지성적 인식은 복종처럼 모든 신자들에게 공통된 소질이 아니다." "신이 예언자들을 매개로 모두에게 보편적으로 요청하며 각자가 소유할 준비가 된 인식은 신적인 정의와 자비에 대한 인식일 뿐이다."

— 『신학정치론』, 452~453쪽

예언자들은 신에 대한 정확한 사변적 인식을 갖추지 않았지만, 그렇다고 정의롭지 않은 것은 아니었다. 성서의 목표는 학문을 가르치는 것이 아니다. 성서는 복종을 요구할 뿐이고 무지가 아닌 불복종만을 정죄한다. 「출애굽기」에서 신은 모세에게 자신의 진짜 이름(여호와)을 계시하며 아브라함과 같은 신앙의 선조들도 그런 방식으로 이름을 알지 못했다고 선언한다. 따라서 신은 인간들이 신앙을 갖기 위해 신의 속성들을 인식하라는 명령을 내리지 않았다.

"신의 인식은 신의 선물이지 신의 명령이 아니다."

— 『신학정치론』, 456~457쪽

신앙을 위해 신이 예언자들을 매개로 요구하는 인식은 신적 정의와 자비의 실천적 인식, 즉 "인간들이 정해진 삶의 규칙을 따름으로써 모방할 수 있는 신의 속성들에 대한 인식"(『신학정치론』, 456~459쪽)이다. 신은 예레미야를 통해 "그렇게 행동하는 자는 나를 아는 것이다"라고 말하며 성 요한은 "자비가 있는 자는 신을 갖는 것이고 신을 인식하는 것이다"라고 말한다. 성서가 오로지 요청하는 신의 인식은 신을 "최상으로 정의롭고 최상으로 자비로운, 즉 참된 삶의 유일한 모델"(『신학정치론』, 458~459쪽)로 여기도록 하는 인식이다.

스피노자는 성서의 본질을 이루는 신앙, 즉 보편적 신법의 실천적 인식을 구체적으로 정의한다. 신앙을 가진다는 것은 정의와 자비를 실천할 때 신과 관련하여 아무것이나 생각할 수 있다는 뜻이 아니다.

> "신앙은 어떤 특성들을 모를 경우 신에 대한 복종이 제거되고 그것들의 인정이 신에 대한 복종에 필연적으로 내포되는 방식으로 그 특성들을 신에게 귀속하는 사실일 뿐이다."
>
> — 『신학정치론』, 468~471쪽

달리 말하면 신앙은 신에 대한 복종 행위와 분리 불가능한 실천적 인식이다.

> "보편적 신앙은 신에 대한 복종이 절대적으로 전제하는 교리들, 그것들에 대한 무지는 복종을 절대적으로 불가능하게 만드는 그런 교리들만을 포함한다."
>
> — 『신학정치론』, 474~475쪽

이와 같은 실천적 인식의 원리를 토대로 스피노자는 7가지

신조(credo)를 도출해낸다. 이 7가지 신조는 모두 **실천**의 조건을 필요로 하는 설명을 통해 정당화된다.

1. "신, 즉 최상으로 정의롭고 자비로운 최상의 존재, 달리 말해 참된 삶의 모델은 현존한다." - 그렇지 않다면, 신에게 복종할 수 없을 것이다.

2. "신은 유일하다." - 그렇지 않다면, 신에 대한 "신앙심, 감탄, 사랑"이 생겨나지 않을 것이다.

3. "신은 어디에나 현전한다." - 그렇지 않다면, 신의 "공정성과 정의"에 대해 의심할 것이다.

4. "신은 만물에 대한 권리와 최상의 지배력이 있으며 법의 강제하에서 아무것도 행하지 않고 오히려 항상 절대적인 재량과 특수한 은총에 의해 행동한다." - 그렇지 않다면, 신에 대하여 복종의 마음을 갖지 않을 것이다.

5. "신에 대한 경배와 복종은 오직 정의와 자비에, 즉 이웃에 대한 사랑에 있다." - 그렇지 않다면, 신앙은 실천 없는 것이 될 것이다.

6. "이와 같은 삶의 규칙을 따름으로써 신에게 복종하는 모든 사람들은 구원받으며, 오직 이 사람들만 구원된다. 쾌락의 지배하에 사는 다른 사람들은 실추된다." - 그렇지 않다면, 쾌락에 대한 종속보다 신에 대한 복종을 선호할 이유를 갖지 못할 것이다.

7. "신은 뉘우치는 사람들의 죄를 용서한다." - 그렇지 않다면, 구원에 대해 낙담할 것이고 신의 자비를 믿을 이유를 갖지 못할 것이다.

— 『신학정치론』, 474~477쪽

이와 같은 신조는 실천적 약속의 차원에 속하는 것들로서 그 것들이 지시하는 것처럼 보이는 사변적 명제와는 다른 것이다. 성서의 본질은 실천적 가르침에 있고 신에 대한 긍정은 행동을 통해 실재성을 갖게 된다. 기독교 신학의 교리들이 공동체적 고백의 실천적 의미를 갖듯이 "크레도에서, '나는 신을 믿습니다'는 신의 존재를 언술하지 않는다. 여기서 신의 긍정은 신을 향한 운동과 분리될 수 없다. '나는 신이 존재함을 믿습니다'라는 신앙고백에서 특정 공동체는 다른 집단과의 대립으로서, 그 구성원들을 집결하는 사회적 결합을 정확히 한다."* 이 7가지 항은 현대의 수행발화 이론을 적용할 수 있는 명제들이다. 즉 신앙의 언표들은 그것들이 이르게 되는 행동, 그것들에 완전한 의미를 부여하는 행동과 분리 불가능한 언표들이다.

보편적 신법을 구성하는 이 신조들은 이론적 사변과 무관한 최소한의 것들로서 진리가 아닌 경건과 복종만을 요구할 뿐이다. "신앙, 즉 신학과 철학 사이에는 아무 관계도 없고 아무 공통점도 없다." 근본적 신조들은 필수불가결한 것들이지만 사변과 무관하기 때문에 "신앙은 철학하는 가장 큰 자유를 모두에게 인정한다."(『신학정치론』, 480~481쪽)

『신학정치론』의 신학 부분의 결론을 이루는 15장은 성서 해

---

*   Stanislas Breton, *Spinoza, théologie et politique*(스피노자, 신학과 정치), p.42.
    간명한 이 저작은 신학에서 정치학에 이르기까지 『신학정치론』 전체에 대한
    탁월한 해석을 담고 있다.

석에서 스피노자가 피하고자 했던 개념을 논박한다. 이미 이 저작의 서론에서부터 끊임없이 강조해왔듯이, 스피노자는 이성과 성서를 철저히 분리시켜야 한다고 강조한다. 이성을 성서에 종속시켜서도, 성서를 이성에 종속시켜서도 안 된다. 성서에는 모순이 되는 명제들이 있으며, 이성은 우의적 해석을 통해 이 모순을 정당화하고 다른 내용을 말하게 해서는 안 된다. 이와 반대로 성서로 하여금 이성에 의해 확립된 모든 것을 역시 우의적 절차를 통해 다시 말하게 해서는 안 된다. 이 경우 우리는 성서의 근원적 계시, 즉 신앙에 의한 구원을 부정하게 된다.

결국 스피노자는 다음과 같이 『신학정치론』의 신학적 부분을 결론짓는다.

"이성의 능력은 인간들이 오직 복종에 의거하여, 그리고 사물들에 대한 이해력 없이 지복에 이를 수 있는지에 대해 결정할 수 있는 데까지 미치지 못한다."

— 『신학정치론』, 492~493쪽

"우리는 단순한 복종이 구원의 길이라는 것을 자연의 빛으로는 파악할 수 없으며, 우리의 이성이 이해할 수 없는 신의 특별한 은총을 통해 이런 일이 일어난다는 것을 오직 계시만이 가르쳐주기 때문에 이로부터 성서는 인간들에게 엄청난 위안과 위로를 가져다 주었다고 할 수 있다. 이성의 지도하에 덕의 습관적 실행에 이르는 사람은 인류 전체의 숫자에 비해 대단히 적은 수인 반면, 실제로 모든 사람은 절대적으로 순종할 수 있다. 따라서 우리가 성서의 증언이 없었다면, 우리는 대부분의 사람들의 구원에 대해 의심하게 되었을 것이다."

—『신학정치론』, 502~503쪽

지금까지 『신학정치론』 1~15장의 논증 구조를 추적하면서 성서의 계시는 이성과 다른 영역, 즉 실천적 인식을 신앙을 위한 보편적 신법으로 제시한다는 점을 살펴보았다. 성서에 기초한 종교와 신앙은 철학의 권리와 자유를 침해하지 않는 가운데 정당성을 지닌다. 여기에는 스피노자의 전형적인 사유 방식이 있다.『에티카』에서 선언했듯이 서로 공통점이 있는 두 사물은 서로를 제한하는 반면, 서로 아무 공통점이 없는 두 사물은 경쟁이나 대립 관계가 아니다. 서로 공통점을 갖는 것들은 서로에게 유용하거나 유해할 수 있지만, 서로 공통점이 없는 것들은 서로에게 유용하지도 유해하지도 않다. 이성과 신앙은 각기 근원적으로 다른 영역에 있기 때문에 서로 경쟁 관계에 있지 않다. 성서는 이성보다 상위의 지식 체계가 아니다. 성서는 상상의 방식으로 표현되며, 유대 민족의 특수한 율법은 현세에서의 국가적 존속에 관련될 뿐이고, 기적은 대중적으로 표현되는 방식일 뿐이다. 이렇게 성서가 갖지 않은 특성을 성서에서 발견하려는 시도를 멈출 때, 즉 성서에서 이성적 지식이나 이성보다 상위의 지식을 발견하려는 시도를 포기할 때 성서의 참된 의미가 드러난다. 성서의 진정한 의미는 실천적 차원의 가르침이다. 성서는 무지한 대중도 구원이 가능해지는 올바른 태도를 정의하며, 따라서 이론적 이성이 설명할 수 있는 것을 넘어서는 확실성을 제공한다. 성서가 가르쳐주는 것은 이성에 의한 구원 외에도 올바른 실천을 할 수 있는 많은 사람을 위한 구원의 방법이 있다는 것이다. 따라서 철학은 전적인 사유의 자유를 유지하며 종교 역시 이성과 완전히 다른 자기 고유의 방식으로 구원의 길을 제시한다. 한마디로 이성과 신앙, 철학과 종교는 서로의 영역이 다르기 때문에 상충될 수 없다.

5.

개인의 욕망과 국가의 욕망

『신학정치론』의 신학 부분에서 스피노자는 철학과 종교를 분리시키는 데 노력을 집중한다. 철학은 이성을 원리로 하는 학(學)으로서 고유한 영역을 가지며, 종교는 상상을 통해 표현되는 실천 규범으로서 역시 고유한 관점을 지닌다. 성서와 종교는 이성과 구분되는 독자적 영역에서 자기 충족성을 갖는다. 『신학정치론』 두 번째 부분의 문제의식은 종교와 철학의 자유가 국가 제도 내에서 어떠한 한계와 함께 인정될 수 있는지를 밝히는 것이다. 『신학정치론』의 머리말에서 스피노자는 신학적 고찰을 다음과 같이 정치철학과 연결시킨다.

> "신법에 의해 각자에게 인정된 자유를 제시한 후에 나는 문제의 두 번째 부분으로 이행한다. 이 자유는 국가의 평화와 주권자의 권리에 대한 침해 없이 인정될 수 있을 뿐 아니라 인정되어야 한다. 이 자유가 제거되면 평화가 큰 위험에 빠지거나 국가 전체가 손상을 입을 수밖에 없다."
>
> — 『신학정치론』, 72~73쪽

이성과 신앙의 독립성을 국가의 권한과 조화시키는 것이 스피노자의 정치철학이 다루는 내용이다. 스피노자의 결론은 국가의 안정과 평화를 위해서는 국가권력이 온전히 확보되어야 하며, 사상과 신앙의 자유를 억압하는 것보다는 보장하는 것이 국가의 존속과 운영에 유리하다는 실용주의적 관용 원리이다.

이와 같은 스피노자의 정치론을 살펴보려면 『신학정치론』의 정치적 부분인 16~20장에 대한 면밀한 분석이 요청된다. 이 부분은 크게 자연권의 양도를 통한 사회 구성의 원리, 유대 고대사를 통한 사회 구성의 역사적 실증, 개인과 국가권력의 관계 규명으로 구분된다.

사회 구성의 원리

『신학정치론』 16장에서 스피노자는 자연 상태에서 사회 상태로의 이행 과정을 논의한다. 인간의 본질은 욕망, 즉 자기보존노력(conatus)이며, 정치학의 용어로 말하자면 자기보존노력은 자연권이다. 자연 상태는 개인들이 자신들의 자연권을 양도하고 주권자가 모든 권리를 보유하게 됨으로써 사회 상태로 전환된다. 그러나 이런 이행 과정의 재구성은 **이론적인** 차원이다. 실제로 스피노자는 17장을 시작하면서 16장의 논의는 이론적 차원이었다고 명시한다. 추후에 스피노자는 성서에 제시된 유대 고대사에 의거하여 자신의 이론을 실증한다.

> "이전 장(章)은 만물에 대한 주권자의 권리와 각자가 지닌 자연권의 주권자에게로의 양도를 고찰했다. 이런 점은 실제 현실과 상당히 일치하며 우리가 실제 현실을 이와 점점 더 근접하도록 조정할 수 있다고 해도 많은 경우 순전히 이론적인 차원의 일이다."
>
> — 『신학정치론』, 534~535쪽

국가 구성의 이론적 고찰은 **이상적** 민주주의 모델에 의거하여 수행된다. 민주주의 모델에서 개인과 사회는 **부분**과 **전체**의 관계이다. 원칙적으로 서로 동등한 부분들이 사회라는 전체에 자신들의 자연권을 양도함으로써 하나의 **집단적 개체**를 구성하는 것이다.

"민주주의 국가는 (……) 가장 자연적이며 자연이 각자에게 부여하는 자유와 가장 가깝다. (……) 각자는 자신이 부분을 구성하고 있는 사회 전체의 대다수에게 자신의 권리를 양도한다. 그리고 이런 방식으로 모두는 이전에 자연 상태에서 그랬던 것처럼 평등한 것이다."

— 『신학정치론』, 520~521쪽

스피노자는 사회 상태에 논리적으로 선행하는 자연 상태를 상정하고 개인의 권리를 집단에 양도하는 **계약**(pactum)을 통하여 국가의 기원을 설명한다. 각 존재의 자연권은 자신을 유지하고 확보하는 힘이다.

"자연의 최상의 법칙은 각 사물이 가능한 만큼 자신의 상태를 보존하며 자신 외의 다른 무엇도 고려하지 않는 가운데 그렇게 하는 데 있기 때문에, 이로부터 각 개체는 (……) 자연적으로 결정되어 있는 대로 존재하고 행동하기 위한 최고의 권리를 보유한다는 결론이 도출된다."

— 『신학정치론』, 506~507쪽

큰 물고기가 본성의 법칙에 따라 작은 물고기를 잡아먹을 권리가 있듯이, 자연 상태에서 각 개인은 자기 재량대로 욕망을 전개할 권리가 있다. 여기에는 도덕도 종교도 이성도 개입하지 않고 생존 욕구만이 작동한다. 이에 대하여 스피노자는 죄를 나타나게 하는 것은 율법이라고 선언하는 성 바울의 관점에 의거한다.

> "이 점은 율법 이전에는, 즉 인간들이 자연의 지배하에서 살아가는 동안은 죄를 인정하지 않는 바울의 가르침과 정확히 일치한다."
>
> — 『신학정치론』, 506~507쪽*

법이 존재하지 않는 자연 상태에서는 공적과 죄가 아니라 단지 성공과 실패만이 관건이다. 스피노자는 그의 정치이론을 압축적으로 설명한 『에티카』 4부, 정리37, 주석2에서 다음과 같이 말한다.

> "우리는 자연 상태에서는 모든 사람의 동의에 의하여 선하거나 악한 것이 하나도 존재하지 않음을 쉽게 이해한다. 왜냐하면 자연 상태에 있는 각자는 단지 자신의 이익만을 도모하며, 자기의 뜻에 따라서 자신의 이익만을 고려하는 한, 무엇이 선이고 무엇이 악인지를 결정하고 또한 어떤 법에 의해서도 자기 이외의 다른 사람에게 복종해야 할 의무를 가지지 않기 때문이다. 그러므로 자연 상태에서는 죄를 생각할 수 없다. 그러나 공동의 동의에 의하여 무엇이 선이고 무엇이 악

* 「로마서」 7:7. "율법으로 말미암지 않고는 내가 죄를 알지 못하였으니……"

인지가 결정되어 각자가 국가에 복종하게 되는 국가의 상태에서는 죄를 생각할 수 있다. 그러므로 죄는 불복종일 뿐이며, 따라서 그것은 오직 국가의 권력에 의해서만 처벌된다. 또한 이와 반대로 복종은 국민에게 공적으로 여겨진다. (……) 즉 자연 상태에서는 정의 또는 불의라고 말할 수 있는 어떤 것도 생기지 않는다. 그러나 공동의 동의에 의하여 무엇이 이 사람의 것이고 무엇이 저 사람의 것인지가 결정되는 국가의 상태에서는 불의가 생긴다. 이로부터 정의와 불의 그리고 죄와 공적은 외적인 개념이고 정신의 본성을 설명하는 속성이 아니라는 것은 명백하다."

자연 상태는 공포와 불안의 끝없는 연속이다. 모두가 적의, 증오, 술책, 분노의 한가운데 살고 있고 각각은 모두를 상대로 자신을 보호할 능력이 없기 때문에 실질적으로 그의 자연권을 보장해주는 것은 없다. 이 필연적 압력은 생존을 위한 공동계약의 동기가 된다. 각 개인이 자신의 자연권을 집단에 양도하는 계약이 요청된다. 따라서 자연 상태에서 사회 상태로 이행하는 것은 희생을 요청하지만 이는 **영원한 진리**에 의해 정당화된다. 우리가 어떤 선을 포기하는 것은 더 좋은 선을 얻기 위해서이며, 어떤 악을 받아들이는 것은 더 나쁜 악을 피하기 위해서이다. 그런데 공동체의 설립은 고립된 개인적 삶보다 더 큰 안전을 보장해주기 때문에 확실한 선이다.

"적을 피해서 살기 위해서, 그리고 많은 노력을 절약하기 위해서라도 사회는 매우 유용하며 전적으로 필수적이기까지 하다."

—『신학정치론』, 218~219쪽

사회계약은 근원적인 변화를 가져온다. 사회계약은 개인들이 단지 자연적 욕구만을 따르는 것을 금하고 이성의 명령을 따르도록 강제한다. 사회계약은 개인들의 자연권을 집단의 이익에 양도하는 결과를 낳는다. 이 점에서 스피노자는 명시적으로 홉스와 자신을 차별화한다. 스피노자에 따르면 사회는 자연 상태를 제거하지 않으며 자신 안에 자연 상태를 응축한다. 개인의 자유와 국가의 결정은 원칙적으로는 일치한다.

"홉스(Thomas Hobbes)는 다르게 생각하겠지만, 이성은 절대적으로 평화를 권고한다. 그러나 평화는 국가의 공동법 체제가 위반되지 않는 조건하에서만 보장될 수 있다. 그러므로 한 사람이 이성에 더욱 인도될수록, 즉 더욱 자유로울수록 그는 법의 규칙들을 더욱 안정적으로 준수할 것이며 자신이 종속된 주권자의 명령에 더욱 복종할 것이다."

—『신학정치론』, 687~688쪽

주석가 뮈니에 폴레(Lucien Mugnier-Pollet)는 홉스와 스피노자의 차이를 다음과 같이 정리한다.

"『신학정치론』에서 논의과정은 외양적으로는 자연 상태, 양도의 두 단계 때문에 홉스적이지만 계약의 내용은 매우 다르다. (……) 홉스에게 계약은 주권자에게 나의 권리를 절대적으로 양도함으로써만 존재하는 반면, 스피노자에게 계약은 각각의 인간이 타인의 권리를 자기의 권리처럼 존중하겠다고 서약하는 더 근본적인 약속의 보장일 뿐이다. 따라서 스피노자에게 계약의 근본은 오히려 낙관적이며 이성의 힘에 대한 상대적 신뢰를 증거해준다."*

사회는 모든 영역에서 자연권을 누리는 일종의 집단적 개인이다. 사회는 자신의 본성에 따라 자기에게 좋아 보이는 것을 추구하고 자신의 본성에 따라 나빠 보이는 것을 배척함으로써 거대한 개인처럼 작동한다.

우선 사인(私人)은 안전과 보호를 주권자에게 맡겼기 때문에 사회는 구성원들의 위법 행위를 제재할 권리가 있다. 또한 사회는 동맹들과 맺은 불리한 협정을 유용성을 기준으로 파기할 수 있다. 국가들은 서로의 목적과 유용성이 충분히 드러날 때만 서로의 말을 믿는다. 마지막으로 사회는 적들을 재량대로 다룰 수 있다. 이처럼 스피노자는 주권자의 권리를 엄격하게 강조한다.

"국가는 오직 주권자의 결정에 의해 운영·유지되어야 하며 모든 시민은 주권자의 이런 권리가 주권자에게만 속한다는 점을 협약을 통해

---

* Lucien Mugnier-Pollet, *La philosophie politique de Spinoza*(스피노자의 정치철학), p.123.

약속했기 때문에, 만일 누군가가 주권자가 모르는 가운데 독자적으로 어떤 공무를 진행한다면, 비록 사회를 위한 이익이 이로부터 확실하게 생긴다고 할지라도, 그 사람은 주권자의 권리를 위배한 것이고 주권자의 존엄을 침해한 것이다. 따라서 그가 정죄되는 것은 정당하다."

— 『신학정치론』, 526~527쪽

그러나 이는 사회구성원들이 주권자의 노예라는 것을 의미하지 않는다. 노예와 달리 시민은 권력에 복종하더라도 자신의 이익을 위해 일하기 때문이다. 브르통(Stanislas Breton)은 다음과 같이 말한다.

"다음과 같은 논박이 가능할 것이다. 즉 스피노자가 인정하듯이, '주권자가 가장 부조리한 것을 명령한다고 할지라도' 그에게 복종해야 하므로 이런 조건에서 신민은 주권자의 노예에 불과하다. (……) 이런 논박이 고발하는 위험은 사회계약의 내용에 포함된 돌발 사안에 속한다. 건전한 현실주의는 부조리에 대한 복종을 제거할 수 없다. 부조리에 대한 복종은 두 악 가운데 더 적은 악을 선택해야 한다는 원리에 근거하여 정당화되기 때문이다. 비합리적인 명령이라도 무정부상태나 자기의 판단의 우연성에 맡겨진 주체의 자유 재량권보다는 나은 것이다."[*]

요컨대 권력을 통제할 수 있는 것은 존재하지 않는다. 계약

---

[*]   Stanislas Breton, *Spinoza, théologie et politique*(스피노자, 신학과 정치), p.117.

의 유용성에 의거하여 언제든지 계약을 철회하고 주권자를 교체할 수 있다는 독법은 무리가 있다. 계약의 철회는 국가의 붕괴이다. 오히려 스피노자의 논의는, 국가의 구성은 원칙적으로 유용하지만 사람들이 약속을 지키지 않을 수 있기 때문에 계약의 실효성을 위해 주권자의 권력과 강제력이 뒷받침되어야 한다는 것이다. 실제로 스피노자는 주권자의 명령이 부조리할지라도 개인들은 계약 후에는 그 명령을 준수해야 한다는 점을 강조한다.

그렇다면 정치권력과 종교의 관계는 어떻게 생각해야 하는가? 욕구의 법칙만을 따라도 되는 자연권은 이웃에 대한 사랑을 명령하는 신법에 위배되는가? 이 점에 대해 스피노자는 자연 상태가 신법에 선행한다는 점을 강조한다.

"자연 상태는 본성적으로 그리고 시간적 순서에서 종교에 선행한다."
— 『신학정치론』, 526~527쪽

이미 바울에 의거하여 강조했듯이, 자연 상태는 종교 및 법과 독립적으로 생각해야 하며, 따라서 죄도 과오도 없다. 결국 도덕이나 종교는 정치 공동체에서만 의미를 갖는다.

———

권력의 결정과 종교가 대립할 경우 어떻게 해야 하는가? 신의 명령에 복종해야 하는가, 아니면 인간의 명령에 복종해야 하는가? 이 문제는 스피노자의 사회계약 개념에서 주권자의 위상과 관련된다. 신의 명령을 우위에 둘 경우 세속 권력을 통제하는 기제를 전제하는데, 이를 뒷받침하는 개념이 이중계약이다.

"스콜라철학자들에 따르면, (……) '공동체'를 산출하는 사회계약과, 정치권력을 구성하고 그 주체를 지정하는 보조적 계약을 구분해야 한다. 이는 중요한 차이로서 신학자는 이러한 점에 의거하여 첫 번째 계약에 근거한 공동체에 대한 본질적인 지시를 통해 두 번째 계약으로부터 생긴 권력을 제약할 수 있다."*

그러나 스피노자에게 종교에 관한 제정의 최고 권리는 오직 주권자에게 속한다. 종교인도 사인이며 사인들의 수동적 감정 상태는 항상 오류와 일탈의 가능성을 내포하기 때문이다.

"종교의 문제에서 사람들은 습관적으로 크게 오류를 범하며, 경험이 너무도 잘 알려주듯이, 그들 기질의 다양성에 따라 허구를 가지고 대대적으로 서로 경쟁하기 때문에, 종교와 관련된다고 그들이 생각하는 모든 영역에서 신민들이 주권자의 입법에 복종하는 것이 면제된다면, 국가의 권리는 각자의 판단과 감정의 다양성에 의존될 것이다. 국가의 법률 체제가 자기의 신앙 및 미신과 양립하지 않는다고 판단할 경우 어느 누구도 법을 따르지 않을 것이다."

— 『신학정치론』, 530~531쪽

* Stanislas Breton, *Spinoza, théologie et politique*(스피노자, 신학과 정치), p.119.

    사회계약은 집단의 생존을 위해서 영원한 진리에 의해 이루어지는 것이다. 사회계약은 필연성에 따라 성립하고 파기되는 자연적 사태이다. 사회계약의 파기는 국가의 해체를 의미한다. 사회계약과 정치권력 형성은 동일한 심급이며, 따라서 스피노자에게 주권자의 권력을 통제할 수 있는 기제인 이중 계약은 존재하지 않는다. 개인들은 그들의 모든 권리를 통치권자에게 단번에 양도한다. 모든 저항의 시도는 반역이다. 이와 관련하여 델보스(Victor Delbos)와 브르통의 설명은 유용하다. 델보스는 계약을 통해 구성된 국가권력의 제재 능력을 다음과 같이 설명한다.

"사회는 이성에 인도되지 않은 영혼에게 적용된 비이성적 수단을 필연적으로 사용한다. 사회는 수동적 감정 상태에 수동성으로 맞서면서 자신을 방어한다. 그리고 결코 사회는 충성스러운 사람들을 갖는다는 보장이 없으므로, 강제로 사람들을 체포하거나 무능력한 상태에 처하게 하고 심지어 그들을 제거함으로써 그들이 반역자가 되는 것을 막는다. 사회는 모두에 대해 생사의 권리를 갖는다. 우리의 모든 개별적 본능들, 심지어 우리의 개별적 이성들보다 상위의 이성, 즉 모든 것을 진정으로 정당화하는 이성이 존재한다. 그것은 국가 이성이다."[*]

브르통은 스피노자의 계약 개념을 다음과 같이 설명한다.

*   Victor Delbos, *Le problème moral dans la philosophie de Spinoza et dans l'histoire du spinozisme*(스피노자의 철학과 그 역사에서 도덕의 문제), p.166.

"권력으로서의 이성은 힘의 차원에서 실행되어야 한다. 따라서 강압은 배제되지 않는다. 그리고 스피노자가 말하는 계약이 폭력을 이전시킴으로써 폭력을 피하는 희생 행위와 유사하지는 않는지 우리는 자문할 수 있다. 폭력은 다른 폭력에 의해서만 치유되는 것이다. 이는 (……) 인간의 조건에 의해 설명되는 사회적 유사요법이다. 이성은 테러를 필요로 한다. 이성은 폭력을 단지 이동시킴으로써 그것을 중지시킨다."*

결국 스피노자가 옹호하는 것은 정치권력의 안정성이다. 그가 민주주의를 선호하는 것은 원칙적으로 집단의 생존을 위해 내려진 결정에 모두가 참여하는 체제인 민주주의가 가장 강력한 안정성과 결집력을 보장하기 때문이다. 통치 유형 또는 권력 분배의 문제는 권력의 전체성에 비하면 부차적인 사안이다. 추후 개인의 자연권 양도 및 복종의 수준은 다시 논의되겠지만, 우선 스피노자는 어떤 유형의 정치체제이든지 간에 국가권력의 전체성이 확보되어야 함을 강조한다.

"확실한 것은 한 사람이든 몇몇 사람이든, 혹은 모든 사람이든 간에 주권을 보유한 이가 자신이 원하는 모든 것을 명령할 최상의 권리를 누린다는 것이다. 게다가 자발적으로든 힘을 통한 강제에 의해서든 자신을 방어할 힘을 타인에게 양도한 자는 자신의 자연권을 전적으

---

*   Stanislas Breton, *Spinoza, theologie et politique*(스피노자, 신학과 정치), p.117.

로 포기한 것이며, 결과적으로 모든 점에서 그 인물에게 복종하기로 결정한 것이다. 그는 왕이나 귀족들 혹은 국민이 그들이 부여받은, 그리고 권리 양도의 기초였던 주권을 보존하는 동안 그러한 태도를 절대로 바꾸면 안 될 의무가 있다."

—『신학정치론』, 520~521쪽

그러나 스피노자는 자신의 논의가 순전히 이론적이라는 점을 강조한다. 즉 아무리 국가가 전체적 권력을 보유한다고 할지라도 시민들은 자신들의 모든 것을 포기한 채 국가에게 아무런 위험이 되지 않을 정도는 아니다. 심지어 국가에게 가장 큰 위협이 되었던 것은 적들보다도 시민들이었다. 스피노자의 주된 관심사는 국가의 안정성, 즉 국가에 대한 시민들의 복종이다. 시민은 내면적으로 국가에 동의하지 않는다고 해도 외적으로, 즉 **행동의 차원**에서는 국가에 복종해야 한다.

"주체의 모든 행동이 사랑 혹은 불안에 의해 강제적으로 또는 더 빈번한 경우로서 희망과 불안에 의해 행해지든 간에, 그리고 불안과 경탄이 섞인 수동적 감정 상태인 존경심에 의하거나 어떤 다른 동기에 의해 행해지든 간에 주권자의 명령에 부합하는 방식으로 이루어진다면, 그는 그 행동을 자신이 아닌 국가의 권리에 따라 행하는 것이 된다."

—『신학정치론』, 538~539쪽

실제로 유대 고대사는 국가권력이 내적 문제 때문에 붕괴하게 된 과정을 보여준다. 스피노자는 유대 고대사를 통하여 국가의 구성 원리를 실증하고 국가권력의 안정성을 확보하기 위한 교훈을 도출한다.

사회구성 이론의 실증

국가 구성을 이론적으로 규정한 후에, 스피노자는 유대 민족의 고대사를 통하여 자신의 이론을 실증한다. 이 작업의 목적은 모세의 율법이 어떻게 유대 국가를 구성했고 어떻게 유대 국가가 발전하고 붕괴되었는지를 밝힘으로써 정치적 교훈을 도출해내려는 것이다.

유대 국가를 고찰하려면, 앞서 논의한 신의 **지배** 또는 **도움**의 개념을 상기해야 한다. 신의 지배는 자연의 고정불변의 질서, 즉 자연적 존재들의 연쇄이고 내적 차원의 도움과 외적 차원의 도움으로 구분된다. 인간 본성이 자기 존재의 보존을 위하여 갖출 수 있는 모든 것이 신의 내적 도움이고 외부 원인들의 힘을 통하여 인간에게 이익이 되는 모든 것은 신의 외적 도움이다.* 유대 국가

* 사회계약에 의지적 특성을 부여해서는 안 되듯이, 여기서도 "도움"이나 "선택"의 개념에 신인동형론적 의미를 부여해서는 안 된다. 스피노자의 체계에서 내적 도움과 외적 도움의 측면은 추후 살펴볼 그의 존재론의 핵심을 이루는 두 종류의 인과율에 조응한다. 첫 번째 인과율은 무한양태와 유한한 본질에 대한 영원한 산출을, 두 번째 인과율은 지속의 질서에서 무한정하게 전개되며 현존하는 유한양태들의 산출(『에티카』, 1부, 정리28)을 나타낸다. 『에티카』에서 두 인과율은 적합한 인식과 부적합한 인식을 지시한다. 놀랍게도 스피노자는 『신학정치론』 4장의 서두에서 다음과 같이 주장한다. 우리는 "사물들의 실제

의 설립은 신의 외적 도움과 관련된다. 내적 원인들의 차원에서 신적 선택이 신의 질서를 인식하고 수동적 감정 상태를 통제할 수 있도록 해주는 이성의 능력에 적용된다면, 외적 원인들의 차원에서 신적 선택은 육체적 건강이나 사회에 적용된다. 특히 안전한 삶을 위해서 사회 공동체보다 유용한 것은 없다.

유대 고대사에서 모세 율법의 정치적 측면을 고찰하는 것이 스피노자의 핵심 작업이다. 스피노자는 유대 민족의 신정(神政) 설립에서부터 왕국의 멸망에 이르는 과정을 추적하고 그 의미를 도출한다. 유대 민족의 국가 설립 과정은 일반적 사회의 형성 과정과 구조적으로 동일하기 때문이다. 우선 유대 민족의 신정은 이집트에서 탈출한 후 사막에 체류하면서 설립된다. 자연 상태와 같은 상황에서 유대 민족은 그들의 자연권을 처분할 자유가 있었다. 그리고 모세를 통해 신법을 받으면서 신정이 정착되기 전에 유대 민족과 신 사이에는 직접적 언약을 통한 신정 통치가 있었다.

"자연 상태에 놓인 그들은 자신들이 전적으로 신뢰했던 모세의 충고를 따라 그들의 자연권을 인간이 아닌 신에게 양도하기로 결정했다. 어떤 머뭇거림도 없이 한 목소리로 신의 모든 명령에 절대 복종하고

배열과 상호연결방식(concatenatio)"을 전적으로 모르므로, 사물들을 "가능한 것들"로 간주하는 것이 사는 데는 더 나으며, 심지어 그렇게 하는 것이 필수불가결하다. 결정론자인 스피노자에게 나타나는 이러한 놀랍고도 유연한 사고방식의 근저에 현존의 인과율이 있는 것이다. 바로 이 영역, 즉자적으로는 필연적이지만 우연적으로 나타날 수밖에 없는 외적 인과 체계에 스피노자는 정치학을 설정한다. 스피노자의 존재론 체계는 뒤에서 상세히 다룰 것이다.

예언적 계시가 법으로 제정할 것 외에는 어떤 법도 인정하지 않겠다고 결정했다."

— 『신학정치론』, 544~545쪽

신만이 주권을 보유한 이 체제는 완전한 직접적 신정 통치라고 할 수 있다. 이런 신정은 모든 구성원이 동등한 자격을 갖기 때문에 민주주의와 같으며, 모두가 신의 조언을 구하고 법을 해석하며 국가 행정에 참여할 수 있었다.

그러나 유대 민족은 첫 번째 협약을 분명하게 파기하고 군주제로 이행한다. 신의 소리를 듣고 공포에 질린 유대 민족은 모세에게 전권을 부여하면서 매개자가 되어달라고 요청했기 때문이다. 이로써 모세는 입법자, 군사지도자, 제사장의 삼중 권한을 장악한 군주 역할을 맡는다. 다른 지도자들과 달리 모세는 "법의 제정과 파기, 전쟁과 평화의 결정, 사원(寺院)과 국가 관리자의 임명에 대한 권한"을 가졌으며 이는 "주권 보유자가 지닌 임무의 모든 것"이다.(『신학정치론』, 554~555쪽) 스피노자는 모세의 통치가 **군주제**라고 명시적으로 단언하지는 않으나 모세가 "모두에게 모든 것을 명령할 절대적 권한"(『신학정치론』, 588~589쪽)을 부여받았다고 말한다. 이렇게 유대 민족은 직접적 신정 통치 후에 실질적인 군주제를 채택한다. 물론 군주제의 채택은 신정의 파기를 의미하지 않는다. 유대 민족은 계속적으로 신의 통치를 수용했으며 모세 이후의 체제도 신정의 변용된 형태이다.

모세의 전권을 인정한 통치 제도는 다시 변형을 겪는다. 모세는 후임자의 임명권이 있었으나 자신처럼 전권을 소유한 군주를 임명하지 않았다. 이로부터 권력이 분산되었다. 군사권은 여호수아가 맡고, 다른 부족들과 달리 토지를 소유하지 않았던 레위족은 성무(聖務) 관리권을 맡았다. 여호수아 이후에는 열두 부족이 각자 군사권을 맡았고 레위족 후손은 성무 관리권을 승계했다. 이런 권력 분산은 추후 모세의 치명적 실수로 드러나지만 유대사의 두 번째 핵심적 국면인 사사기(士師記)는 스피노자가 매우 부정적으로 평가하는 열왕기(列王記) 시대 이전까지 대단히 합리적인 정치구조를 영위했다. 스피노자는 신전(神殿)을 중심으로 여러 부족이 연합된 이 시기의 정치체제를 그가 찬양해마지 않았던 네덜란드 연합국가 체제와 유사하다고 평가한다.

> "모든 부족이 정복의 권리에 따라 영토를 각기 나누고 분리하면서 공유할 아무것도 없게 되자 최고 사령관이 존재할 이유도 사라지게 되었다. 각 부족은 동료 시민이라기보다는 연합국의 관점에서 간주되어야만 했기 때문이다. 그들은 신과 종교의 관점에서는 동료시민으로 간주되었지만 부족 대 부족의 동등한 권리를 지녔다는 측면에서 오직 연합체의 일원이었을 뿐이다. 이는 고대 이스라엘 국가의 경우 모든 사람이 공동으로 관여하는 신전만 제외하고는 네덜란드 주(州) 연합과 동일한 위상이었다고 해도 과언은 아니다."
>
> ─『신학정치론』, 556~559쪽

실제로 사사기의 정치체제는 한편 참주의 출현을 막고 다른 한편 국민의 폭동을 막는 장점이 있다. 우선 여러 기제가 참주의 출현을 막았다.

- 각 부족장은 자신의 범죄를 정당화하기 위해 율법을 해석할 수 없었다. 율법 해석은 레위족의 신관(神官)이 맡았기 때문이다. 대중의 미움을 피하려면 부족장들은 정례회의 때 규정된 율법에 따라 모든 것을 처리해야 했다. 특히 종교로 결합된 연합 국가에서 율법을 위반한 부족장은 다른 부족장들의 감시와 견제 대상이 되었다.
- 각 부족장은 병사들을 외국 용병이 아닌 시민 가운데 선발해야 했고 그들을 존중해야 했다. 병사들은 부족장의 영광보다는 국가의 영광과 신의 영광을 위해 싸웠기 때문에 부족장은 함부로 일탈할 수 없었다.
- 각 부족장은 새로운 예언자의 출현을 두려워해야 했다. 예언자는 신관의 매개로 신의 조언을 받는 부족장과 달리 신의 계시를 직접 받아 최상의 명령권을 보유하므로 대중을 쉽게 움직일 수 있었기 때문이다.
- 각 부족장은 혈통이나 출신이 아니라 오직 덕과 연륜을 근거로 국무를 담당했다.
- 부족장이 전쟁을 하려면 자신의 존엄을 낮추고 신관의 자문을 얻어야 했으므로 전쟁보다는 평화가 선택되었다.

이 여러 기제로 인해 참주의 출현은 거의 불가능했다. 백성들의 폭동 위험도 여러 기제에 의해 제어되었는데 핵심적인 것은 종교의식에 의해 유지되고 강화된 애국심이었다. 유대인들은 신에게 모든 권리를 양도한 후 그들의 국가를 신의 왕국으로 여겼기 때문에 그들만이 신의 동맹자이자 자녀라고 생각했다. 그래서 그들은 다른 민족을 적대시하며 결속했다. 조국에 대한 배신은 신에 대한 불경이었고 타국과의 전쟁은 성전(聖戰)이었다. 유대인들 모두는 일상생활의 세부사항까지 규정해준 율법과 의식(儀式)을 따랐다.

> "이스라엘인들의 애국심은 통상적인 애국심을 넘어서 신에 대한 경건 자체였고 애국심은 다른 민족에 대한 적개심과 함께 그들의 일상적 종교의식에 의해 유지·강화·발전되어 불가피하게 그들 본성의 일부가 되어야만 했다."

— 『신학정치론』, 567~568쪽

그러나 유대 민족은 정치체제의 마지막 변형을 겪는다. 사사기 시대가 열왕기 시대로 대체되면서 유대 국가는 결국 붕괴된다. 스피노자의 핵심적 문제의식은 유대 국가의 붕괴 이유에 있다. 우선 스피노자는 유대 민족의 완고함과 같은 심리적 이유는 유치한 논거라고 일축한다. 자연이 민족성을 창조하지는 않으므로 법이나 관습과 같은 사회적 구조에서 사회 변화의 원인을 찾아야 한다.

> "각 민족을 구별해주는 것은 오직 언어와 법 그리고 확립된 관습, 곧

제도적 차이일 뿐이다. 법과 관습만이 각각의 민족을 도드라지게 하는 독특한 생활양식 그리고 독특한 선입견을 발생시킬 따름이다."

— 『신학정치론』, 574~575쪽

열왕기 시대는 왕의 권력과 레위족의 권력이 대립하면서 결국 국가가 멸망하는 시기이다. 마트롱(Alexandre Matheron)이 적절히 강조했듯이 이런 대립의 원인은 근본적으로 모세의 오류에 기인한다. 그 오류는 왕권 외에 레위족에게 권력을 부여한 것이었다. 마트롱은 모세의 오류로부터 국가의 붕괴에 이르는 과정을 다음과 같이 탁월하게 정리한다.

"여기서 모세는 실수를 했다. (……) 모세는 레위족을 제외한 모든 사람이 전적으로 배제된 가운데 레위족 일원들에게만 사제직을 맡겼다. 이는 재앙이었다. 레위족에 반대하는 시기심이 난무한 것은 필연적이었다. 레위족은 폐쇄적 계급을 형성했을 뿐만 아니라 백성들이 그들의 생활을 책임졌기 때문이다. 특히 흉년이 들었는데도 이 기식자들을 먹여 살려야 했을 때는 분노가 들끓었다. (……) 장기적으로 볼 때 이 상황은 결국 국가를 파괴했다. 유대인들의 복종심은 느슨해졌으며 인간이 왕이 되기를 요청했고 그렇게 되었다. 이때부터 유대 국가는 결국 멸망할 때까지 통상적인 군주정이 겪는 모든 종류의 부침을 겪은 것이다."*

---

* Alexandre Matheron, *Individu et communauté chez Spinoza*(스피노자의 철학에

실제로 모세가 레위족에게 베푼 특혜에 대한 대중적 반발은 그의 죽음 후에 왕국 체제의 전개로 이어졌고 왕은 왕위를 승계하고 법의 제정 및 폐기에 관한 전권 행사를 원하면서 율법 해석과 성무 관리를 맡은 신관과 대립하기 시작했다. 왕권은 **국가 속의 국가**와 같은 레위족의 존재 때문에 취약할 수밖에 없었다. 다른 신앙 체제를 확립함으로써 왕권을 강화하려는 왕들의 시도에 맞서 신관들은 왕위승계 같은 민감한 시기를 활용하여 왕권을 약화시켰다. 이에 따라 참주의 순차적 출현은 계속되었고 분쟁과 내전이 끊이지 않음으로써 결국 왕국 전체가 붕괴되었다.

———

유대 국가의 설립과 붕괴 과정을 통해 스피노자는 정치적 교훈을 도출해낸다.

- 신정이 영원할 수도 있었다는 이유로 신정을 모방할 필요는 없다. 우선 스피노자는 『신학정치론』의 신학 부분에서 고찰한 신과 인간의 협약에 의거하여 종교와 정치의 분리를 강조한다. 신정은 신과 인간 간의 언약에 근거하지만 신약과 기독교에 의해 "신과의 협약은 석판에 잉크로 새겨져 있는 것이 아니라 마음속에 신의 정신과 함께 새겨져 있다는 것"(『신학정치론』, 586~587쪽)이 계시되었다. 달리 말해

서 개인과 공동체), pp.459~460.

세속적 차원에서 신은 오직 인간들의 정치적 권력을 통해서만 그들을 통치한다. 다른 한편 신정은 세상과 완전히 격리되어 다른 민족과 아무 교류도 없이 살고자 하는 이들에게만 유용할 것이다.

• 정치 체제를 함부로 바꾸지 말아야 한다.

"어떤 국가이든지 간에 국가의 형태를 반드시 유지해야 한다. 국가를 완전히 붕괴시킬 위험을 무릅쓰지 않고서는 국가의 형태를 바꿀 수 없다."

— 『신학정치론』, 602~603쪽

이 점에서 스피노자의 주요 관심사는 특정 통치 형태의 규정이 아니라 국가의 안정과 평화라는 것이 드러난다. 모세의 안정적인 군주제가 분권 체제로 이행되고, 특히 왕정으로 대체되면서 유대 국가가 붕괴된 것처럼 국가 형태를 바꾸는 것은 매우 위험하다. 스피노자는 특정 통치 형태를 지지하기보다는 권력의 안정성을 위해 매우 유연한 태도를 표명한다. 그가 군주제를 비판적으로 설명하는 것은 통치 형태가 군주제로 바뀌었을 경우의 폐해를 설명할 때이다. 특히 왕의 통치에 익숙하지 않은 국민이 왕의 지배를 받으며 감정적으로 동요하고 왕이 국민의 불만을 잠재우려고 종교를 악용하여 율법 제정을 남발하고 미신을 퍼뜨릴 때 국가는 최악의 상황을 맞는다. 스피노자는 특히 신관들이 율법 해석을 넘어서 대중을 선동하고 국가 권력을 차지했던 바빌론 유수 후의 왕정 시기를 매우 부정적으로 묘사한다. 그러나 스피노자는 영국의 크롬웰 혁명을 염두에 두고 왕을 가진 국가는 군주제를 그대로 유지할 것을 권고한다. 유대 고대사에서 나타났듯이 이미 법 체제가 가동되던 국가가 군주를 옹립한 것이 불행한 일이었다면 영국 국민이 군주를 시해한 것도 경악할 만한 사례이다. 영국 국민은 군주를 제거한 후 정부 형태 역시 바꿔야 했다. 그러나 많은 피를 흘린 후, 마치 권력자의 칭호가 문제였던 것처럼 다른 칭호를 가진 군주를 세웠을 뿐이었다. 절대 권력을 행사했던 크롬웰 호국경(護國卿)이 그것이다. 권력을 공고히 하려고 크롬웰은 왕족 및 왕의 추종자들을 학살했으며 전쟁으로 국민의 주의를 돌렸다. 영국 국민은 국가의 안녕을 위해 한 일은 결국 아무것도 없으며 합법적인 국왕의 권리를 침해하고 상황을 악화시켰을 뿐이라는 사실을 뒤늦게 깨달았다. 크롬웰 사후 영국 국민은 찰스 2세를 옹립하고 군주제로 회귀하고서야 비로소 만족했다. 반면 스피노자는 당시의 몇몇 네덜란드 당파에 반대하여 왕이 없는 국가는 군주제를 옹립하지 말라고 충고한다. 즉 통치 형태를 바꾸지 말아야 한다.

- 유대 고대사를 통해 얻어야 할 진짜 교훈은 권력의 분산을 막아야 한다는 점이다. 모세가 탁월한 통치자임에도 불구하고 레위족에게 성무 관리 권한을 맡긴 치명적 오류를 저질렀던 것처럼 왕권을 통제할 다른 권력을 확립해서는 안 된다. 바빌론 유수 후 신관들은 아예 세속권력을 차지해버렸고 이는 계속된 내전으로 이어지고 결국 국가의 파괴로

귀착되었다. 권력의 분산은 국가를 파멸시키는 길이다. 스피노자의 정치학적 입장은 명확해지기 시작한다. 세속 권력만이 실제 권력으로 인정되어야 한다.

"세속적 권리는 주권자의 통제에 두고 영적 권리의 관할은 보편 교회에 두어야 하기에 세속적 권리와 영적 권리의 분할은 당연하다고 생각하는 사람의 주장 또한 심사숙고할 필요가 거의 없어 보인다."

—『신학정치론』, 618~619쪽

관용의 원리

사회 구성 이론과 이에 대한 유대 고대사의 실증을 통해 스피노자는 국가 권력의 전체성을 강조했다. 유일하게 인정되어야 할 권력은 세속 권력이다. 따라서 주권자는 교권에 대해서도 결정권을 갖는다. 그렇다면 스피노자의 정치철학은 국가지상주의인가? 실제로 스피노자의 정치철학에서 전체주의 논리의 기초를 발견할 수 있다고 주장하는 연구자들도 있다. 이와 같은 주장이 틀리다고 볼 수는 없지만 스피노자의 입장은 복합적이다. 그는 국가 권력의 전체성을 인정하는 동시에 일정한 한계를 둔다. 이 점을 해명할 때 스피노자 정치학의 정확한 의미가 밝혀질 것이다. 개인의 욕망과 국가의 욕망을 조화시키기 위한 스피노자의 원리적 입장은 다음과 같다. **사상이나 신앙의 내면성은 전적으로 개인적 차원에 속한 일로서 침해될 수 없지만 그 외적 실천은 국가의 권**

한에 있다.

우선 정치적 차원에서 개인에게 요구되는 것은 국가에 대한 철저한 외적 복종이다.

"국가가 파괴된다면 아무런 선도 존속할 수 없고 모든 것이 위태로워지며 광기와 불경만이 보편적 공포 속에서 횡횡하기 때문이다."

— 『신학정치론』, 614~615쪽

따라서 국가의 유용성에 신앙과 종교를 맞추지 않고서는 신의 명령에 따라 이웃을 사랑한다고 말할 수 없다.

"사인(私人)은 주권자의 모든 명령에 복종하지 않는다면 올바르게 경건을 실천할 수도 없고 올바르게 신에게 복종할 수도 없다."

— 『신학정치론』, 616~617쪽

그러나 예수 그리스도의 사도들의 행위는 어떻게 이해해야 하는가? 그들 역시 사인들이었지만 이미 확립된 권력인 로마 제국에서 종교를 설파했기 때문이다. 게다가 스피노자는 이교도 국가에서도 외적으로는 이 국가의 법을 준수해야 한다고 강조했다. 이와 관련하여 스피노자는 확실한 계시를 통해 신의 도움을 약속받은 예언자만이 권력에 맞설 수 있다고 답한다. 그러나 그는 이런 일은 그리스도의 제자들에게 **개인적으로** 또는 **예외적으로** (singulariter) 주어진 권리이기 때문에 일반화해서는 안 된다고 명확히 밝힌다. 예언자의 사회적 위상은 더 깊은 논의를 요청한다. 여러 부연 설명에도 불구하고 스피노자는 예언자가 국가 권력에 맞설 수 있다는 점을 계속 인정하기 때문이다. 이 점에 대해서 별도의 상세한 논의는 피하겠으나 스피노자 정치론의 논의를 마무리한 후 간략하게 그 의미를 다룰 것이다.

스피노자는 유럽이 사인에 불과한 성직자들의 교권을 인정함으로써 불행한 전철을 밟았다고 평가한다. 이 점은 철학과 종교를 철저히 분리하려는 그의 신학과 관련된다. 성직자들이 성서 해석을 독점하면서 교권이 세속권력을 통제하려고 했기 때문에 유럽은 끊임없는 분쟁을 겪었다. 스피노자의 신학에 대해서 길게 살펴보았듯이 종교는 오직 실천적이며, 따라서 희랍 철학이 기독교 신학에 침투한 것은 바람직하지 않다. 철학이 종교에 개입되면서 성직자들은 인간의 이성을 비판하고 자신들을 상위 지식의 소유자로 간주하기 때문이다. 스피노자의 이런 비판적 관점은 정치학적으로 볼 때 세속권력을 통제할 수 있는 교권의 부정으로 이어진다. 즉 주권을 지닌 세속권력만이 인정되어야 한다.

마지막 남은 질문은 폭정에 관한 것이다. 만일 국가권력이 불의를 저질러도 정의와 경건의 해석자로 인정해야 하는가? 이미 종교와 관련하여 많은 사람이 오류를 범한다는 것을 설명하며 주권자에 대한 복종을 강조했던 것과 같은 맥락에서 스피노자는 말한다.

"나는 반문한다. 성직자들 역시 인간들이며 사적인 업무만을 맡아야 하는 사인들에 불과한데, 그들이 (……) 불경을 저지르고자 한다면

어떻게 할 것인가? 그들을 경건에 대한 해석가로서 계속 간주해야
하는가?"

— 『신학정치론』, 622~623쪽

이는 종교에 대한 확실한 권리를 갖지 못했던 유대 왕정의
경우처럼 폐해를 늘릴 뿐이다. 결국 성무를 포함한 모든 영역에
서 모두가 주권자의 결정을 따라야 한다.

지금까지의 논의에 비추어볼 때 스피노자의 정치철학은 전
체주의적 특성을 갖는다고 할 수 있다. 국가의 안정과 평화는 분
산을 허용하지 않는 권력에 달려 있기 때문이다. 그러나 『신학정
치론』의 마지막 장에서 스피노자는 관용의 원리를 제시한다. 관
용의 의미를 이해하려면 이 저작의 부제를 상기할 필요가 있다.

"철학의 자유는 경건과 국가의 평화에 대한 침해 없이 인정될 수 있
을 뿐 아니라, 이 자유가 파괴되면 동시에 국가의 평화와 경건도 파
괴될 수밖에 없다."

— 『신학정치론』, 54~55쪽

스피노자는 표현과 신앙의 자유를 국가권력에 제한을 가할
수 있는 개인의 권리를 토대로 확립하는가? 그러나 개인은 반대
할 권리가 없는 반면, 국가는 강제할 권리가 있다. 실질적으로는
권리의 강제적 행사가 국가에 해롭다고 해도 이는 유용성의 문제
이지 권리의 문제가 아니다. 스피노자는 명확히 말한다.

"주권자는 모든 것에 대해 절대적으로 자신처럼 생각하지 않는 이들을 합법적으로 자신의 적들로 간주할 수 있는 것은 사실이다. 그러나 나는 주권자의 권리가 아니라 그에게 유용한 것을 말하고 있다."

—『신학정치론』, 634~635쪽

국가권력은 소소한 동기로 시민을 억압하고 제거할 권리가 있으나 그런 행위는 필연적으로 국가를 위태롭게 할 것이다. 통치권자의 권리가 절대적이지 않은 것은 시민들이 그 권리를 한정할 수 있기 때문이 아니라 그 과도한 사용이 위험하고 유용하지 않기 때문이다. 스피노자의 정치철학은 실용주의에 기초한 관용의 원리이다. 즉 국가권력이 개인들의 내적인 사유와 신앙의 표현을 통제할 권리가 있다고 해도 일정한 자유를 허용하는 것이 국가의 보존에 더 유리하다.

그러나 여기서 표현은 **사유**가 아니라 **행동**과 관련된다는 점을 명확히 해야 한다. 주권자의 권리는 "오직 행동"(『신학정치론』, 652~653쪽)에 적용되어야 한다. 이런 점은 자연권의 양도와 사회계약의 상세한 의미를 도출해낼 수 있도록 해준다. 사회계약은 단 하나의 조건만을 필요로 한다. 즉 "모두가 자신만의 판단에 따라 행동할 권리를 포기"(『신학정치론』, 640~641쪽)할 때 체결된 것이 사회계약이다. 순수하게 내적인 영역은 인간 본성에 관계되기 때문에 국가의 통제가 개입될 수 없다. 통제는 행동에만 적용될 수 있다. 사회계약은 개인의 사유가 행동으로 이어져 국가를 위험에 빠트리지 않는 한 개인적 사유의 포기를 요구하지 않는다.

따라서 스피노자의 신학과 마찬가지로 정치철학에서도 사유와 행동의 관계를 수행발화 개념을 통해 설명하는 것은 매우 적절하다고 하겠다. 사유가 반역적인 경우는 사유 주체의 "판단과 의견" 때문이 아니라 판단이 직접 내포하는 행동 때문이다.

사실 자유롭고 다양한 사유를 통제하고 한 목소리를 내도록 강요하는 것은 바람직하지 않으며 가능하지도 않다. 시민의 **마음**을 얻는 것이야말로 고도의 정치 기술이다. 나아가 법에 대한 개인적 표현의 자유를 보장해야 한다. 예를 들어 법의 문제를 지적하고 폐기를 주장하는 행위는 이에 대한 최종 결정을 주권자에게 맡기고 유예 기간 동안 법을 충실히 이행한다면 반역이 아니다. 강압적 통치의 부작용도 고려해야 한다. 소소한 개인적 일탈 등을 우려하여 표현의 자유를 금지할 경우 대중의 반발이 생기고 학문과 예술의 발전도 힘들어질 것이다. 특히 지나치게 강압적인 법 체제는 사회적 부정과 부패의 원인이 된다. 주권자의 강압이 심할 경우 사람들의 생각과 행동은 일상적으로 달라지고 아첨꾼과 협잡꾼이 활개를 치게 되어 진정성은 사라지게 된다. 오히려 진실하고 경건한 이들이 범죄자로 낙인찍히는 사회는 항상 반역과 폭동의 위험을 내포하게 마련이다.

사상과 판단의 자유를 허용하는 체제가 가장 안정적이다. 의견의 다양성과 표현의 자유를 허용하는 것이 국가의 안정을 유지하고 반역의 가능성을 차단하는 길이다. 스피노자는 『신학정치론』 16장에서 제시한 민주주의 개념에 사유와 행동의 관계를 개입시키면서 다음과 같이 결론 내린다.

"(자연 상태에 가장 근접한) 민주주의 국가에서 모두는 공동 결정에 따라 행동하기로 동의한 것이지 그렇게 판단하고 추론하기로 동의한 것이 아니다. 모든 사람들은 똑같은 의견을 가질 수 없으며, 그들은 더 좋은 결정이 있으면 기존 결정을 폐기할 권한을 보존한 가운데, 대다수의 투표를 얻은 의견에 법의 힘을 부여하기로 결정했기 때문이다. 그러므로 인간에게 판단의 자유가 부여되지 않을수록 가장 자연적인 상태와 더욱 멀어지며 결과적으로 더욱 폭력적인 지배가 이루어진다."

— 『신학정치론』, 648~649쪽

스피노자의 정치철학에서 개인의 자유와 관용의 원리는 결국 유용성과 관련된다. 스피노자는 "폭정은 결코 오래가지 못한다"는 극작가 세네카의 말을 따르며 온건한 정부의 지속성을 강조한다. 그러나 어떤 경우에도 개인의 권리가 국가보다 상위의 원리가 될 수는 없다. 개인의 자유는 국가에게 유용하기 때문에 허용되어야 한다. 실제로 스피노자는 『신학정치론』을 마무리하면서 주권자가 판단하기에 그의 글의 "일부분이라도 법률에 위반되거나 공공선을 침해한다면 자신이 말한 것을 철회하겠다"(『신학정치론』, 652~653쪽)고 선언한다. 정치적 복종에 대한 이 선언은 스피노자의 수사적 표현이 아니라 진의로 읽혀야 한다.

여러 해석의 갈래에도 불구하고 스피노자의 정치철학에서 관용의 주체는 국가이다. 국가가 인간 본성에 속하는 내면의 통제를 시도할 경우 그것은 국가에게 불리하게 작용한다는 것이 스피노자의 신념이다. 그래서 결코 폭정은 오래가지 못한다고 그는 반복하여 말한다. 바로 이런 점이 스피노자의 지극히 현실주의적인 정치적 진단에도 불구하고 낙관적이라고 규정할 수밖에 없는 관점이다. 사회규범은 폭력과 야만의 자연 상태로부터 인류를 빠져나오게 해준 합리적 산물이다. 그리고 사회적 제재와 승인에 의거하는 것은 유용하며 진정한 욕망의 실현을 위한 필수적 단계이다. 특히 사회구성원들의 전체적 힘을 주권으로 인정하는 민주주의는 이성적으로 확립된 사회를 보장하며 예속 상태의 개체들을 시민들로 변형시켜주는 기제이다. 국가의 존재는 국가의 부재보다 유용하다는 스피노자의 관점은 타당하지만, 한 번 성립된 국가는 전체적 권력을 행사하기 때문에 개인의 삶은 국가의 방향과 일치하거나 내적 차원에 머무를 때만 자유를 누릴 수 있다.

———

지금까지 『신학정치론』의 논의를 중심으로 스피노자의 정치철학을 조명했다. 개인의 자유와 정치적 복종의 관계에 대해 스피노자는 실용주의적 관용의 관점에 서 있다는 점을 밝혔다. 앞서 언급한 예언자의 위상에 대한 현대적 고찰을 제시하면서 논의를 마무리하고자 한다.

폭군에게 저항할 수 있는 유일한 존재로서 스피노자가 여러 차례 강조한 것은 예언자이다. 예언의 힘을 가진 자가 아니라면 아무도 폭군에게 저항할 수 없다. 정치철학적 관점에서 예언자는 어떠한 위상을 갖는가? 들뢰즈(Gilles Deleuze)의 관점을 활용하여 예언자의 위상에 대해 논의의 방향 정도는 제시할 수 있을 것이다. 예언자는 참주의 자기 파괴적 질병에 맞서는 사회 자체의 해독 기능일 수 있다. 이는 스피노자의 자연주의적 관점에 부합한다. 예언자는 상상력, 도덕성과 함께 기적의 능력을 가진 존재인데, 스피노자의 자연주의에서 기적은 우리가 원인을 모르는 현상일 뿐이다. 참주는 자신의 힘을 구성하는 개인들을 파괴하는 자기 파괴적 존재이며 이에 대한 정상적 면역기능을 예언자가 담당한다고 볼 수 있다. 즉 참주가 통치하는 체제는 들뢰즈가 언급한 **자기 면역증** 질병에 걸린 몸과 비유될 수 있고, 예언자는 몸의 균형을 찾아주는 정상적 면역기능 혹은 해독제로 간주될 수 있을 것이다.

실제로 자유의지를 부정하는 스피노자의 체계 내에서 자살이나 자기 파괴는 자기 면역증 질병에 의해서 설명될 수 있다. 스피노자는 독특한 자살 이론을 제시하는데, 자살은 정치권력의 질병상태와 유비 관계를 갖는다. 스피노자는 사람이 자살하는 여러 원인들 가운데 다음과 같은 원인을 강조한다. 어떤 "은폐된 외적 원인이 그의 상상을 그릇되게 하여 신체를 자극시켜서 그 신체가 이전과는 반대되는, 그것의 관념이 정신에 있을 수 없는 다른 본성을 가지도록 강제됨으로써 자살한다."(『에티카』, 4부, 정리20, 주석) 즉 자살의 주체는 자살 행위의 순간에 **다른 본성**을 갖는다. 자살은 자살 주체가 자기보존이나 유용성을 추구하는 본성이 아닌 다른 종류의 본성을 가지게 되었으나, 그것이 마치 자기보존이나 유용성을 바라는 본성인 것처럼 분명한 착각에 빠질 때 가능해지는 것이다. 들뢰즈는 이 수수께끼 같은 구절을 해석하기 위해 자기 파괴 현상을 자기 면역증 질병을 통해 설명한다.

"실제로 언제나 문제가 되는 것은 다른 관계들 속으로 들어가도록 결정되어 이제 우리 속에서는 낯선 신체들처럼 작용하는 일군의 부분들이다. '자기 면역증 질병'이라고 불리는 것의 경우가 그러하다. 바이러스 형태의 외부 작용인에 의해 그 관계가 교란되는 일군의 세포들은 그로부터 우리의 고유한 (면역) 체계에 의해 파괴될 것이다. 반대로 자살의 경우에는, 우위를 점하게 되는 것은 교란된 집단이며, 이것은 자신의 새로운 관계 속에서 우리의 다른 부분들이 우리의 고유한 체계를 저버리도록 유도한다."*

이 같은 자기 파괴적 질병에 걸린 폭정에 대한 정상적 면역 기능을 발휘하는 존재가 예언자라고 한다면, 현대적 상황에서 이런 기능을 담당한 층은 누구인가? 현대적 의미에서 유추해본다면 사회가 정상적 면역능력을 발휘하려면 미시정치적 접근이 필요할 것이다. 들뢰즈는 스피노자에 대한 강의(1980년 12월 12일)에서 스피노자의 정치학은 왜 반역이나 혁명을 주장하지 않는지 묻는다. "왜 그는 반란이나 혁명을 전혀 말하지 않는가?" 그리고 그는 『신학정치론』에서 스피노자가 제시한 크롬웰의 사례를 설명하며 답한다.

---

*   질 들뢰즈, 『스피노자의 철학』, 66~67쪽.

"아무도 혁명을 말하지 않는데, 결코 이는 혁명에 필적한 것이 머릿속에 없기 때문이 아니다. 완전히 다른 이유가 있다. 혁명은 크롬웰이기 때문이다. 그래서 사람들은 혁명을 혁명이라고 명명하지 않을 것이다."

들뢰즈에 따르면 크롬웰은 현대의 스탈린과 같다. 그의 혁명은 성공 후 곧바로 배반당한 혁명의 완벽한 사례다. 크롬웰 사건은 혁명을 말하지 못하도록 만들었다. 스피노자의 정치철학이 내포한 이런 측면은 혁명과 같은 거대담론의 구성이 어려워진 현대 정치철학에 미시정치의 길을 열어놓는다.

6.

욕망과 수동적 삶

지금까지 자연주의라는 스피노자 철학의 근본 원리를 살펴보고 자연주의에 위협이 되는 미신의 폐해를 지적한 후, 구원에 이르기 위한 두 길 가운데 신앙의 길을 추적했다. 종교 또는 신학은 이성에 기반한 철학과 근본적으로 분리되며, 따라서 철학과 종교 각각은 자기 고유의 영역에서 자유를 누린다. 나아가 스피노자의 정치철학을 통해서 이와 같은 자유를 국가의 운영과 조화시킬 방안을 제시했다. 국가권력은 내면에 속하는 사상과 신앙의 자유를 허용할 때 안정과 번영을 누릴 수 있다.

완결된 저작으로서 『에티카』와 더불어 스피노자의 주저에 속하는 『신학정치론』은 스피노자의 체계 내에서 독특한 기능을 한다. 『에티카』에서 인간이 신에 대한 정확한 인식, 즉 이성적 인식을 통해 구원에 이르는 길을 밝힌다면, 『신학정치론』은 이성적 인식에 이르지 못하는 이들이 극도의 수동적 상태에 빠지지 않을 방법을 제시하기 때문이다. 종교는 상상에 얽매인 이들이 단순한 몇몇 실천 규범을 따름으로써 욕망의 일탈을 막고 안정적인 삶을 유지하며 나아가 구원에 이를 방안을 제공한다. 정치는 온갖 욕망이 야만의 상태에 빠져 서로 충돌하는 일을 막기 위한 규범을 제도화한다. 스피노자가 곳곳에서 밝히듯이 이성의 지도하에 덕을 습관적으로 실행하는 사람은 극소수이다. 물론 이성적 삶은 불가능하지는 않지만 극히 어려운 길이다. 따라서 종교와 정치를 통해 대다수가 안정된 삶에 이를 수 있다는 것은 인류에게 커다란 위안이다. 나아가 이성적 인식에 도달한 사람, 『에티카』에서 규정된 현자, 즉 철학자에게 종교와 정치는 매우 큰 위로가 될 것이다. 삐뚤어진 정신으로 가득한 사람들과 대화가 가능할 것인가? 이성적 논증과 설득이 과연 그들에게 의미가 있을까? 실제로 스피노자는 이성적 논증의 교환이 가능하다고 판단된 사람들과 기꺼이 서신을 교환하며 대화를 나누었지만 이성의 밖에 있음이 드러난 이들과는 차갑게 절연한다. 미신 속에 있으나, 이성적 논증의 허울 아래 '철학'을 하고 있다고 믿는 이들에게 필요한 것은 '이성'이 아니라 '시간'이라고 말했다. 그런 사람들과 길게 논변을 나누는 것은 소모적인 일일 뿐이다. 그들에게 필요한 것은 제재를 동반한 정치제도나 단순한 몇몇 교리로 환원된 종교적 규범일 것이다. 스피노자가 이웃들에게 교회에 열심히 나가서 경건을 키우라고 한 데는 분명 이런 이유가 있었을 것이다.

사실 스피노자가 암시하고 있듯이, 이성적 인식을 갖춘 현자는 외적 규범이 필요치 않다. 이성에서 어긋난 욕망을 전개하는 것이 자신에게 손해라는 것을 알기 때문이다. 그러나 이는 이성적 인식에 이르렀음을 확신했을 때 가능한 태도이다. 과연 욕망의 구조는 무엇인가? 이제부터 욕망의 문제에 근본적으로 접근해야 한다.

욕망의 기획

모든 존재는 자신을 보존하려는 성향이 있다. 존재하려는 근본적 욕망은 가장 어두운 부정에 의해서도 고갈될 수 없다. 가장 근원적인 부정조차도 부정하는 **행위**로 인해 이미 긍정의 힘을 내포한다. 물론 존재의 관념이 정확히 규정되기 전까지는 존재의 삶이 어떤 방향으로 나아가야 하는지 드러나지 않는다. 그러나 근본적 욕망이 존재의 긍정을 향한 힘을 구성한다는 사실은 우선 인정되어야 한다. 각각의 존재는 존재하기 위해 생겨난 것이지 스스로를 파괴하기 위해 생겨난 것이 아니다.

존재와 욕망의 탐구에서 최우선으로 이해해야 할 것은 단번에 탐구의 결정적 방향을 보증할 수 있는 절대적 확실성이 주어진 것은 아니지만 각 존재자에게 근원적인 힘이 주어져 있다는 사실이다. 현존하는 어떤 것이 자신의 외부와 맺는 관계에서 생겨나는 양상을 고려하지 않을 때 현존자는 자신의 파괴보다는 자신의 존재를 충만하게 긍정하려는 성향을 자신 안에 갖는다. 따라서 이런 성향이 파괴될 수 있다면 그것은 오로지 외부 원인에 의해서만 가능할 것이다.

> "어떤 것이든 간에 한 개별적인 것의 정의는 그 본질을 긍정하며 그것을 부정하지 않는다. 달리 말하면 개별적인 것의 정의는 그 본질을 정립하며 그것을 제거하지 않는다. 따라서 외부 원인들은 고려하지 않고 이 개별적인 것 자체만을 고찰하면 우리는 그것을 파괴할 수 있는 그 어떤 것도 그 안에서 발견할 수 없다."
>
> ― 『에티카』, 3부, 정리4, 증명

스피노자가 **한 개별적인 것은 외부 원인에 의해서만 파괴될 수 있다**는 정리에 대해 앞의 증명을 제시한 것은 사실이지만 동시에 그는 이 정리를 **자명한**(per se patet) 것으로 간주한다. 각 개별자를 자기 존재의 긍정과 성장으로 끊임없이 이끄는 이 근원적 활력이 바로 스피노자가 **코나투스**(Conatus), 즉 **노력**이라고 명명하는 것이다.

> "존재하는 한 각각의 개별적인 것은 자기 존재를 유지하려고 노력한다."
>
> — 『에티카』, 3부, 정리6

어떤 개별적 존재도 자기 안에 스스로를 제거할 요소를 가지지 않는다는 것은, 달리 말하면 그 존재가 자기를 약화하거나 파괴할 수 있는 모든 것에 대항할 본래적 힘을 갖추고 있다는 것이다. 이 근원적 활력은 각 존재의 힘을 제한하지 않기 때문에 한정된 지속, 즉 그 이후에는 자신이 현존하지 못하게 될 지속을 내포하지 않으며 오히려 무한정하게 운동하고 발전한다. 존재보존노력은 한 존재의 본질을 이루고 그 존재를 끊임없이 수반하기 때문에 어느 순간에도 멈출 수 없다. 따라서 존재보존노력은 각 존재가 언제 어디서나 갖추고 있는 현실적 본질과 동일한 것이다. "코나투스, 즉 각 개별적인 것이 자기 존재를 유지하기 위해 행하는 노력은 그것의 현실적 본질 외에 아무것도 아니다."(『에티카』, 3부, 정리7) 스피노자는 **힘 즉 노력**(Potentia sive Conatus)이라고 말하면서 이 두 용어를 동일시한다. 각 현존자가 행하는 모든 활동의 원천은 현존자의 본래적 힘, 즉 **코나투스**이다.

존재의 탐구는 각 현존자의 근본적 욕망을 떠나서는 이해될 수 없다. 물론 현존자의 욕망 활동의 방향을 미리부터 확정할 수는 없지만, 그것이 고찰 대상이 되는 순간부터 우리는 우선적으로 모든 활동을 원리 또는 근본으로서의 현존의 힘과 관계시켜야 한다. **존재보존노력은 존재하는 모든 것에 내재한다.** 그러나 광물이나 식물 또는 동물의 존재 실현이 관건이 아니라 인간 존재를 실현하는 것이 진정한 탐구 주제이다. 스피노자가 **나의 철학**(mea Philosophia)이라고 명명한 『에티카』라는 제목이 말해주듯 그의 철학이 **윤리학**(Ethica)이라는 점은 아무리 강조해도 지나치지 않다. 스피노자는 모든 능력과 모든 학문을 유일한 목적, 즉 인간 본성의 실현을 위해 집결하려는 의도를 여러 곳에서 강조한다. 존재의 탐구는 인간 존재를 핵심적이고 최종적 대상으로 삼는다.

존재하는 모든 것처럼 인간 역시 자기를 유지하려 노력한다. 또한 인간은 존재 보존을 위해 이런저런 행위를 하는 노력을 의식하며 이런 의식은 존재 보존에 유용한 것을 추구하려는 욕망을 그 대상으로 갖는다. 이 노력 또는 욕망은 육체뿐 아니라 정신에도 적용되는데, 이는 인간이 육체의 보존을 위해 양분 섭취를 통해 끊임없는 재생을 욕망하며 이 욕망에 대해 의식하기 때문이다. 인간은 생각하고 느끼는 한에서 자신의 현실적 본질인 **의식하는 코나투스**이다. 정신과 육체로, 즉 의식이 있는 감각으로 구성된 인간의 코나투스는 **욕구**와 동일시된다.

욕구는 "인간의 본질 자체에 다름 아니며 이 본질로부터 인간 자신의 보존을 위한 모든 행위가 필연적으로 나온다."

— 『에티카』, 3부, 정리9, 주석

욕구는 또한 욕망이라고 불릴 수 있다. 인간은 본성상 욕망하는 존재이다. 자기 존재의 유지와 강화를 추구하는 인간의 모든 활동은 욕망을 토대로 삼는다. 욕망은 생각하고 느끼는 존재인 인간의 본질을 구성하므로 인간의 모든 활동과 관련된 것으로서 "인간의 모든 노력, 본능, 충동, 의지 작용"(『에티카』, 3부, 감정의 정의1)을 포함한다.

인간은 무한정한 욕망을 통해 순진하지만 근원적인 이기주의에 부합하는 방식으로 존재하고 행동하려고 모든 수단을 동원한다. 인간의 모든 활동은 자기 존재를 최상으로 보존하고 강화하는 데 기여할 때만 의미가 있다. 인간은 욕망 자체 외에 아무것도 아니다. 인간이 외부 대상을 고려하는 것도 오직 외부 대상을 욕망할 때뿐이다. 외부 대상의 가치를 결정하는 것은 욕망이다.

"우리는 그것을 선이라고 판단하기 때문에 그것을 향하여 노력하고 의지하며 충동을 느끼고 욕구하는 것이 아니라, 그와 반대로 노력하고 의지하며 충동을 느끼고 욕구하기 때문에 어떤 것을 선이라고 판단한다."

— 『에티카』, 3부, 정리9, 주석

근원적으로 욕망은 각 존재의 이기적 성향을 표현한다. 이기

주의는 단순하고 직선적인 운동이다. 엄격한 힘의 논리가 욕망의 원리이다. 인간은 자기 존재에 본래 내재한 힘을 통해 자기 존재를 고수하려 하며 자신에 대한 전적인 긍정을 추구한다. 존재하기를, 능동적으로 행동하기를, 그리고 살기를 욕망한다면, 또한 행복하게 존재하기를, 제대로 능동적으로 행동하기를, 그리고 제대로 살기를 욕망할 것이다. 인간은 자기 존재의 보존에 유용한 모든 것을 긍정하고 자기 존재의 보존에 해가 되는 모든 것을 부정할 것이다.

인간은 감각하고 의식하는 코나투스, 즉 육체와 정신으로 구성된 욕망의 존재이므로, 한편으로는 육체의 존재력 및 행동력의 증대에 노력을 기울일 것이며, 다른 한편으로는 육체적 힘의 관념을 긍정하는 데 노력을 기울일 것이다. 즉 정신은 육체의 존재력 및 행동력의 관념을 유지하고 증진하기 위해 가능한 모든 관념을 형성하게 될 것이다.

그렇다면 이런 도식이 확장될 수 있다. 육체가 가능한 한 많은 대상과 관계를 맺음으로써 자기 힘을 증진하는 것처럼, 정신도 자기 힘을 증진하는 방식으로 가능한 한 많은 관념을 형성하게 된다. 아직 우리는 정신이 이 모든 관념을 힘의 진정한 긍정의 방향에서 사용하고 있는지 모르지만, 현재로서는 그것이 긍정적 방향이든 부정적 방향이든 심지어 맹목적 방향이든 중요치 않다. 여기서 중요한 것은 자신에게 고유한 이득에 따라 모든 것이 유용하거나 유해할 수 있을 정도로 이기적인 욕망에 의해 구성된 즉각적 자발성이다. 인간은 자신의 노력을 의식함으로써 자기 힘의 보존과 강화에 유용해 보이는 모든 종류의 상상과 표상을 인정할 것이다. 이와 반대로 힘의 직선적 전개에 해가 되는 모든 것을 배제할 것이다.

인간의 욕망이 구체적으로 추구하는 것은 무엇인가? 무엇이 힘의 수준을 평가하는가? 힘의 측정은 감정 상태에 근거한다. 욕망 주체가 본래적으로 추구하는 것은 기쁨이다. 기쁨은 더 큰 완전성 또는 더 큰 힘으로 욕망 주체를 이끈다. 욕망 주체는 모든 힘을 기쁨을 향해 사용할 것이다. 반대로 모든 힘을 슬픔의 제거를 위해 사용할 것이다. 슬픔은 욕망을 보다 적은 완전성 또는 더 적은 힘으로 이끈다. 나아가 사랑은 기쁨의 대상으로 미움은 슬픔의 대상으로 향한다.

"이로부터 우리는 사랑이 무엇이며 미움이 무엇인지를, 말하자면 사랑은 외부 원인의 관념을 동반하는 기쁨일 뿐이며 또한 미움은 외부 원인의 관념을 동반하는 슬픔에 지나지 않음을 명백하게 이해한다. 다음으로 우리는 사랑하는 자는 필연적으로 사랑하는 대상을 계속 소유하고 유지하고자 하며, 반대로 미워하는 자는 미워하는 대상을 멀리하고 소멸시키고자 한다는 것을 안다."

— 『에티카』, 3부, 정리13, 주석

욕망의 유일한 규칙은 다음과 같다. 자기 존재의 보존을 욕망하는 것, 즉 힘을 유지하고 강화하는 것, 구체적으로 말해 기쁨을 획득하는 것이다. 존재하고 능동적으로 행동하고 사는 것, 더 나아가 행복하게 존재하는 것, 제대로 능동적으로 행동하는 것, 그리고 제대로 사는 것, 이것이 인간의 욕망이 추구해야 할 방향이다. 이는 인간의 본질 자체가 명령하는 것이다. 이런 노력 없이는 어떠한 덕도 생각할 수 없고 어떤 원리도 강요될 수 없다.

> "자기를 보존하려는 노력은 덕의 첫째가는 유일한 기초이다."
>
> ─ 『에티카』, 4부, 정리22, 보충

선과 악이 구분되고 그 의미를 갖는 것도 기쁨의 획득을 위한 노력이라는 기준으로부터 가능한 것이다.

> "나는 여기서 선을 모든 종류의 기쁨 및 기쁨을 가져오는 모든 것 그리고 특히 그것이 어떤 것이든 간에 욕망을 만족시키는 것으로 이해한다. 그러나 악은 모든 종류의 슬픔 그리고 특히 욕망을 방해하는 것으로 이해한다. 왜냐하면 앞에서(3부, 정리9, 주석) 밝힌 것처럼 우리는 사물을 선이라고 판단하기 때문에 욕망하는 것이 아니고 오히려 반대로 우리가 욕망하는 것을 선이라고 부르기 때문이다. 결국 우리는 우리가 혐오하는 것을 악이라고 부른다. 따라서 각자는 무엇이 선이고 무엇이 악인지, 무엇이 더 좋고 무엇이 더 나쁜지 그리고 마지막으로 무엇이 가장 좋고 무엇이 가장 나쁜지를 자신의 감정으로 판단하거나 평가한다."
>
> ─ 『에티카』, 3부, 정리39, 주석

사물의 가치가 **선**과 **악**의 용어로 판단되는 것은 욕망 주체의 보존 법칙, 즉 기쁨의 추구 법칙에 따라서 이루어진다. 선은 욕망의 보존에 유용한 것이고 악은 욕망의 보존에 해가 되는 것이다. 유용한 것은 추구되어야 하고 해가 되는 것은 배제되어야 한다. 이 규칙은 인간 본질의 표현 자체로서 인간에게 속하는 근본 법칙이다.

> "각자는 자기가 선이나 악이라고 판단하는 것을 자신의 본성의 법칙에 따라 필연적으로 욕구하거나 또는 피한다."
>
> —『에티카』, 4부, 정리19

악이 나타날 때 욕망 주체는 엄격한 힘의 논리에 따라 더 적은 악, 즉 더 큰 선을 위해 그것을 피할 것이다. 두 개의 선이 제시될 때 그중 큰 선을 주저 없이 택할 것이다. 존중하고 지켜야 할 규범이나 의무는 전혀 없다. 자기 존재의 보존 욕망이 법이고 규범이다.

욕망 주체가 자기 존재를 보존하고 맘껏 펼치려는 노력 중에 자신 안에서 느끼는 것이 유일한 규범이다. 기쁨의 의식을 통해서만 자기 노력에 만족할 수 있으므로 추구할 것은 기쁨이다. 그런데 기쁨을 향한 노력은 본성상 무한정하게 작동하므로 인간은 기쁨을 느낄수록 더욱더 기쁨을 욕망하게 된다. 기쁨을 추구하지 않는다는 것은 자기 자신이 아닌 것이 되는 것이고 자신을 축소하는 것이며 자신을 파괴하는 것으로 자기 본질 자체의 근본

법칙에 대한 명백한 위반이다. 결국 욕망을 만족시키려면 인간은 안정적이고 끊임없는 기쁨, 영원한 기쁨을 느껴야 할 것이다. 이런 기쁨은 일시적 선이 아닌 진정한 선의 발견과 획득을 통해 얻어질 수밖에 없다.

요컨대 영원한 기쁨이 윤리적 목표이다. 만일 이런 기쁨의 상태에 이른다면 이 최상의 상태를 지극한 행복의 상태, 즉 **지복**(至福, felicitas, beatitudo)이라 부르는 것은 합당할 것이다. 실제로 인간은 자기 본성, 즉 욕망의 법칙에 따라 그가 선이라고 판단하는 것, 달리 말해 자기 존재의 보존에 유용한 것을 추구하며, 기쁨은 이런 선의 향유이다. 그렇다면 끊임없는 기쁨을 가능케 하는 것은 참된 선이자 최상의 선이어야 한다.

선은 무엇인가? 힘의 논리로 답을 찾아야 한다. 욕망 주체는 유용성을 추구하고 유용성에 반하는 것을 제거하려 노력한다. 유용성에 기여하는 대상을 향한 사랑을 유지하고 이 대상에 이르는 것을 방해하는 것을 미워하려는 성향이 있다. 그런데 미움은 슬픔, 즉 더 적은 힘으로 이끄는 감정이다. 따라서 자신의 힘을 최적화할 수단은 미움의 대상을 단순히 배척하기보다는, 미움의 대상이 더 포괄적인 차원에 참여하도록 하여 미움의 대상 또한 사랑함으로써 사랑이 두 배의 힘을 획득하게 하는 데 있다. 이런 논리를 확장하여 말하자면, 여러 대상이 나타날 경우에는 그것들 모두를 최상의 기쁨에 이르려는 지향 속에 통합시키도록 노력해야 할 것이다.

그런데 인간에게 가장 유용한 것은 무엇인가? 그것은 자신의 본성과 공통되는 점을 가지고 있는 존재, 즉 자신과 가장 유사한 존재이다. 물론 한 존재가 다른 존재와 공통점을 갖는다는 것이 이 두 존재가 필연적으로 서로에게 유용하다는 것을 뜻하지는 않는다. 공통성은 존재들의 조화와 부조화, 즉 유용성과 유해성의 필요 조건일 뿐이다. 인간과 공통점을 가진 존재들, 그리고 인간의 본성과 본질적으로 일치할 수 있는 존재들은 당연히 다른 인간들이다. 물론 공통성을 지닌 존재들은 언제나 서로 대립할 수 있으므로 인간들은 서로 가장 큰 짐이 될 수 있다. 그러나 힘의 논리에 따르면 욕망 주체는 우선 모든 것을 긍정의 눈으로 바라본다. 스스로를 하나의 완전성으로 설정하며 다른 존재들도 자신을 위해 그래야 한다고 보는 것이다. 그래야만 다른 존재들은 자기 힘의 최대한의 발전에 기여할 수 있기 때문이다. 즉 자신의 실현에 가장 유용한 존재를 생각해낸다면 그것은 다른 인간들이다. 인간들은 욕망의 실현을 위한 가장 소중한 대상이다.

이제 욕망의 기획은 명확해진다. 욕망 주체가 본성적으로 추구하는 것은 기쁨이며, 따라서 진정한 선, 즉 기쁨에 도달하게 해주는 것을 원한다. 만일 최상의 기쁨, 끊임없는 기쁨을 제한 없이 누리는 본성을 갖게 된 인간이 있다고 가정해보자. 이런 본성은 분명 상위의 본성일 것이다. 윤리적 목표는 바로 이런 본성을 획득하는 것이며 나아가 타인들과 함께 그것을 획득하는 것이다.

"이런 상위의 본성을 획득하고 타인들도 나와 함께 그것을 획득하도록 노력하는 것, 다른 많은 이들이 나와 같은 방식으로 이해하도록 노력하여 그들의 지성 및 욕망이 나의 지성 및 욕망과 일치하게 되는 것은 나의 행복에 속하는 일이다."

— 『지성개선론』, 14절

진정한 선은 인간 본성의 완전성의 획득에 기여하는 모든 것이며 최상의 선은 상위의 본성을 타인들과 함께 누리도록 해주는 것이다. 이런 점을 자세히 생각해보면 여기서 관건은 변덕에 의해 무시해도 좋을 몇몇 부분적인 선이 아니라 전체적이고 영원한 기쁨, 즉 지복에 이르게 해줄 최상의 선임을 알 수 있다. 이런 선은 유일할 수밖에 없다. 이런 선의 획득은 욕망 주체의 모든 행동, 모든 사유, 모든 학문의 유일한 목적이며 이 목적의 실현에 유용하지 않은 것은 배제해야 할 것이다.

인간은 욕망하는 주체이다. 그는 자신의 현존을 유지하려 하며 자신의 현존을 가장 높은 단계로 상승시키고자 한다. 이 근원적 성향의 종착점은 최상의 감정인 순수하고 영원한 기쁨이어야 한다. 욕망 주체의 모든 활동은 영원한 기쁨, 최상의 선의 획득, 완전한 상위의 본성의 향유에 기여해야 한다. 이 목표에 적합한 모든 수단은 받아들이고 이에 방해가 되는 모든 것은 배제해야 한다. 자기 존재를 확장할 수 있는 모든 것과 연합하고 자기 존재에 대립되는 모든 것을 긍정으로 변형시키도록 노력해야 한다. 이 윤리적 목표는 실현 가능할 것인가?

수동적 감정 상태

인간의 본질은 자기보존노력이므로 인간은 엄격한 힘의 논리를 통해 끊임없이 존재의 긍정을 추구하며 존재를 부정하는 모든 것을 배척한다. 그러나 인간의 원초적 조건을 고려해야 한다.

"모든 인간은 날 때부터 사물의 원인을 모른다."

— 『에티카』, 1부, 부록

인간은 세계에 대한 지각과 감각의 구조를 모른 채 세계를 지각하고 느낄 뿐이다. 각 욕망 주체는 자신 안에 있는 근원적 힘이 온전히 작동한다고 원칙적으로 긍정할 수 있지만, 동시에 그의 의식에 나타나는 모습 그대로의 외부 세계의 현존을 인정해야 한다. 욕망 주체는 욕망의 실현을 위해 자신을 둘러싼 외부 세계를 활용하고자 하지만, 자기 자신이 외부 세계를 산출한 원인이라고 주장할 수는 없다. 따라서 그는 외부 세계가 자신을 위해서 존재하기를 원하지만, 실제로 그러한지에 대해서는 확실하지 않다. 외부 세계의 산출 원인은 그에게 포착되지 않기에 욕망 주체는 그 원인이 되고자 한다. 왜냐하면 자기 존재의 총체적 자기화를 추구하는 윤리적 목표에 외부 세계를 통합시켜야 하기 때문이다. 외부 세계가 자신을 위해서 존재하는 것은 그것이 자기 욕망의 유지와 강화를 위한 행위와 관련하여 나타날 때뿐이다. 욕망 주체의 모든 노력은 이제 외부 세계를 내면화하고 자신의 계획에 통합하는 것이다.

이제 욕망 주체 앞에 운명의 두 갈래가 주어진다. 세계는 윤리적 계획에 통합될 수 있으므로 **기회**로서 나타나는 동시에 세계의 방향에 대한 명확한 인식이 결여되어 있으므로 **위협**으로 나타난다. 무지하게 태어나 모든 것이 유용하기를 바라는 욕망 주체는 세계를 유용한 것으로 간주하는 편을 선호하고 그 방향으로 움직일 것이다. 이에 따라 세계의 참된 원인에 대한 인식이 결여된 의식을 세계에 대한 자신만의 표상 또는 즉각적 욕망에 의해 지원받은 표상으로 대체할 것이다. 이제 욕망은 외관의 영역에서 전개되며 욕망 주체는 외관의 영역을 자신의 욕망처럼 실재적인 것으로 만들려 하고 자기 욕망의 결과로 보려 하게 된다. 달리 말하면 자기 자신이 유일한 목적이고 이 목적의 완수에 나머지 모든 것이 참여해야 하는 상황이 연출된다. 세계는 개인 안에, 개인에 의해서, 개인을 위해서 존재해야 하는 것이다. 이렇게 욕망 주체는 스스로를 **제국 속의 제국**으로 간주한다. 세계의 실상에 대해 무지한 욕망 주체에게 세계는 암묵적 타협 아래 나타난 모든 것일 뿐이다. 이제 욕망 주체는 세계와 관련하여 자신에게만 속한 관점에서 유용성을 추구하고 외부 대상에 대한 유용성의 수준을 힘의 논리에 따라 판단하게 될 것이다.

인간은 육체적이면서 의식적인 존재, 즉 감각하고 사유하는 존재이다. 따라서 인간이 자신의 욕망 활동에 대해 형성하는 표상은 자기 육체가 외부 세계와 맺는 여러 관계에서 오는 다양한 표상을 내포한다. 사실 자기 힘을 유지하고 최대한으로 발전시키기 위해서 육체는 여러 외부 사물을 끊임없이 필요로 한다. 외부 사물이 인간의 육체에 유용한지 유해한지 여부는 중요한 것이 아니다. 우선 육체가 외부와 관계를 맺는다는 사실은 명백하다. 이로부터 욕망 주체의 육체와 외부 세계의 관계에 대한 평가는 이 관계에 포함된 자기 육체의 표상과 외부 사물의 표상의 관계에서 비롯한다. 그런데 사물들의 원인에 대한 무지는 인간에게 본래적인 것이다. 따라서 그가 윤리적 목표에 통합시키려 하는 외부 대상의 평가는 이 대상의 원인에 대한 인식 없이 이루어지는 것이다. 즉 욕망 주체가 외부 대상에 대해 내리는 평가는 실재의 참모습보다는 자신의 주관적 성향 또는 기질에 의거하기 때문에 혼란한 지각의 결과일 뿐이다.

이것뿐이 아니다. 욕망의 방향에 대해 무지한 채 기쁨을 추구하는 욕망 활동은 연상의 연쇄에 사로잡힌다. 개인의 힘은 언제나 그의 최상의 완성을 위한 수단을 추구하지만 이 수단에 대한 명확한 인식을 토대로 발휘되는 것은 아니다. 그래서 개인의 힘은 이런저런 즉각적 표상들이 출현할 때마다 생겨나는 우발적 연쇄 속에서 사용된다.

더 상세히 이 점을 살펴보자. 욕망 주체가 존재보존을 위해 행하는 활동 중 마주친 대상들은 몇몇 이미지를 남긴다. 이 이미지들은 같은 대상들을 다른 상황에서 마주쳤을 때 마치 그 대상들이 앞에 있는 것처럼 다른 행위에 영향을 미친다. 나아가 이런 기억은 대상들이 실제 존재할 때만 일어나는 것이 아니다. 예를 들어 우리가 이전에 보았지만 지금은 존재하지 않는 어떤 사람의 이미지를 가지고 있을 때, 이런 지각은 그 사람의 본성보다는 우리 자신의 현재 성향이나 기질을 나타낸다. 따라서 우리가 이전에 지각했던 대상과 몇몇 유사점을 가지고 있다고 상상하는 대상들의 이미지에 의해 자극되는 것만으로도 우리의 의식은 변화를 겪는다. 이런 변화가 언제나 정확한 유사성을 바탕으로 일어나거나 하나의 동일한 대상에 주의를 집중하기가 쉬운 일이라면 상황은 그리 심각하지 않을 것이다. 그러나 언어 및 언어에 의해 표현되는 대상의 이미지가 이 순간 저 순간에, 그리고 이곳저곳에서 지각에 첨가되며 개인의 욕망은 최대한의 실현을 위해 최대한의 대상들에 적용되므로, 우리의 의식은 한 대상에서 이 대상과 아무 유사성도 없는 다른 대상으로 쉽사리 옮겨갈 수 있다.

"예를 들면 로마인은 포뭄(pomum)이라는 낱말의 사유에서 곧장 사과의 사유로 옮겨갈 것이다. 이 과일은 발음된 음성과 아무 유사성도 공통점도 없다. 단지 동일한 인간의 육체가 이 둘에서 자극을 자주 받았을 뿐이다. 곧 인간 자신이 이 과일 자체를 보면서 동시에 '포뭄'이라는 낱말을 자주 들었다고 하는 데 지나지 않는다. 이처럼 모든 사람은 자신의 습관이 사물의 이미지를 육체 안에 질서 지어놓은 데 따라서 하나의 사유에서 다른 사유로 옮겨갈 것이다. 예를 들면 군인은 모래밭의 말 발자국을 보고 곧장 말에 대한 사유에서 기사의 사유로, 그리고 이로부터 전쟁과 기타의 사유로 옮겨갈 것이다. 그러나 농부는 말의 사유에서 쟁기와 밭, 기타의 사유로 옮겨갈 것이다. 이처럼 모든 사람은 각자가 사물의 이미지를 다양한 방식으로 결합하고 연결하도록 습관화된 것에 의해서 하나의 사유에서 이러저러한 사유로 옮겨갈 것이다."

—『에티카』, 2부, 정리18, 주석

이렇게 욕망 주체가 윤리적 목표에 통합시키려는 대상에 대한 판단은 극도로 다양하고 서로 대립될 수도 있다. 게다가 그가 자신을 둘러싼 외부 세계를 다양한 관점으로 고찰한다면, 같은 윤리적 목표를 가지고 역시 다양한 관점으로 세계를 고찰하는 다른 개인들, 즉 다른 욕망 주체들이 상정될 수 있다. 결국 모두가 차별성을 가지고 나타날 수 있다.

"머릿수만큼이나 많은 의견이 있고 누구나 자기의 의견으로 가득 차 있다."

—『에티카』, 1부, 부록

이미지들의 무작위적 연쇄는 욕망 주체의 삶에서 수동적 감정 상태로 구체화된다. 앞서 살펴보았듯이 욕망의 운동은 직선적이다. 욕망 주체의 과제는 기쁨에 이르는 것이다. 우리는 본성적으로 더 큰 완전성으로 향하려 노력하며 더 큰 완전성의 즉각적 신호는 기쁨이다. 즉 우리는 완전성의 강화에 기여하는 모든 것에 대해 사랑을 느끼며 완전성을 억제하는 모든 것에 대해서는 미움을 느낀다. 이 논리를 확장시키면 다음과 같이 말할 수 있다.

"사랑하는 자는 사랑하는 대상을 필연적으로 계속 소유하고 유지하고자 하며, 반대로 미워하는 자는 미워하는 대상을 멀리하고 소멸시키고자 한다."

— 『에티카』, 3부, 정리13, 주석

그런데 사물들의 원인을 모르는 욕망 주체가 외부 사물을 자신의 감정 영역에 끌어들일 때, 감정 상태의 평가는 자신의 의식과 외부 사물에 대한 자신의 현재 성향 간의 관계에서 비롯된 자동적 연상을 토대로 이루어진다. 따라서 감정은 즉각적 지각, 기억 또는 상상에 사로잡히게 된다. 감정의 삶을 지배하는 것은 외관 또는 현상이 되는 것이다. 그러나 힘의 논리는 언제나 작동 중이므로 육체-정신의 이중 구조를 가진 개인의 활동은 다음과 같이 진행된다.

"정신은 육체의 활동 능력을 증대시키거나 촉진시키는 것을 가능한 한 상상하고자 한다."

— 『에티카』, 3부, 정리12

그리고 반대로, "정신은 자신의 그리고 육체의 능력을 감소시키거나 방해하는 것을 상상하기를 피하게 된다."

— 『에티카』, 3부, 정리13, 보충

유용한 것과 유해한 것에 대한 의식은 암묵적인 타협에 의해 형성되면서 이미 편견에 사로잡힐 수 있다. 달리 말하면 경험 재료들의 정확한 의미를 모름에도 불구하고 욕망 주체는 그것들이 자신에게 유용해야 한다고 믿게 된다.

이제 취약한 기초 위에서 힘의 논리가 전개된다. 즉 상상을 통해 자기 존재에 유용하다고 평가한 것은 사랑의 대상이 되고, 상상을 통해 자기 존재에 유해하다고 평가한 것은 미움의 대상이 된다. 전자는 기쁨을 가져오고 후자는 슬픔을 가져오기 때문이다. 게다가 이와 같은 상상의 메커니즘은 중첩된다. 각자는 자신의 현재 성향과 이해관계에 따라 상상의 상상을 사랑하거나 미워하게 된다. 그리고 욕망 주체는 자신의 의식에 침전된 혼란한 요소들을 빼고 생각하거나, 심지어 이 요소들을 의식 영역 밖으로 축출했다고 자의적으로 믿음으로써 자신의 목적을 위한 표상들로 의식을 채우려 한다. 긍정적이고 욕구에 찬 감정 상태에 대한 평가를 흐릴 수 있는 것을 무시하는 편이 당연히 유리할 것이기 때문이다. 그러나 이 침전물은 사라질 것인가?

우선 인정해야 할 것은 육체는 자기를 보존하고 확장하는 방식으로 기능하기 위해 많은 외부 대상과 동시적이고 연속적으로, 그리고 반복적으로 관계를 맺으며, 이 관계에서 다양한 상호 변용이 이루어진다는 점이다. 그리고 의식은 인간에게 본래적으로 주어진 것인바 계속하여 육체의 활동을 동반하며 전개된다. 그런데 이 동반 방식은 때로는 자동적인 지각의 형태로 이루어지거나 연상에 의해 기능하고 확장되는 기억의 형태로 이루어진다. 따라서 육체에 대한 의식은 육체가 참여하는 관계에 대한 의식과 연결되며, 결국 의식은 육체의 복합적인 기존 성향을 표현하게 된다. 여기에 병리적 씨앗이 뿌려져 있는 것이다.

물론 우리가 고립된 방식으로 외부로부터 자극받아서 고려해야 할 대상이 하나밖에 없다면 감정의 삶은 아마도 그리 복잡하지는 않을 것이다. 그러나 이는 힘의 논리에 위배된다. 힘의 근원적 법칙은 욕망 주체에게 윤리적 목표의 실현을 위해 최대한의 대상과 관계하고 그것을 통합하라는 요청을 표현한다. 그러나 이 때문에 감정 상태의 병리적 상황은 심화된다. 힘의 더 큰 발전을 욕망할수록 더 많은 외부 대상을 요구하게 되며, 이에 따라 의식에 모호하게 나타나는 침전 요소에 대한 무지도 점점 더 축적되어간다.

감정의 영역에 동시에 여러 대상이 나타나는 경우를 살펴보자. 욕망 주체는 이 중 긍정적인 감정, 즉 기쁨에 기여하는 것으로 보이는 대상을 선택하고, 감정과 아무 관련이 없거나 부정적인 감정, 즉 슬픔으로 이끄는 것으로 보이는 대상을 배제하려 할 것이다. 그러나 이 모든 대상들은 이미 출현했고 의식 속에 고려 대상으로 나타난 것이며 의식에 일정한 흔적을 남긴다. 시골 농부가 말의 발자국을 보고 쟁기를 생각하는 것처럼, 이 감정들 중 하나에 의해 다시 자극을 받을 경우 우리는 나머지 다른 감정들에 의해서도 역시 자극을 받게 된다. 따라서 기쁨의 감정이 나타날 경우, 우리의 감정 상태와 관련이 없었거나 유해한 것으로 나타났던 감정이 기쁨의 대상과 유사한 것처럼 나타나 이미 형성된 기쁨의 감정에 섞이게 된다. 이렇게 대립되는 감정들이 얽히고설

키게 된다. 이로부터 이 새로운 감정의 이미지는 우리의 정신 상태에 모호하지만 실질적인 방식으로 작용한다. 즉 기쁨의 감정 상태에 대해 의심이 생기고 기쁜 감정의 순수성이 깨진다. 기쁨의 원인으로 여겨진 대상의 표상은 그 대상과 다른 대상 간의 연상을 통해 나타난 표상에 의해 불확실해진다. 따라서 무관심하거나 기뻐해야 할 순간에 슬퍼하거나, 슬퍼해야 할 순간에 기뻐하는 상황이 쉽게 벌어질 수 있다. 왜냐하면 동시에 나타난 대상들은 언제든지 감정의 원인이 될 수 있기 때문이다.

이렇게 욕망 주체는 혼란에 빠지기 시작한다. 게다가 여러 요소로 구성된 인간은 하나의 동일한 대상에 의해 동시에 여러 방식으로 자극받을 수 있기 때문에 감정 상태는 쉽사리 교란될 수 있고, 이런 문제는 감정 상태의 영역이 외부 대상과의 다양하고 많은 관계로 채워질수록 심화된다.

여기서 더 나아가 연상 작용에 따른 감정의 형성에는 과거의 회고적 표상들이 개입되기 때문에, 시간성 또한 감정 상태의 수동성이 확장되는 데 크게 기여하게 된다. 실제로 우리를 동시에 자극하는 여러 대상 가운데 감정의 원인으로 나타나는 한 대상을 특히 중시한다고 해도, 일시적으로 배제된 다른 대상의 이미지는 그것이 우리에게 남긴 흔적을 통해 다시 나타날 수 있다. 이 대상이 이미 존재하지 않는다고 할지라도 그것의 이미지는 우리의 의식에 나타난다. 그런데 이 이미지는 그것이 지시하는 대상의 정확한 본성보다는 우리의 주관적 기질이나 경향을 표현하기 때문에, 우리는 그 이미지가 일으킬 수 있는 사태의 방향에 대해 확신하지 못하게 된다. 이로부터 우리의 감정 상태는 독특한 복잡화를 겪게 된다. 그 이미지가 맘에 드는 것일 경우, 그리고 그 것이 과거에 기쁨의 원인이었을 경우 우리는 희망을 가지게 된 다. 또한 우리는 그것이 미래에도 기쁨의 방향으로 구체화되기를 바라게 된다. 반대로 그 이미지가 맘에 들지 않는 것일 경우, 그리 고 그것이 과거에 슬픔을 촉발했을 경우, 우리는 그것이 미래에 도 같은 방식으로 반복될까 불안하게 된다. 이렇게 희망과 불안 은 서로 대립되는 것 같지만 서로를 내포하는 분리 불가능한 감 정들이다. 희망과 불안은 욕망을 끊임없이 동요시키는 감정 상태 이다.

> "희망은 우리가 그 결과에 관하여 의심하는 미래나 과거의 사물의 이
> 미지에서 생기는 불확실한 기쁨일 뿐이다. 이에 반하여 불안은 마찬
> 가지로 의심되는 사물의 이미지에서 생기는 불확실한 슬픔이다."
>
> ─『에티카』, 3부, 정리18, 주석2

희망과 불안과 관련된 불확실성이 제거되면서 다른 감정들 이 생겨난다.

> "만일 이들 감정에서 의심에 제거되면 희망은 안도가 되고 불안은 절
> 망이 된다. 말하자면 그것은 우리가 희망했거나 불안해했던 사물의
> 이미지에서 생기는 기쁨이나 슬픔이다. 다음으로 환희는 우리가 그
> 결과에 관하여 의심했던 과거 사물의 이미지에서 생기는 기쁨이다.

마지막으로 낙담은 환희에 대립되는 슬픔이다."

—『에티카』, 3부, 정리18, 주석2

그러나 감정 상태의 혼란 때문에 욕망 주체가 윤리적 목표 추구를 멈출 수는 없다. 중지 없이 계속하여 작동하는 것은 욕망의 본성에 속하는 일이며, 모호함 속에서 헤매는 것보다는 선의 축적을 향해 나아가는 것이 더욱 유리한 것이다. 하지만 이로부터 욕망 주체는 우발적 지각들로 이미 혼란해진 그의 의식에 덧붙여진 다양한 영향에 의해 분열되어, 그의 내면은 연상과 시간성에 따른 상상에 점유당하게 된다. 이제 감정 상태는 불확실성과 불안정성으로 좀먹게 되어 변질되지 않는 기쁨을 위한 윤리적 목표에서 점점 더 멀어진다. 나아가 이 병리적 상태는 타인들과의 갈등 관계로 인해 더욱 심각해진다. 욕망 주체는 자신을 가장 효율적인 방식으로 실현하기 위해 자신과 가장 닮은 존재들을 필요로 하지만, 가장 닮은 존재들은 서로에게 가장 유용하거나 가장 유해할 수 있으므로 가장 큰 유사성으로 인해 가장 위험할 수 있기 때문이다.

그러므로 다시 힘의 논리를 생각해야 한다. 욕망 주체의 활동은 힘의 논리에 의거하여 언제나 직선적이고 직접적이고자 하며 이런 운동은 자신의 존재뿐 아니라 자기 힘의 가장 풍요로운 통합을 위한 이용 대상인 다른 존재들에도 적용된다. 그런데 이런 힘의 논리는 상상의 차원에서 진행된다.

"우리는 우리 자신 또는 우리가 사랑하는 대상을 기쁨으로 자극한다고 우리가 상상하는 모든 것을 긍정하려고 노력하며, 반대로 우리 자신 또는 우리가 사랑하는 대상을 슬픔으로 자극한다고 우리가 상상하는 모든 것을 부정하려고 노력한다."

— 『에티카』, 3부, 정리25

이런 힘의 논리는 역으로 적용될 수 있을 정도로 엄격한 것이다.

"우리는 우리가 미워하는 대상을 슬픔으로 자극한다고 우리가 상상하는 모든 것을 이 대상과 관련하여 긍정하려고 노력하며, 반대로 우리가 미워하는 대상을 기쁨으로 자극한다고 우리가 상상하는 모든 것을 이 대상과 관련하여 부정하려 노력한다."

— 『에티카』, 3부, 정리26

욕망의 운동은 직선적이지만 충동적이기 때문에 맹목적인 측면을 갖는다. 상상에 의해 끌려다니면서 자신의 비극을 준비하는 것은 결국 욕망 주체 자신이다. 그렇다면 어떻게 욕망 주체가 극도의 수동적 감정 상태에 빠질 수 있는지 살펴보자.

감정 상태는 언제나 힘의 논리에 따라 규정된다. 우리는 힘을 증진하고 촉진하는 것을 사랑하며, 반대로 힘을 감소시키고 억제하는 것을 미워한다. 즉 사랑의 대상이 보존될 때 기쁨을 느끼고, 같은 대상이 파괴될 때 슬픔을 느끼며, 미움의 대상이 파괴될 때 기쁨을 느낀다. 이 논리는 확장될 수 있다. 즉 우리는 사랑하는 대상의 힘을 촉진하는 이를 사랑하며 그것을 약화하는 이를 미워한다. 이 논리는 역으로 확장 적용될 수 있다. 기쁨은 미움의 대상이 겪는 악의 표상에서 오기 때문에, 우리는 미움의 대상에게 악을 가하는 이를 사랑하며 그에게 선을 가져다주는 이를 미워한다. 이로부터 우리의 감정 상태는 자기 자신과 직접적으로 연관된 존재들뿐 아니라 간접적으로 관련된 존재들, 즉 자신의 욕망 활동과 관계가 있다고 상상하는 매우 많은 대상과 관계를 맺게 된다. 따라서 상상을 통한 감정 상태의 영역은 크게 확장된다. 이런 상태에서 단 하나의 잘못된 평가는 일련의 환상을 우리의 의식 속에 일으킨다.

또 다른 요소가 감정 상태의 영역을 확장한다. 그것은 우리 모두에게 내재한 감정 모방 충동이다. 아이가 어른의 행위를 보고 자동적으로 모방하는 것처럼, 우리는 직접적으로도 간접적으로도 관계를 맺지 않았던 타인의 감정 상태를 자연스럽게 모방한다. 따라서 타인의 감정 상태에 대한 지각은 욕망 주체의 힘에 영향을 미치고 이 영향 정도에 따라 역시 감정 상태의 변화 요인이 된다. 즉 욕망 주체는 그가 타인이 느낀다고 상상하는 감정과 유사한 감정을 느낄 것이다. 그리고 반대로, 그 타인을 미워할 경우가 생기면 힘의 논리에 따라 이번에는 그들과 유사한 감정이 아니라 반대 감정을 느끼게 될 것이다. 나아가 우리가 타인 중 몇몇의 감정 상태를 모방하고 다른 이들이 이 타인들의 태도에 영향을 미칠 경우, 우리는 확장된 모방 메커니즘에 곧바로 빠져들게 되며 이런 절차는 무한정하게 진행될 수 있다.

이렇게 감정 상태의 영역은 거의 무한정하게 확장될 수 있다. 이런 확장에 기여하는 요소는 욕망 대상들의 (유일하거나, 독특하거나, 누구에게나 공유될 수 있는) 성격, 욕망 주체가 처한 시간과 공간, 자유롭거나 필연적이라고 욕망 주체가 평가하는 타인의 태도, 그들이 속한 계급, 국가, 그리고 이 모든 요소의 기억에서 오는 욕망 주체의 변화 상태 등 무수히 많을 수밖에 없는 것이다.

> "우리를 자극하는 대상의 종류가 있는 만큼 기쁨, 슬픔, 욕망의 종류가 있고, 결과적으로 마음의 동요와 같이 이 감정들로 조합된 감정들 각각의 종류, 그리고 사랑, 미움, 희망, 불안 등과 같이 그 감정들에서 파생된 감정들 각각의 종류가 있다."
>
> ─『에티카』, 3부, 정리56

따라서 각 욕망 주체에게 모든 것이 때로는 유용하고, 때로는 유해하고, 그리고 때로는 유용한 동시에 유해하게 보일 수 있다. 자기 존재와 자신을 둘러싼 대상들의 기원에 대해 무지한 채로 태어난 개인은 이런 무지에도 불구하고, 아니, 바로 이 무지로 인해 맹목적 욕망에 이끌려 자기 자신과 외부 대상에 대해 냉정한 평가를 내리지 못하고서 결국 거의 극복 불가능한 수동성에 직면하게 되는 것이다. 이런 수동성은 외부로부터 침투하여 결국은 마치 그 개인의 존재를 구성하는 것처럼 전염되어 퍼진 수많은 요소에서 비롯된 것이다.

물론 욕망 주체는 결코 파괴될 수 없는 근원적 생명력을 가지고 있기 때문에 아직 능동성이 있는 것은 사실이다. 그러나 이 생명력은 윤리적 목표를 위한 다양한 활동이 내포한 외부 세계의 영향으로 언제 어디서나 은폐되고 억제될 수 있는 것이다. 기쁨과 사랑은 때때로 드러나겠지만 결코 영속적인 방식으로 향유되지 않는다. 슬픔과 미움 또한 마찬가지이다. 슬픔과 미움은 존재 보존과 기쁨을 추구하는 욕망의 근원적 원리에 위배되기 때문이다. 즉 기쁨과 슬픔은 끊임없이 서로 섞이게 되어 욕망 주체의 의식은 어디에 안착해야 할지 모른 채 기쁨과 슬픔 사이를 오고가게 된다. 수동적 감정 상태란 바로 이런 혼란 상태를 말하는 것이며, 이는 진퇴유곡에 다름 아니다. 이 상태가 바로 스피노자가 **마음의 동요**(fluctuatio animi)라 부르는 것이다. 마음의 동요 상태는 욕망의 낭비와 욕망 주체의 수동적 삶을 보다 구체적으로 보여줄 것이다.

마음의 동요

욕망은 변질되지 않는 기쁨을 향한다. 욕망 주체는 모든 것의 중심이며 모든 것이 자기 보존에 기여하는 상황을 구현하는 것이 그의 목표이다. 이런 활동을 강화하는 모든 것은 사랑의 대상이고 이 활동을 방해하는 모든 것은 미움의 대상이다. 그런데 이와 같은 기쁨의 추구는 근원적 이기주의와 무지에 근거한 묵인 또는 타협과 함께 이루어졌다. 즉 최상의 유용성을 추구하는 욕망 주체의 의식에는 욕망 대상이 내포하고 있는 모든 의미가 드러나 있지 않다. 물론 우리는 모든 경우마다 기쁨을 추구하지만, 이런 긍정적 감정 상태에 기여하는 것으로 보이는 대상과 우리 자신의 관계가 맺어질 때 우리의 의식에는 이런저런 방식으로 다양한 혼란 요소들이 자리 잡게 마련이며, 우리는 힘의 확대를 선호하여 이런 요소들이 가져올 수 있는 결과를 무시하곤 한다. 그러나 이 요소들은 의식에서 완전히 사라지지 않고 계속 작동하게 된다.

물론 외부 대상을 접할 때 거기서 멈추고 그 대상과 여러 다른 대상의 유사성, 차이점, 대립점 등의 성격을 깊이 생각할 수 있다면 외부와의 접촉은 심각하고 복잡한 결과를 낳지 않을 것이다. 그러나 욕망은 그런 일을 허용하지 않는다. 자기 힘의 무한정한 전개를 위해 끊임없이 근원적 충동을 발휘하는 것이 욕망 주체의 본성이기 때문이다. 욕망 주체는 필연적으로 최대한의 많은 사물과 관계 맺기를 욕망한다. 그러나 이전에 욕망 주체의 의식에서 자의적으로 배제되었던 침전 요소는 바로 이 틈 속에서 성장한다. 이 침전 요소는 감정의 원인으로 간주된 대상과 유사성을 가지고 나타나거나 다른 대상과의 연상 형태로 나타나 의식의 상태에 영향을 준다. 따라서 이 침전 요소의 이미지는 우리의 감정 상태를 혼란케 할 수 있다. 기쁨의 감정은 다른 이미지들에 의해 자극받아 쉽게 중화되거나 방해받을 수 있다. 이 혼란스러운 의식 속에는 다양한 종류의 감정이 자리 잡게 된다. 그런데 감정의 종류는 비록 다양해 보이지만 모든 감정의 근원인 욕망과 함께 기쁨과 슬픔이 원초적 감정이며 이로부터 다른 모든 감정이 파생된다. 여러 감정 중 서로 대립되는 감정이 모호한 상태를 연출하는 경우가 바로 **마음의 동요** 상태이다.

> "두 가지 대립하는 감정에서 생기는 이 정신 구조는 마음의 동요라고 일컬어지며 그것과 감정의 관계는 의심과 상상의 관계와 같다."
>
> ― 『에티카』, 3부, 정리17, 주석

마음의 동요는 개인이 외부 세계와 맺는 많은 관계로부터 온다. 이런 관계는 시간적·공간적 표상에 따라 인간이 아닌 것들과 맺어지기도 하며, 타인들, 그리고 그들의 다양한 상황에 대한 이미지와 함께 무한정으로 확장된다. 이런 상황에서 단 한 번의 잘못된 평가는 일련의 마음의 동요를 잇달아 일으킬 수밖에 없다.

기쁨과 슬픔이 혼합된 전형적인 감정은 희망과 불안이다.

> "불안 없는 희망은 없으며 희망 없는 불안도 없다."
>
> ― 『에티카』, 3부, 감정의 정의13의 해명

물론 어떤 사태가 희망에 맞게 진행될 경우 우리가 자연적으로 기쁨을 느끼는 것은 사실이다. 그리고 인간은 본성상 자기 자신을 자기 행위의 원인으로 간주하는 경향이 있으므로 이로부터 자기만족을 느끼게 된다. 그러나 자기만족은 쉽사리 오만으로 변질된다. 왜냐하면 욕망은 선의 획득(희망의 실현)으로 강화되기 때문에, 욕망 주체는 더 강한 안정을 위한 욕망으로, 자기 자신을 정확한 가치 이상으로 평가하기 때문이다. 그래서 심지어 아부를 하면서 그런 선의 획득을 축하해주고 그것을 잃지 말라고 북돋아주는 이들을 곁에 두고 싶어한다. 그는 그들을 모든 힘을 다해 사랑하며 그 선의 불안정성을 정확히 지적하는 이들을 미워할 것이다. 이로부터 욕망 주체는 자기에게 잘 보이려고 하는 이들을 과대평가하고 냉철하게 보는 이들을 과소평가할 것이다. 이런 식으로 욕망 주체는 자기 편으로 보이는 대중의 견해로 인해 자신을 명예롭게 여길 것이며, 타인들에게 주어진 유명세를 무시하고 그것을 파괴하기를 욕망할 것이다. 이렇게 대중의 칭찬을 얻으려는 야심은 경쟁자들을 미워하게 하며 그들의 불행에 기뻐하고 그들의 행복에 슬퍼하게 한다. 그러나 우리는 타인들 역시 우리 자신이 욕망하는 것과 유사한 것을 욕망한다는 것을 의식하고 있다. 따라서 우리는 우리가 획득한 것의 장점을 떠벌리는 동시에, 남들이 그것을 진정으로 믿고 탐낼까 불안해한다. 이런 내적 동요는 영속적인 기쁨의 감정과 점점 멀어지는 사태이다. 즉 어떤 선을 획득할 경우 그것을 잃을까 곧바로 불안해하거나 타인들이 그것을 시기하여 뺏을까 두려워하게 되는 것이다. 이런 상태에 이른 욕망 주체는 그에게 방해가 되는 이들, 심지어 그에게 아첨하는 이들까지 의심하며 따돌리려 하게 된다.

이 다양한 병리적 징후에서 벗어나기 위한 욕망 주체의 마지막 노력은 자기 힘의 증진, 자기의 기쁨과 사랑에 가장 유용하다고 생각하는 몇몇 대상에 **최상의 선**이라는 가치를 부여하는 것이다. 즉 그 대상들을 획득하고 그것들이 가져다주는 강한 감정적 자극이 마음의 동요를 중화시키고 멈추게 해주기를 바라는 것이다. 가장 강한 강도를 가진 것으로 나타나는 대상은 일반적으로 **감각적 쾌락, 부, 명예**의 세 가지로 압축된다. 이 세 가지 대상에 부합하는 욕망으로는 향락욕, 음주욕, 정욕, 탐욕, 명예욕 등을 들 수 있다. 그러나 이런 것들에 대한 과도한 추구는 결국 욕망 주체를 착란 상태에 빠지게 한다.

> "실제로 탐욕, 명예욕, 정욕 등은 비록 병이라고 생각되는 않을지라도 착란 증세의 일종이다."
>
> —『에티카』, 4부, 정리44, 주석

감각적 쾌락은 진정한 선, 나아가 최상의 선으로 간주되기 쉽다. 왜냐하면 감각적 쾌락이 작동 중일 때 욕망 주체와 욕망 대상은 아무 침전물도 남기지 않는 통일성을 향유하는 듯하기 때문이다. 그러나 실상은 전혀 그렇지 않다. 감각적 쾌락은 무한정하게 지속될 수 없는 것으로서 본성상 상대적인 선이다. 향유의 중지와 그 허탈감은 감각적 쾌락을 그림자처럼 따라다닌다. 감각적 쾌락에서 오는 기쁨은 흐려지고 지워지고 결국 후회와 슬픔으로 대체되게 마련이다. 사랑하는 대상의 현전과 부재에 따라, 그리고 그 사람의 다양한 태도에 따라 여러 변덕스러운 감정에 휩싸이는 이들, 즉 병적으로 사랑에 집착하는 자들의 상태가 그러하다. 포만감 이상으로 음식을 먹고서 곧바로 음식을 보는 것만으로도 염증을 내는 무절제한 인간들, 다음 날에는 숨길 내용을 술에 취한 채 떠벌리는 주정뱅이가 또한 그러하다. 감각적 쾌락을 탐닉하는 이들은 감각적 쾌락의 향유가 끝난 뒤, **극도의 슬픔**을 느끼게 되며, "그런 상태는 정신활동을 중지시키지는 않더라도 혼란케 하고 무뎌지게 한다."(『지성개선론』, 4절) 게다가 각자는 자신을 자기 행위의 원인으로 간주하려는 경향이 있기 때문에 감각적 쾌락에서 느끼는 자기만족은 빠르게 폭력적인 후회의 감정으로 변한다. 이런 후회를 겪는 이는 두 배로 불행하거나 두 배로 무능력해지게 마련이다. 음란한 자, 무절제한 자, 주정뱅이 등이 계속하여 과도한 쾌락을 추구하여 수동적 감정 상태가 극단에 이를 경우 결국 그들은 몸을 다친다.

부와 명예를 과도하게 추구하는 경우도 마찬가지의 폐해가 뒤따른다. 게다가 부와 명예를 향한 욕망은 감각적 쾌락과 달리 필연적으로 후회를 동반하지는 않기 때문에 사실 더욱 해롭다. 재물욕이 과도한 이는 돈이 감각적 쾌락뿐 아니라 명예도 제공하기 때문에 돈을 **모든 것의 척도**로 여기고 돈에 너무 집착하여 "돈의 관념을 원인으로 동반하지 않는 어떤 종류의 기쁨도 거의 상상"(『에티카』, 4부, 부록 28항)할 수가 없게 된다. 부가 모든 노력의 목적이 되는 상황에서는 부의 상실에 대한 불안이 계속되는 가운데 모든 위험을 무릅쓰게 된다. 게다가 탐욕스러운 자들은 자기 재산에 대한 남들의 시기심과, 자신보다 더 부유한 사람들에 대한 시기심으로 괴로워한다. 그들은 자기 부의 획득 방식과 이점에 대해 과장하고 자랑하는 동시에 남들이 그것을 믿고 탐낼까 두려워하며 끊임없이 내적 갈등에 휩싸인다. 부를 상실할 경우 물질적 소유를 위한 맹목적인 노력에 포함되어 있던 모든 나쁜 감정이 다시 나타난다. 이득의 부재에 대한 유감, 희망의 파괴로부터 오는 실망, 불안이 구체화되어 나타난 절망감, 자신의 자유로운 행동에 대한 후회감, 아첨하던 자들에 대한 부끄러움, 모두를 향한 맹목적 분노와 증오 등이 엄습한다. 이렇게 물질적 선에 대한 과도한 추구는 감각적 쾌락의 추구가 개인적 차원에서 일으키는 모든 부정적 감정뿐 아니라 타인들과의 인간관계의 영역에서 수동적 감정 상태를 야기한다.

이와 같은 수동적 감정 상태에 명예에 대한 지나친 집착이 가져오는 수동성을 덧붙여야 한다. 명예는 **커다란 속박의 요소**이다. 명예욕은 바로잡기 상당히 어려운 수동적 욕망이다.

"가장 고상한 사람들도 명예욕에 지배당한다. 특히 철학자들까지도 명예를 경멸해야 한다는 데 대해 쓴 책에 자신의 이름을 써넣는다."

— 『에티카』, 3부, 감정의 정의44, 해명

언뜻 보기에 명예는 선 자체인 것처럼 보이는 것이 사실이다. 왜냐하면 부의 추구처럼 명예는 그 자체로 필연적인 후회를 내포하지 않으며 명예의 획득은 다른 모든 감정을 활성화하고 강화하기 때문이다. 그러나 명예욕의 이런 측면은 은밀한 모방으로부터 유래하는 것이다. 명예를 얻으려면 대중의 마음을 사로잡아야 하며 대중의 칭찬을 얻고 비난을 피하려면 아첨하는 것이 필요하다.

"명예를 얻으려면 우리는 반드시 대중의 뜻에 우리의 삶을 맞춰야 한다. 달리 말하면 대중이 피하는 것은 피하고 대중이 원하는 것은 원해야 하는 것이다."

— 『지성개선론』, 5절

이런 술책으로 명예를 얻은 야심가는 곧바로 오만한 자로 돌변하게 마련이다. 즉 처음에 그가 행해야 했던 빌붙음의 흔적을 없애기 위해서, 대중의 칭찬과 그의 영광이 자신의 고유한 힘으로부터 온 것이라고 믿고 싶어한다. 이로부터 야심가의 착란 증세가 발동한다. 때로는 대중 앞에 고개를 숙이고, 때로는 대중을 업신여기며, 기쁨과 슬픔 사이를 오가는 것이 야심가의 특성이다. 그리고 어느 날 명예를 상실할 경우 과도한 재물욕에 물든 이에게 닥쳤던 모든 슬픈 감정을 역시 겪게 된다. 그러나 명예욕으로부터 오는 수동적 감정 상태는 훨씬 심각하다. 왜냐하면 명예를 획득하기 위한 노력은 최대한의 칭찬을 얻기 위해 최대한 많은 대중을 향한 술책이어야 하며, 따라서 인간관계가 크게 확장되기 때문이다. 결국 야심가가 주변 사람들을 업신여기며 가졌던 모든 나쁜 감정은 더 큰 강도로 그에게 되돌아온다. 우선 아첨 때문에 그가 과대평가했던 이들은 이제 그의 힘을 빌릴 수 없음에 실망할 것이다. 냉철한 비판 때문에 그가 과소평가했던 이들은 그를 조롱거리로 삼을 것이며, 실제로는 그가 얼간이였다는 것을 확인하고는 그를 멸시할 것이다. 따라서 그는 모든 이를 향해 분노하면서도 자신의 무능력과 무기력에 대한 생각으로 비참해질 것이다. 게다가 이런 부정적 감정 상태를 중화하고 없애기 위해 그는 다른 비참한 이들을 찾아다님으로써 자기보다 비참한 그들의 상태를 보고 위안을 삼으려 하고 그들에게 조언을 하며 명예를 회복하려 할 것이다. 그는 다시 오만해지고 비뚤어진 병리적 인간이 될 것이다. 결국 그는 이웃에게 무거운 짐으로 여겨질 것이며, 그 또한 이웃을 무거운 짐으로 여길 것이다. 이런 상태의 존재를 규정하는 것은 불안정성 자체이다.

> "우리는 외부의 원인에 의하여 여러 가지 방식으로 흔들리며 부딪치는 바람에 일렁이는 바다의 파도와 마찬가지로 우리의 사건과 운명을 알지 못하고 동요한다."
>
> ─『에티카』, 3부, 정리59, 주석

이런 현상은 수동성 이상의 상태임이 분명하다. 즉 감각적 쾌락, 부, 명예에 대한 과도한 추구로 인한 폐해는 착란 또는 극도의 위험으로서 존재보존은커녕 치명적 병을 일으키는 것이다.

> "대중이 소유하려고 애쓰는 모든 것은 존재보존을 위한 치료책을 제공하지도 않을뿐더러, 실제로는 존재보존에 방해가 되며 흔히 그것을 소유하고 있는 사람들에게 파멸적으로 작용하며 그것에 사로잡힌 사람들은 파멸할 수밖에 없다."
>
> ─『지성개선론』, 7절

여기까지가 수동적 삶의 전개과정이다. 수동성은 개인적 차원의 감정 상태로부터 인간관계에서 비롯되는 감정 상태로까지 전이된다. 이렇게 수동적 감정상태에 함몰된 욕망 주체의 윤리적 계획, 즉 자신과 타인들을 통합하여 기쁨을 획득하려는 계획은 치명적 병과 같은 붕괴상태에 직면한다. 과연 수동적 감정 상태에 대한 치료는 불가능할 것인가? 욕망 주체는 숙명적으로 실추하도록 선고받은 것인가?

7.

성찰의 삶을 향하여

기쁨과 슬픔이 뒤섞인 마음의 동요는 최상의 선을 획득함으로써 순수한 기쁨에 이르려는 욕망 주체의 목표와 정확히 대립되는 상태이다. 스피노자가 진단하는 수동적 감정 상태는 비관론에 필적할 정도로 인간의 비참함을 나타낸다. 그러나 스피노자는 욕망의 폐기를 권고하는 비관론자가 아니다. 오히려 최소한의 힘일지라도 완전히 꺼지지 않는 욕망의 힘을 세심하게 다시 전개할 방법을 찾아내야 한다. 욕망 주체는 수동적 감정 상태를 해소하고 결국 능동성으로 전환하도록 관점의 변화를 이끌어내야 한다.

철학적 반성은 삶의 문제로부터 나온다. 경험의 상대성에 대한 의식이 철학적 반성의 시작이며 경험은 이성적 탐구를 통해 재구성되어야 한다. 그러나 이성적 탐구는 참된 관념으로부터 출발해야 그 여정이 길을 잃지 않고 계속적으로 진행될 수 있다. 진리가 인간 정신에 내재되어 있다는 것을 밝히는 것이 의식을 치료하는 시작이고 안정성을 확보한 지성만이 진리의 영역을 확장할 수 있다. 진리의 영역을 최고로 확장하려면 이성적 탐구는 참된 관념들 중에서도 최상의 관념, 즉 절대존재의 관념으로부터 재출발해야 한다. 확고한 존재론이 우선 확보되어야 한다.

스피노자 존재론의 특징은 서양철학에서 전통적으로 인정되어오던 신의 속성을 부정하고 새로운 신의 개념을 제시한 데 있다. 전통적 존재론에 따르면 신은 지성과 의지, 혹은 자유를 가지고 있다. 즉 창조할 세계를 지성을 통해 구상하고 의지를 통해 세계를 창조하는 인격신(人格神)이다. 그러나 스피노자에 따르면 무엇인가를 구상하고 그것을 실현한다는 것 자체가 신의 내부에 인식과 실현의 간극을 설정하는 것이다. 지성이나 의지는 인간적 특성에 불과하며, 전통적 존재론은 인간이 자신의 헛된 욕망을 채우기 위해 자신과의 유비를 통해 신의 모습을 구상한 것으로 결국 인간적 투영에 지나지 않는다.

스피노자의 신은 비인격적 신으로서 자신 안에 모든 것을 산출하는 **신 즉 자연**이다. 신은 가장 완전한 존재이기 때문에 각각 질적으로 무한한 속성들을 양적으로도 무한히 많이 가지고 있다. 신은 무기력하지 않으므로 신의 무한한 속성들은 무한히 다양한 방식으로 결과를 산출한다. 인간도 신으로부터 산출된 작은 편린이다. 인간이 할 수 있는 최상의 행위는 자연 전체 안에서 자신의 위치를 정확히 인식하는 것이다.

이런 자연주의적 존재론과 윤리학을 체계화하는 『에티카』는 아무 예비 설명도 없이 신으로부터 출발하여 모든 귀결을 연역해 낸다. 스피노자는 어떤 방식으로 존재론의 출발점에 도달했는가? 『에티카』의 서론 역할을 하는 저작이 『지성개선론』이다. 『지성개선론』에는 『에티카』가 신으로부터 출발해야 했던 이유와 연역적 방법을 사용해야 했던 이유의 실마리가 담겨 있다. 『지성개선론』은 스피노자가 철학을 시작해야 했던 동기를 자신의 경험을 통해 서술한 유일한 책이기도 하다. 이런 관점에서 욕망 주체를 철학적 성찰의 삶으로 이끄는 것이 무엇인지 알아보고 철학을 위한 예비 훈련이 무엇인지 살펴보도록 하겠다. 욕망 실현의 필수 조건인 참된 철학은 절대존재의 체계로 전개되어야 한다는 점이 밝혀질 것이다.

실천적 위기와 결단

스피노자는 『지성개선론』의 첫머리에서 선과 악이 상대적이라는 것을 모른 채 자신이 헛된 일에 매달렸었다는 것을 인정하고 마침내 어떤 확실한 선을 추구하기로 결심했다는 것을 밝힌다.

"일상생활에서 빈번히 일어나는 모든 일이 헛되고 부질없다는 것을 경험을 통해 알고 나서, 그리고 내게 불안의 원인과 대상이었던 그 어떤 일도 그 자체로는 선도 악도 포함하고 있지 않다는 사실, 혹은 만일 선과 악이 포함되어 있을지라도 이는 단지 정신이 어느 정도로 자극되었는가를 보여줄 뿐이라는 사실을 알고 나서, 마침내 나는 참된 선이라 할 수 있는 어떤 것이 과연 존재하는지를 탐구해보기로 결심했다. 모두가 공유할 수 있는 선, 다른 모든 것을 포기하면서 정신이 오로지 그것을 통해서만 감화될 수 있는 선, 그리고 그것을 발견하고 획득함으로써 최상의 행복을 영원히 누리게 해줄 수 있는 선이 과연 존재하는가를."

— 『지성개선론』, 1절

사람들이 무엇보다 높게 평가하는 것으로 감각적 쾌락, 부, 명예를 들 수 있다. 음식, 술, 성(性) 등의 감각적 쾌락, 부귀, 그리고 타인의 인정을 받는 명예 등은 욕망이 추구하는 가장 강력한 대상이다. 이것들은 강한 자극과 삶에서의 즉각적 유용성으로 끊임없이 욕망을 유혹한다. 과연 우리는 이런 유혹에서 벗어날 수 있는가? 스피노자는 이 경험적 선들의 유혹에 휩싸여 치명적 위험에 처해 있었다고 고백한다. 그러나 쾌락, 부, 명예의 유혹에서 꼭 벗어나야 하는가? 게다가 이런 선들로 인해 후회를 겪어본 경험이 있다고 할지라도 우리가 원하는 출구로 이끌어줄 참된 선이 어디에 있는지, 심지어 그것이 존재하는지조차 확실히 모른다. 그것들이 진정한 선인지 혹은 악인지 몰랐지만 우리가 천착하던 경험적 선들에 대한 기억이 나를 지배하는 한 "아직 확실하지 않은 어떤 것을 위해 확실한 것을 포기한다는 것은 비상식적인"(『지성개선론』, 2절) 일일지도 모른다.

그러나 경험적 선에 대해 의심이 일단 생겨났다면 문제는 해결되어야 한다. 이런 위기 앞에서 필요한 것은 사변이 아니라 결단이다. 이 점에 대해 저명한 주석가들은 극도의 수동적 감정 상태는 이론적 차원을 넘어선 실천의 문제임을 지적한다. 우선 '19세기의 프랑스 스피노자'라고 불리는 브런슈비크(Léon Brunschvicg)는 스피노자가 직면한 상황을 **실천적 양자택일**의 순간이라고 강조한다.

"스피노자는 양자택일 앞에 직면해 있다. 범속적인 향유에 자신을 내맡기고 다른 곳에 있을지 모를 최상의 행복을 상실할 위험을 무릅쓰느냐, 아니면 혹시 인간이 누릴 수 있는 유일한 이점일지도 모를 것들을 포기하고, 도달할 수 있는지 심지어 존재하는지도 확실히 모르는 어떤 선의 추구에 삶을 거느냐의 문제인 것이다. 이는 실천적인 것이지 이론적인 양자택일, 즉 그 선택 항들을 차례로 상정하고 비교할 수 있는 것이 아니라 우선적으로 해결해야 할 양자택일이다."*

델보스 역시 사변적인 성격만을 갖는 데카르트적인 의심과 달리 스피노자의 의심은 실천적인 것이라는 점을 지적했다.

"스피노자가 출발하는 의심은 실천적인 의심으로서 진짜 근심, 실망, 슬픔에 의해 생겨나고 강화된 것이다. 따라서 극복해야 할 필연성이 있는 것이다."**

반복되는 병적 징후가 순수하고 영원한 기쁨을 구성할 수 없다는 것은 자명하므로 혹시 다른 형태의 삶이 가능한지 진지하게 자문해보아야 한다. 지금까지 추구해왔던 선의 의미와 앞으로 추구해야 할 선의 의미를 가늠해보려면 일종의 후퇴가 요청된다. 성찰의 개입이 필요한 것이다. 왜 지금까지 추구해온 선은 안정적인 감정 상태를 제공하지 못하는가? 이 질문에 대한 해답은 현재까지 겪어온 오류에서 벗어나 앞으로 추구할 선에 접근하기 위해 도움이 될 것이다.

사람들이 일반적으로 삶의 목적으로 삼는 감각적 쾌락, 부, 명예와 같은 유용성은 상대적인 특징이 있다. 왜냐하면 이런 선의 추구는 때로는 기쁨을, 때로는 슬픔을 가져옴으로써 이에 대

---

*   Léon Brunschvicg, *Spinoza et ses contemporains*(스피노자와 그의 동시대인들), p.2.
**   Victor Delbos, *Le problème moral dans la philosophie de Spinoza et dans l'histoire du spinozisme*(스피노자의 철학과 그 역사에 있어서 도덕의 문제), p.16.

한 욕구는 끊임없이 방해받고 동요되며 혼란해지기 때문이다. 이런 상대성을 고려함으로써 우리는 경험적 선이 본성상 불확실하다는 것을 깨달을 수 있다. 이런 즉각적 유용성이 반복적으로 야기한 악은 **극도의 위험**으로 이어진다는 것을 계속적인 성찰을 통해 확인함으로써 우리는 경험적 선에서 확실한 악을 보며 모종의 안정적 선의 추구에 모든 희망을 걸 수 있다. 비록 안정적 선의 존재와 획득 자체가 확실한 것은 아니지만, "치명적 병에 걸려 만일 치료책을 쓰지 않으면 죽음이 확실하리라는 것을 느끼는 환자가 그것이 불확실할지라도 치료책을 찾는 데 전력을 기울이듯이"(『지성개선론』, 7절) 어떤 안정적 선을 추구해야 하는 것이다. 이렇게 거짓 선을 자신의 사유에서 배제함으로써 이미 시각의 변화가 일어난다. 욕망 주체는 이제 악의 확실성이 아니라 어떤 선, 적어도 그 불확실성으로 인해 확실한 악에 대한 우위가 문제시되지는 않는 어떤 선을 향하기 때문에, 새로운 삶의 확립을 위한 노력 자체가 이미 커다란 위안이 되는 것이다.

새로운 형태의 삶으로 나아가면서 특히 욕망 주체는 선과 악에 대한 소중한 인식을 얻는다. 그것은 선과 악은 "상대적으로만 말해질 뿐"이라는 사실이다. "동일한 사태에 대해서도 그것이 고찰된 관점에 따라 좋거나 나쁘다고 할 수 있을 정도로 말이다."(『지성개선론』, 12절) 이로부터 윤리적 목표가 안정적인 방식으로 도출된다. 인간이 획득하고자 하는 것은 기쁨이고 기쁨에 도달하는 데 기여하는 것이 선이므로 윤리적 목표는 그런 선을 획득하는 데 있다. 만일 변하지 않는 영원한 기쁨을 제공할 수 있고 모든 이들과 함께 공유할 수 있는 대상이 있다면 그것은 최상의 선일 것이며, 그 최상의 선과 함께 기쁨을 누리는 상태가 있다면 그 상태는 완전한 본성을 획득한 상태일 것이다. 따라서 윤리적 목표는 어떤 선을 향해 나아가는 데 있고, 그것은 선과 악을 지나치게 대립적으로 간주하지 않으면서 구체화해야 하는 선이다.

선과 악의 상대성에 대한 의식과 함께 윤리적 목표의 범위가 정해질 때 욕망 주체는 이전에는 자신만을 위해 이용했던 외부 사물과 타인들을 중립적이고 절제된 시각으로 바라볼 수 있다. 수동적 감정 상태에서 해악으로 다가왔던 외부 사물과 타인들을 이제는 윤리적 목표의 실행에 방해가 되지 않는 대상으로서 원할 수 있다. 오히려 생명과 건강을 보존하기 위한 감각적 쾌락이나 물질적 선을 추구하고 야비한 술수로 이용하기 위해서가 아니라 진리를 함께 탐구하고 공유하기 위해서 타인들과의 관계를 발전시키면서, 그리고 자신의 목적에 어긋나지 않는 한에서 사회 관습을 존중하면서 윤리적 목표의 실현을 촉진시킬 수 있는 것이다.(『지성개선론』, 17절) 『지성개선론』의 이런 관점은 『에티카』에서 명확하게 제시할 구체적이고 유연한 윤리를 암시한다. 감각적 선의 실상을 인식한 현명한 사람은 절제와 함께 많은 것을 즐길 수 있다.

"사물들을 이용하여 그것들을 가능한 만큼 즐기는 것은(그러나 구역질이 날 정도까지는 아니다. 왜냐하면 구역질은 즐거움이 아니기 때문이다) 현자에게 적합하다. 나는 다음과 같이 말한다. 즉 알맞게 요리된 맛있는 음식과 기분 좋은 음료, 달콤한 향기, 푸른 식물의 아름다움, 장식, 음악, 운동 경기, 연극 그리고 다른 사람을 해치지 않고 각자가 이용할 수 있는 이와 같은 종류의 것으로 자신을 상쾌하게 하며 원기를 북돋우는 것은 현명한 사람에게 어울린다."

— 『에티카』, 4부, 정리45, 주석

나아가 선과 악이라는 가치의 상대성은 진정한 선을 감정과 관련하여 더 정확히 규정하게 해준다.

"우리의 모든 행복과 불행은 오직 우리가 사랑을 통해 천착하는 대상의 질(質)에 달려 있다."

— 『지성개선론』, 9절

사랑은 사멸하지 않아서, 즉 상대적이지 않아서 슬픔도 불안도 미움도 일으키지 않는 대상, 즉 "정신을 순수한 기쁨으로 양육하는 영원하고 무한한 대상"(『지성개선론』, 10절)으로 향해야 할 것이다. 이제 추구해야 할 선이 명확히 제시된다. 수동적 감정 상태에 빠졌던 본성보다 우위의 본성, 즉 모든 이에게 공통적이어서 모든 이가 공유할 수 있는 영원하고 무한한 대상과 사랑을 통해 결합할 수 있는 본성을 타인들과 함께 획득하는 것이다.

이처럼 새로운 삶을 계획하는 욕망 주체는 치유 불가능해 보이던 병적 상태로부터 해방되기 시작한다. 최상의 기쁨을 획득하려는 계획을 거스르는 장애물을 내포하지 않는 선의 추구에 자신을 맡기기로 했기 때문이다. 하지만 이런 선이 이미 눈앞에 구체적인 모습으로 주어졌다고 할 수는 없다. 경험적 선을 상대화하는 데 성공했다면 이제는 욕망의 목표로 제시된 선을 절대화해야 한다. 이를 위해 우선 자신을 진리로 파악함으로써 선의 진리에 다가갈 수 있는 정신을 갖춰야 한다. **지성**을 **개선**해야 할 과제가 주어진다.

지성의 개선

이제 욕망 주체가 실현해야 할 일은 자기 존재와 외부 세계의 상대성에 다시 빠지는 것이 아니라 거기서 절대성을 발견하는 것이다. 사물들의 상대성을 알아볼 수 있다는 것은 우리의 정신이 어떤 근원적 힘, 즉 실재적이고 참된 것을 이해할 힘을 갖추고 있다는 것을 의미한다. 비록 인식 대상이 아직 전면적으로 밝혀진 것은 아니더라도 참된 관념이 인간에게 내재되어 있다고 말할 수 있겠다. 지성의 개선은 최소한의 진리를 소중히 간직하고 그 적용 영역을 최대한 확장하는 데 있다.

물론 극단적 회의론은 일말의 진리도 존재하지 않으며 인간은 최소한의 이해 능력도 없다고 주장한다. 회의론자의 논거는 일종의 **무한정한 역진**에 기반을 둔다. 즉 어떤 인식은 또 다른 인식을 가정하며 이 인식 역시 또 다른 인식을 가정하며, 그렇게 무한히 계속된다는 것이다. 따라서 회의론에 의하면 우리가 여러 다른 도구를 만들 첫 번째 도구를 만들 능력이 전혀 없는 것처럼 인간은 일말의 진리도 소유할 수가 없다.

> "이는 물질적 도구의 문제와 같다. 왜냐하면 무엇인가를 만들려면 망치가 있어야 하고 망치를 가지려면 그것을 만들어야 하기 때문이다. 이를 위해서는 또 다른 망치와 다른 도구들이 필요하며 이것들을 가지려면 또 다른 도구들이 있어야 하고 이렇게 무한히 계속되는 것이다. 그러나 이런 추리를 통해 인간이 무엇을 만들 아무런 수단도 없다는 사실을 증명하려는 것은 헛된 일이다."
>
> —『지성개선론』, 30절

스스로 절대적 회의론자이고자 하는 이들은 첫 번째 참된 관념의 실재를 뿌리부터 거부하는 것이다. 그러나 이는 그들이 아무것도 알기를 원하지 않으며, 심지어 그들이 모른다는 것조차 알기를 거부함을 인정하는 것이다. 이런 이들과 무엇을 논한다는 것은 불가능한 일이다. 왜냐하면 그들은 자신들의 담론 자체를 이해하지 못하며 남이 그들에게 증명하는 것도 이해하지 못하기 때문이다. 간단히 말해 그들은 자기 자신을 이해하지 못하는 사람들이다. 따라서 절대적 회의론자들은 절대적 침묵 속에 소멸하든가, 아니면 "정신이 전적으로 결여된 기계들"(『지성개선론』, 48절)로 여겨질 수밖에 없다.

하지만 여기서 인식 대상의 본성이 지닌 모든 의미, 그리고 그 존재론적 의미를 인식해야 한다는 것은 아니다. 오히려 최소한의 사실, 즉 우리는 참된 관념을 가지고 있으며(habemus ideam veram) 이 진리는 확고부동한 것으로서 우리의 근원적 이해 능력을 표현한다는 점을 잊지 말아야 한다는 것이다. 예를 들어 2/4＝3/x라는 등식에서 6이 네 번째 수라는 것을 아는 경우를 생각해보자. 이것을 누군가에게 들어서 알 수도 있고, 기억을 통해서, 혹은 우연히 계산을 해보다가, 혹은 수의 비율에 대한 인식을 통해 알 수도 있을 것이다. 그러나 **비율** 자체의 진리는 지성의 즉각적 행위에 의해서만 이해될 수 있다. 이 즉각적 행위를 통해 지성은 지성 자신을 진리로 파악함과 동시에 비율성의 진리를 진리로 보는 것이다. 따라서 정신은 관념의 형상을 지성의 본성이 지닌 힘에 달려 있는 관념 자체에서 보아야 하며 관념의 대상, 혹은 사유의 외부에 있는 어떤 것을 관념의 진리의 원인으로 인식해서는 안 된다. 즉 지성의 힘 자체가 진리의 실재적 원인인 것이다. 참된 관념의 실재적 원인은 우리의 이해 능력이다.

예를 들어 우리는 원의 관념이 종이에 그린 원주나 중심을 실제로 갖지 않는 것처럼 원의 참된 관념을 그 대상인 실제의 원과 구분하여 생각할 수 있다. 따라서 원의 관념과 원을 동시에 고찰할 수 있는 것이다. 원의 관념과 원은 두 개의 구분되는 대상이 된다는 것이다. 원이 하나의 실재적 본질로서 관념의 대상인 것과 마찬가지로, 원의 관념 역시 하나의 실재적 본질로서 다른 관념의 대상이 될 수 있으며, 이것 역시 또 다른 관념의 대상이 될 수 있는 식으로 무한히 계속될 수 있다. 관념과 그 관념 대상이 서로 구분되는바, 지성은 각 관념에 대한 확실성을 갖기 위해 외부의 규범을 요청하지 않고, 근원적 이해 능력을 통해 자신의 존재를 참된 관념 자체와 동일시할 수 있다. 즉 지성 자체가 참된 관념이자 확실성인 것이다.

> "알기 위해서 내가 알고 있다는 것을 알 필요는 없으며, 내가 알고 있다는 것을 안다는 것을 알 필요는 더더욱 없다. 삼각형의 본질을 이해하기 위해 원을 이해할 필요가 없는 것처럼 말이다."
>
> ―『지성개선론』, 34절

최소한의 진리는 그 자체로 지성의 내부에 나타나기 때문에 완전히 소멸되지 않는다. 그러나 진리는 외부 사건이나 인간 정신의 나약함에서 오는 편견에 의해 끊임없이 은폐될 수 있다. 철학적 탐구의 방법은 진리를 보호하고 정신을 **내적 성찰**로 인도하기 위한 것이다. 스피노자의 방법은 심리적인 것이지 논리적인 것이 아니다.

> "방법은 추론을 하려는 것이 아니다. 방법은 의식을 일깨우고 자각을 유도하려는 것이다. 내적 성찰을 함으로써 아직 모호하게 남아 있는 중심점의 주변으로 주의를 돌려 그 주위를 밝힘으로써 중심점을 명확히 드러내는 것이 최상의 일이 아니겠는가?"*

---

* 다르봉(A. Darbon)의 훌륭한 저서를 볼 것. A. Darbon, *Etudes spinozistes*(스피노자 연구), pp.38~39.

진리의 규범은 작동 중에 있는 지성의 내부에 있는 것이므로 방법은 진리를 인정하게 해주는 외부 규범이나 정신으로 하여금 사물들과 그 원인들의 이해를 가능케 하는 규범을 구성하지 않는다. 방법은 **반성적 인식** 또는 **관념의 관념**에 다름 아니다. 달리 말하면 방법은 "정신을 참된 관념의 규범에 따라 인도하는"(『지성개선론』, 38절) 데 있다. 방법의 역할은 정신에게 보조적 규칙들을 제공하고 "무용한 탐구로 힘을 잃지 않도록"(『지성개선론』, 37절) 잘못된 길을 피할 수 있게 도와줌으로써 완전성을 향한 정신의 여정을 동반하는 것이다.

참된 관념에 대해 성찰한다는 것은 참된 관념을 순수한 형태로 유지하고 그 작동 영역을 확장함으로써 그것을 참된 관념이 아닌 것과 구분하는 것이다. 참된 관념과 참되지 않은 관념의 분리를 위해서 필요한 것은 **주의력**이다. 스피노자는 참된 관념과 참되지 않은 관념, 특히 허구 관념의 구분을 분석할 때 계속하여 주의력이라는 용어를 사용한다.(『지성개선론』, 50, 56, 57, 62, 64, 65절) 『지성개선론』에 대한 상세한 해설서를 집필한 루세(Bernard Rousset)는 주의력에 대해 훌륭한 정의를 제시한다.

"내적 반성의 첫 번째 그리고 자발적 형태, 즉 연역적 인식의 시작과 단절 없는 진행에 있어서 지성의 본래적 힘의 발전은 '주의력', 즉 관념의 관념 자체에 다름 아니다."*

---

*　　Bernard Rousset, *Traité de la réforme de l'entendement*(지성개선론), Introduction,

주의력을 통해 또한 정신은 참되지 않은 관념을 자동파괴로 이끌 수 있다. 하지만 참되지 않은 관념을 완전히 외적인 자료로 간주하고 진리의 밖으로 전적으로 추방하자는 것은 아니다. 참되지 않은 관념이 생겨난 근원으로 파고들어서 그것이 내포한 긍정의 부분을 파악해야 한다.

"참된 방법은 진리와 거짓을 구분된 두 사물로 나누기보다는 거짓됨을 무로 환원함으로써 진리만을 남게 하는 것이다."[*]

실제로 허구 관념이나 거짓 관념은 그 필연성이나 불가능성이 증명되지 않은 한 우리의 정신을 점유하려는 힘과 참된 관념을 대체하려는 성향을 가진다. 이 점은 스피노자의 철학 전반을 이해하기 위해 중요한 내용이다. 만물은 신으로부터 힘을 부여받기 때문에 상상조차도 스스로를 긍정하려는 성향을 지닌다. 진리를 인식하는 이와 인식하지 못하는 이의 차이는 전자는 상상의 메커니즘을 알고 있고 후자는 자신이 상상하고 있음을 모르고 있다는 데 있다. 태양에 대한 과학적 지식이 없는 농부는 태양이 축구공이나 접시만 하다고 생각할 것이다.

texte, traduction et commentaire, p.300.

[*] 보스(G. Bosse)의 세밀한 분석을 볼 것. G. Bosse, *Méthode et doctrine dans le Traité de la réforme de l'entendement*(『지성개선론』에 있어서 방법과 이론), *Studia Spinozana*, vol.2(1986), pp.93~108, p.102.

"우리는 태양을 볼 때 태양이 여기서부터 약 200피트 떨어져 있다고 생각한다. 이 오류는 그런 생각 자체에 있지 않고 우리가 태양을 상상할 때 태양의 참다운 거리와 함께 우리의 상상의 원인을 모르는 데서 성립한다. 왜냐하면 후에 우리가 태양은 지구 지름의 600배 이상이나 떨어져 있다는 것을 인식한다고 할지라도 여전히 우리는 태양을 가까이 있다고 생각할 것이기 때문이다. 우리가 태양의 거리를 모르기 때문이 아니라, 우리 육체의 변용은 육체 자체가 태양의 자극을 받는 한 태양의 본질을 포함하기 때문에 우리는 태양을 그처럼 가까이 있다고 상상한다."

— 『에티카』, 2부, 정리35, 주석

설명도 없이 허구 관념이나 거짓 관념을 논박하는 것은 아무 소용도 효과도 없다. 그보다는 이 관념들이 온전한 의미를 실제로 창출해낼 수 있는지, 그것들이 표현하려는 의미의 구성 요소들이 과연 이해 가능한 개념을 형성할 수 있는지, 그리고 외부 규범에 의존하지 않고도 개념적 자율성을 토대로 확립되는지, 간단히 말해 이 관념들이 자기 부정을 내포하지 않은 채 인정되는 것은 아닌지 주의 깊게 생각해보아야 한다.

예를 들어 구(球)의 개념이 형성되는 과정을 보자. 구는 반구(半球)가 중심을 한 바퀴 완전히 회전함으로써 생기는 도형이라고 할 수 있다. 이렇게 해서 구가 실제로 생긴다는 사실을 거짓되다고 할 수는 없다. 왜냐하면 반구의 완전한 회전은 구를 생겨나게 하기 때문이다. 이렇게 형성된 구의 개념은 분명 명석 판명한 관념이다. 그러나 구의 개념이 형성되는 과정을 주의 깊게 살펴보면 여기에는 불법 침입이 있다는 것을 발견할 수 있다. 반구의 회전 운동은 어디에서 왔는가? 회전 운동은 반구의 개념에 전혀 포함되어 있지 않은 개념이 아닌가? 회전 운동은 자의적으로 개입된 것이다. 따로 떼어 고찰할 경우 회전 운동의 긍정은 거짓이지만, 거기에 구의 개념이 개입되어 회전 운동의 개념에 생명력을 부여할 경우는 참된 관념일 수 있다. 달리 말해 하나의 동일한 관념이 전체적으로 고찰되었느냐, 아니면 단절된 방식으로 고찰되었느냐에 따라 참일 수도 있고 거짓일 수도 있다. 관념들을 그 개념적 적합성과 함께 긍정하도록 정신을 인도하는 것은 다름 아닌 주의력이다. 정신의 내부에는 이미 진리와 거짓의 경계가 세워져 있으며 함부로 이 경계를 넘지 않도록 주의해야 하며 우발적 요소들이 마치 개념적 형태를 가진 것처럼 정신 속에 응고되지 않도록 해야 한다. 『에티카』의 한 구절(2부, 정리28, 증명)에 의거하여 말하자면, 이런 점을 주의할 때 우리의 정신은 **전제 없는 결론**(consequentiae absque praemissis)에 빠지지 않을 수 있는 것이다. 물론 『에티카』에서는 이 표현이 더욱 넓고 깊은 맥락에서, 즉 육체와 상상에 대한 존재론적 고찰을 토대로 사용되지만, 이미 우리는 관념이 추상적으로 변질되어가는 위험을 이 표현에 따라 지적할 수 있다.

요컨대 가장 큰 위험은 추상이다. 추상은 몇몇 요소들을 마치 그것들이 독립적 전체인 것처럼 고립시켜 간주함으로써 자율적인 개념으로 확립한다. 추상적 일반화에는 감각, 상상, 언어, 공간성, 시간성, 기억 등 지성의 힘 자체에 속하지 않는 모든 것이 기여할 수 있다. 하지만 이 요소들을 설명 없이 그대로 진리의 영역 밖으로 내모는 것은 효력이 없다. 이 요소들의 관념들을 단순 관념으로 분해하여 그 진리를 이해함으로써 더 광범위한 개념에 통합시켜야 한다. 이런 식으로 진리가 된 관념들은 지성을 실재적 원인으로 갖게 되며 지성의 활동 또는 특성들이 되는 것이다. 이렇게 지성이 자신 안에서 진리의 원천을 갖는 행위들 또는 특성들과 함께 진리로서 표현될 때 지성이 **교정** 또는 **개선**되었다고 말할 수 있다. 개선된 지성은 그 자체로 진리의 규범이다. 지성은 다른 어떤 보증에 의거하지 않고 유일한 **규범**으로서 자신 안에서 자신이 발견하는 것만으로써 스스로에 의해 자신을 드러내고 구축한다.

"바로 나 자신인 관념 속에서 나는 진리를 위해서든 선을 위해서든 나의 유일한 규범인 것이다."*

지성은 자기 자신에 의해, 말하자면 자신에게 고유하게 속해 있는 행위들이나 특성들에 의해 정의된다. 그런데 지성이 진리의 규범 자체라면 지성은 또한 진리에 대한 최상의 규범, 즉 최상의 참된 관념을 구상할 수 있다. 이는 정신이 할 수 있는 가장 풍요로

*   Bernard Rousset, *Traité de la réforme de l'entendement*(지성개선론), Introduction, texte, traduction et commentaire, p.45.

운 행위일 것이다.

"관념들이 표현하는 대상의 완전성이 더욱 클수록 그것을 표현하는
관념들도 더욱 완전하다. 우리는 웅장한 사원을 구상한 설계자에게
감탄하는 것만큼 작은 예배당의 설계자에게 감탄하지는 않는다."

— 『지성개선론』, 108절

웅장한 사원이 상징하는 것은 무엇인가? 그것은 가장 완전한
절대존재이다. 앞에서 우리는 참된 것으로서 주어진 하나의 관념
은 무한정한 역진 속에서 길을 잃기보다는 참된 관념들의 연합을
형성한다는 것을 보았다. 하나의 실재적 본질로서의 참된 관념은
다른 관념의 대상이 될 수 있으며 이 관념은 다시 또 다른 관념의
대상이 될 수 있다. 그리고 이런 식으로 무한히 진행된다. 따라서
참된 관념은 확실성 자체를 구성하는바, 하나의 사물 혹은 이 사
물의 실재적 본질을 진정으로 인식하려면 그것의 참된 관념을 갖
는 것으로 충분하다. 이렇게 하나의 아무런 참된 관념에서 출발
하여 그로부터 진리의 탑을 쌓을 수 있다면 가장 포괄적이고 가
장 광범위한 참된 관념에서 출발하는 것은 지극히 풍요로운 일일
것이다. 달리 말하면, "좋은 방법은 어떻게 정신을 참된 관념의 규
범에 따라 인도하는지를 제시하는 방법이기" 때문에 자연적으로
우리는 다음과 같이 말할 수 있다.

"가장 완전한 절대존재의 관념에 대한 반성적 인식은 다른 모든 관념

들에 대한 반성적 인식보다 우월할 것이다. 달리 말하면 가장 완전한 방법은 어떻게 정신이 가장 완전한 절대존재의 관념의 규범에 따라 인도되어야 하는지를 제시하는 방법일 것이다."

— 『지성개선론』, 38절

스피노자의 이런 사유 방식은 『지성개선론』 곳곳에서 드러난다. 특히 42절에서는 다음과 같이 명확히 말한다.

"우리의 정신이 자연의 상(像)을 표상하려면 정신은 자연의 기원과 원천을 표상하는 관념으로부터 그의 모든 관념들을 산출해내야 한다. 그렇게 이 관념 자체가 다른 모든 관념들의 원천이 될 것이다."

지성, 즉 정신의 참된 사유는 사유의 내부에서 진리의 형상을 발견할 수 있으므로 우리는 또한 다음과 같이 말할 수 있다.

"지성이 전혀 존재하지 않았던 하나의 새로운 대상을 지각하고(어떤 이들은 이런 식으로 신이 사물들을 창조하기 전의 신의 지성을 구상하며, 이 경우 지각의 기원은 외부 대상이 아니다) 이 지각으로부터 합법적으로 지성이 다른 사유들을 연역해낸다고 가정할 때, 이렇게 연역된 다른 사유들은 모두 참된 것이고 어떠한 외부 대상에 의해서도 규정되지 않을 것이며 오로지 지성의 힘과 본성에만 의존할 것이다."

— 『지성개선론』, 71절

이런 식으로 정신은 참되지 않은 관념들로부터 자신을 구분하고 나아가 이 관념들을 적합한 관념들로 변형시켜 자기 존재의 구성요소로 만듦으로써 결국 최상의 참된 관념을 형성하게 되며 최상의 관념을 유일 원리로 간주하고 그로부터 다른 모든 참된 관념들을 연역해낼 준비를 갖추게 된다. 이는 물론 모든 관념들의 연쇄를 통해 전체적 질서를 형성함으로써 "자연의 실재적 구조를 그 전체와 부분들까지 관념적 대상으로서 재현하기"(『지성개선론』, 91절) 위해서이다.

여기서 **자연의 실재적 구조의 재현**이라는 표현에 주목해야 한다. 즉 연역을 위해 요청된 유일 원리는 다른 모든 실재적 존재들을 산출하는 제1원인이어야 한다. 제1원인으로부터 결과들의 전체적 연역이 진행되어야 하며, 이 연역 과정에서 정신은 마치 **정신적 자동기계**처럼 인과적으로 규정된 법칙을 따라 작동해야 한다. 그리고 **실재**에 관한 연구를 실행해야 하기 때문에 인과적 연역은 제1원인의 본질을 표현하는 관념으로부터 출발해야 하며, 무한히 많은 사물들 일반에 정확한 구분 없이 적용될 수 있는 제1원인의 몇몇 특성들이나 공리들을 추상적으로 표현하는 관념으로부터 출발해서는 안 된다. 제1원인의 관념이 충만한 적합성과 함께 형성되어 개별적 사물들의 실재까지도 고찰하게 해줄 진정한 기초를 제공할 때 그것은 진정하고 합법적인 정의(定義)가 된다. 올바른 정의의 조건은 무엇인가?

존재의 체계를 향하여

지성은 참되지 않은 관념들과 자신을 구분하고 그것들을 참된 관념들로 변형시키는 행위를 자신에 통합하면서 진리의 규범인 자신의 힘을 근거로 최상의 규범을 형성한다. 이제 지성의 임무는 올바른 정의를 구성하는 것이다. 절대존재의 합법적 정의로부터 연역이 출발할 때 지성은 절대존재의 "본질, 질서, 그리고 통일성을 관념적 대상으로"(『지성개선론』, 99절) 소유할 것이다.

진정한 정의는 정의된 대상의 내밀한 본질을 명확히 드러내야 하며, 그 몇몇 특성을 표현하는 것으로 만족해서는 안 된다. 이런 요청은 절대존재에게도 개별존재들에게도 모두 적용된다. 정신이 앞으로 해나가야 할 작업은 인과적 연역이므로 연역의 출발점인 정의는 인과성을 표현해야 한다. 정의를 통해 표현된 본질로부터, 정의된 대상의 모든 특성이 그 결과로서 도출되어야 하는데, 이는 한 대상의 특성들은 그 인과적 본질의 인식을 통해서 비로소 이해될 수 있기 때문이다. 정의를 위한 이런 조건이 지켜지지 않고 대상이 그 몇몇 특성을 통해 정의될 경우 이 대상의 인식은 쉽사리 추상적 인식으로 변할 수 있으며, 그 본질적 진리는 부분적이고 단절적인, 간단히 말해 비적합한 형태로 변질될 수 있다. 이는 결국 어느 한 순간에 연역 작업을 중지시키는 결과를 낳는다. 다음과 같은 방식으로 원을 정의한다고 가정해보자.

"원은 중심에서 원주까지의 직선들의 길이가 동일한 도형이다."

반지름들의 동일성에 근거한 이 정의는 원의 본질을 표현하지도 못하며 원의 구성요소들의 개념적 종합을 실현하지도 못한다. 중심의 관념과 원주의 관념은 이미 원이라는 도형을 가정할 때 비로소 생각할 수 있다. 따라서 위의 정의는 원의 본질을 명확히 드러내기보다는 원의 특성들 중 하나, 즉 반지름들의 동일성을 표현할 뿐이다. 이와 달리 원을 다음과 같이 정의해보자.

"원은 직선의 한 끝은 고정되고 다른 한 끝이 회전하여 생기는 도형이다."

이 경우 원의 **발생** 자체가 설명된다. 이 정의로부터 즉각적으로 원의 특성인 반지름들의 동일성이 도출되는 것이다. 즉 참된 정의는 인과적·발생학적 정의여야 한다. 개별존재들의 경우 인과적 정의는 그것들을 근접 원인을 통해 설명하여 그들의 특성을 도출해내야 한다. 왜냐하면 결과의 인식은 원인의 인식에 의존되기 때문이다. 다만 절대존재의 경우는 대상의 정의로부터 그것의 모든 특성이 도출될 수 있어야 한다는 조건 외에 덧붙여야 할 것이 있다. 왜냐하면 원인을 요청하는 개별존재의 정의가 아니라 유일하고 무한한 절대존재, 즉 그 존재의 외부에 아무것도 존재할 수 없는 존재, 즉자적으로 존재하는 대상, 즉 **자기원인**(causa sui)의 정의가 관건이기 때문이다. 절대존재는 자기 본질만을 통해 이해되어야 한다. 이를 위해서 두 가지 조건이 충족되어야 한다.

"I. 정의는 모든 원인을 배제한다. 즉 설명되기 위해 자신의 고유한 존재 외에 다른 어떤 것도 필요로 하지 않아야 한다.

II. 정의가 주어지면 정의 대상에 대해 그것이 현존하는가라는 질문의 여지가 없어야 한다."

— 『지성개선론』, 97절

곧 살펴보겠지만 스피노자는 그가 "나의 철학(mea Philosophia)"이라 명명한 『에티카』를 자기원인의 정의로 시작한다.

"나는 자기원인이란 그것의 본질이 현존을 포함하는 것 또는 그것의 본성상 현존한다고 생각할 수밖에 없는 것으로 이해한다."

— 『에티카』, 1부, 정의1

가장 완전한 절대존재의 정의는 주어진 원인의 원인을 다시 요청하는 무한정한 역진에 빠지면 안 된다. 절대존재의 정의는 원인 없는 원인, 즉 자기원인을 표현해야 한다. 절대존재의 정의는 그 유일한 특성으로 인해 가장 명석하고 가장 판명한 개념, 즉 가장 적합한 개념이어야 한다. 요컨대 가장 완전한 절대존재의 관념은 절대진리 자체를 구성함으로써 절대존재가 만물의 원인이듯이 절대존재의 관념적 본질은 모든 참된 관념들의 원인이 되는 것이다. 존재의 전체적 설립을 위한 존재론 체계는 절대존재의 관념에서 연역적으로 출발해야 한다.

———

철학적 반성은 삶의 문제로부터 시작되며 경험적 선들의 상대성에 대한 의식을 통해 참된 관념을 획득하고 그 영역을 넓혀 가는 것이 지성의 교정 절차이다. 지성 교정의 궁극적 결과는 절대존재의 참된 관념, 즉 자기원인의 정의를 내리는 데 있다. 실제로 스피노자의 존재론이 규명되는 『에티카』는 자기원인의 정의로부터 시작한다. 존재론을 통하여 구체적으로 밝혀질 것은 무엇인가? 『지성개선론』에서도 이미 어떤 방식으로 인간이 경험적 선에서 해방되는지 제시했고 정신은 절대존재를 향해야 한다는 사실을 어느 정도 명확히 밝혔다.

스피노자는 경험적 선의 예로 쾌락, 부, 명예를 꼽는다. 물론 이는 스토아학파에서 이미 제시한 윤리적 구도이나 독특한 의미가 있다. 『지성개선론』에서 제시된 쾌락, 부, 명예에 대한 분석은 지극히 간결하며, 우리가 앞서 살펴보았듯이 『에티카』에서 수동적 감정 상태의 형태 아래 깊이 있게 다시 다루어진다. 『에티카』는 『지성개선론』에서 전혀 고찰의 대상이 되지 않았던 육체의 문제를 존재론을 통해 규명함으로써 육체와 정신의 복합적 관계가 규명되는 상상론, 감정론, 인식론, 윤리학을 정립한다. 『에티카』에서는 인간이 경험적 선에 집착하는 이유가 발생학적으로 제시되는 것이다. 스피노자에 따르면 욕망 주체의 정신은 육체의 관념이기 때문에, 상상, 인식, 감정, 행복, 자유 등 삶의 모든 측면은 육체의 분석을 통해 고찰되어야 하며, 나아가 육체와 세계의 관계가 지닌 제 양상까지 다룰 수 있는 물리학을 토대로 설명되어야 한다. 세계의 산출과 작동 방식, 인간 삶의 방식, 인간과 세계의 관계가 나타낼 수 있는 모든 것의 근거가 바로 만물의 근원인

신 즉 자연이다. 이제 욕망 주체는 자신을 총체적으로 인식하기 위해서 절대존재의 관념을 통한 총체적 연역에 지성의 힘을 적용시켜야 한다.

8.

존재론 기초: 실체와 속성

서양철학사에서 스피노자 철학이 끊임없이 논란이 되는 이유는 스피노자가 존재론적 원리의 초월성과 인간의 자유를 결부시킨 전통적 세계관과 인간관을 근원적으로 무너뜨리고 자연주의 존재론과 이에 따른 새로운 윤리를 제시하고자 했기 때문일 것이다. 서구에서 전통적으로 인정되어온 초월적 신은 자신이 자유롭다고 믿는 인간의 환상에 기인한 것이며 스피노자에게 진정한 행복은 초월적 신의 미신에서 탈피하여 자신을 보편적 자연 체계의 일부로서 인식하는 데 있다. 이런 자연주의적 관점은 단순한 견해 이상의 것으로 엄격한 보편 이성의 연쇄에 따라 치밀하게 기하학적으로 증명된다.

초월성을 원리로 삼는 서구의 전통 형이상학에 따르면 만물의 제1원인은 신을 향한 인간의 개방을 요청하는 최종 논의 대상이다. 반대로 스피노자에게 제1원인은 최초의 논의 대상이다. 오직 보편 이성을 통해서 제1관념에 내포된 모든 귀결을 파생시키는 것이 존재론의 길이다. 존재론 원리와 그 귀결의 점진적 동일화를 통해 총체적 연역 체계를 건립함으로써 욕망 주체를 지혜의 정점으로 이끌려는 것이 스피노자의 기획이다. 윤리학은 존재론을 요청하며 존재론은 개별존재들의 위상을 존재 질서에 정립함으로써 욕망의 문제를 내적으로 지원하고 존재 질서 안에 통합한다. 그러나 존재론과 윤리학의 종합을 위해서는 개별존재들의 조직을 파생하는 제1원인, 즉 만물의 원천과 기원을 검토해야 한다. 자기원인과 자기원인에 내포된 것을 연결하는 것이 선행 과제이다. 이런 전체적 관점에서 스피노자 존재론의 기초를 이루는 실체 개념, 실체와 동일시되는 신과 신의 속성들에 대한 개념을 살펴볼 필요가 있다.

스피노자의 존재론은 의지와 지성을 본질로 삼는 전통적 신의 개념과 대립되는 비인격적 자연신의 개념을 확립한다. 이를 위해 의지나 지성보다 상위의 원리인 무한한 속성들이 유일실체인 신에 통합된다. 각 속성은 신적 실체의 영원하고 무한한 본질을 표현하며 무한히 많은 속성들로 이루어진 신은 절대적 힘을 갖춘다. 그러나 각 속성이 신의 본질을 표현한다면 신에게 무한히 많은 속성을 귀속시키는 것은 환원될 수 없는 다수의 본질을 신의 내부에 들여놓는 것 아닌가? 서로 구분되는 무한히 많은 속성이 어떻게 유일실체를 분할하지 않고서 그 실체 안에 통합되는가? 만일 이 통합이 실현될 경우 속성들은 실체성을 상실하는 것은 아닌가? 요컨대 속성들의 다수성과 신적 실체의 단일성은 양립할 수 있는가? 몇몇 저명한 해석가는 때로는 속성을 실체 자체로 간주하고 때로는 신의 관념을 개입시키지 않고 속성과 실체의 관계를 규정하면서 난점에 봉착한다. 스피노자의 철학은 그의 존재론을 떠나서는 이해될 수 없으며 이 존재론은 실체와 속성의 관계를 해명할 때 파악되기 시작한다.

실체

존재 질서의 건립을 위해 수행해야 할 작업은 자연의 총체적 영역이다. 물론 스피노자가 실제적으로는 불가능한 전체적인 연역을 실현하고자 하는 것은 아니다. 그런 연역이 가능하기 위해서는 자연의 모든 부분을 인식해야 하기 때문이다. 필요한 것은 욕망 주체를 그의 목적으로 인도할 수 있을 만큼의 연역이다. 즉 인간 본성의 완전성을 획득하기 위해서는 "자연을 상당한 정도로 이해하는 것이 필요하다."(『지성개선론』, 14절)

여하튼 자연과 인간을 제대로 이해하기 위한 연역의 조건은 제1관념의 확실성을 갖는 데 있다. 연역은 제1관념의 원인, 그리고 그 원인의 원인으로 끝없이 이어지는 원인 체계를 요청해서는 안 된다. 연역은 즉각 정립된 제1관념에서 출발해야 한다. 연역의 시작은 제1원인, 즉 그 관념이 자신의 존재를 확립해줄 다른 관념을 요청하지 않는 원인이어야 한다. 이 원인의 관념은 그 본질 자체에 의해 인식되어야 하며 이 원인의 현존에 대해 의심의 여지가 없어야 한다. 진정한 연역의 출발점은 **자기원인**이어야 하는 것이다. 자기원인은 "그것의 본질이 현존을 내포하는 것 또는 본성상 현존한다고 생각할 수밖에 없는 것"(『에티카』, 1부, 정의1)으로 정의된다. 이렇게 정의된 존재가 다른 존재 안에 있거나 다른 존재의 인식에 의존된다는 것은 부조리하다. 자기원인은 자신 안에 존재하며 자신에 의하여 파악되어야 한다. 이로부터 자기원인의 관념은 실체의 관념, 즉 "자신 안에 있으며 자신에 의해 생각되는 것, (……) 그것의 개념을 형성하기 위하여 다른 것의 개념을 필요로 하지 않는 것"(『에티카』, 1부, 정의3)의 관념과 일치한다. 자기원인은 실체와 동일시된다.

"자기원인인 것은 그 정의 자체로 실체이다. (……) '자기원인'과 '실체' 두 관념의 접근은 개념과 존재가 진리와 실재의 융합 속에서 결합되어 있다는 것을 이해하게 해준다. 절대적으로 실재적인 것은 자기 자신을 산출하는 것이고 자기 자신을 산출하는 것은 자기 자신을 설명하는 것이며 자기 자신을 설명하는 것은 절대적으로 참된 것이다."[*]

그런데 진정한 정의는 한 존재를 정의함으로써 그 모든 특성을 도출해낼 수 있는 발생학적인 정의이다. 실체의 정의가 형성되었을 때 이로부터 실체의 모든 특성이 따라 나와야 한다. 우선 실체는 다른 어떤 것에 의해서도 제한될 수 없다. 실체에 제한을 가한다거나 실체의 조건이 될 어떤 것을 가정하는 것은 일종의 인과성을 인정하는 것이고 이는 실체가 자신 안에 존재하지 않으며 자신에 의해 생각되지 않는다고 말하는 것이다.

실체가 모든 관계를 떠나 있다면 어떻게 실체를 인식할 것인가? 물론 실체적 존재는 인식 주체와 직접적으로 관계하지 않는다. 실체는 자신 안에서만 스스로를 규정하며 다른 어떤 존재에 의해서도 규정되지 않기 때문이다.

"모든 규정은 부정이다."

— 『스피노자 서간집』, 서신50

---

[*]   Victor Delbos, *Le problème moral dans la philosophie de Spinoza et dans l'histoire du spinozisme*(스피노자의 철학과 그 역사에서 도덕의 문제), p.25.

실체가 무엇인지 파악하려면 한 사물은 그것을 제한하지 않으면서 표현하는 어떤 속성을 통해 생각된다는 점을 고려해야 한다.

"존재로서의 절대존재는 그 자체로는 실체로서 인간과 관계하지 않는다. 따라서 절대존재는 생각에 의한 구분을 통해서만 자신과 구별되는 어떤 속성을 통해 설명되어야 한다."

— 『형이상학적 사유(Cogitata Metaphysica)』, 1부, 3장

달리 말하면 실체는 실체를 그 자체로 규정하는 어떤 속성을 통해 파악되어야 하고, 이런 속성은 실체와 동질적이어서 실체의 존재를 표현해야 하며, 이 때문에 실체의 존재가 제한되어서는 안 된다. 이것이 속성의 역할이다. 속성은 "지성이 실체에 관하여 그 본질을 구성하고 있다고 지각하는 것"(『에티카』, 1부, 정의4)으로 정의된다.

여기서 실체와 속성의 관계에 **지성**(intellectus)이 개입되어 있는 것을 볼 수 있다. 그러나 지성이 실체에 무엇인가를 첨가하거나 속성이 지성의 산물이라는 것은 아니다. 실체가 그 자체로는 자신 안에서만 생각되며, 따라서 인식 주체가 실체를 생각할 수 있는 것은 속성의 매개를 통해서일 뿐이라면 인식 주체는 실체를 있는 그대로 파악할 수 있는 지성을 갖추어야 한다. 지성을 통해 긍정되는 실체의 실재적 특성을 통해 인식 주체는 실체를 그 자체로 인식하고 식별할 수 있는 것이다. 이 논의의 의미는 『에티카』 5부에서 제시되는 지성의 정확한 본성이 규정될 때 비로소

이해될 것이다. 추후 스피노자의 윤리학을 세밀하게 분석한 후에 드러나겠지만, 『에티카』는 순환적인 책이다. 『에티카』 1부에서 곧바로 2부로 가기보다는 2부에서 5부로 나아가고 5부에서 1부로 다시 돌아오는 것이 스피노자 철학을 이해하기 위한 열쇠이다. 『에티카』에 대해 다섯 권의 기념비적 해설서를 출간한 마슈레(Pierre Macherey)는 1부 「신에 대하여(de Deo)」와 5부 「자유에 대하여(de Libertate)」의 순환성을 강조한다.

> "「자유에 대하여」는 결국 「신에 대하여」의 내용과 거기서 도출된 모든 귀결을 다시 취한 것에 지나지 않는다. 끝나는 곳에서 시작하는, 혹은 시작하는 곳에서 끝나는 『에티카』는 그 자체로 재독(再讀)의 시각에 맡겨지는 텍스트이다."*

지성이 사물을 있는 그대로 파악하는 활동이라는 점을 우선 염두에 두고 실체와 속성의 관계를 계속 살펴보자. 속성이 실체의 식별 원리라는 점을 스피노자는 설명한다. 자신 안에 존재하고 자신에 의해서 생각되는 실체와 달리 양태는 다른 존재 안에 있으며 또한 다른 존재에 의해 생각되는 것이다. 달리 말하면 자연에는 (만일 여러 개가 존재한다면) 실체들과 그 변용들, 즉 양태들만이 존재한다. 왜냐하면 존재하는 모든 것은 자신 안에 존재하

---

* Pierre Macherey, *Introduction à l'Ethique de Spinoza. La cinquième partie: les voies de la libération*(스피노자의 『에티카』 입문. 5부: 해방의 길), p.176.

거나 다른 것 안에 존재하기 때문이다. 그런데 그 자체로서 고찰된 실체는 자신 안에서만 규정된다는 의미에서 비-규정적이기 때문에 우리는 실체를 다른 실체와 구분할 도리가 없다. 따라서 실체가 다른 실체와 구분될 수 있다면, 그리고 (실체는 본성상 변용들에 선행하므로) 그 변용들과 무관하게 고찰될 수 있다면 실체의 구분 원리는 속성일 수밖에 없다.

> "자연 안에는 동일한 본성이나 속성을 가지는 둘 또는 다수의 실체가 존재할 수 없다."
>
> ─『에티카』, 1부, 정리5

실체가 속성에 의해서만 식별된다는 것은 동일한 본성이나 속성을 가진 실체는 하나만 존재한다는 것을 의미한다. 어떤 하나의 속성에 의해 규정되는 실체는 다른 어떤 속성에 의해 규정되는 다른 실체와 아무 공통점도 가지지 않을 것이기 때문이다. 이로부터 동일한 속성의 실체는 하나만 존재한다고 결론 내려야 한다.

그러나 각기 다른 속성을 지닌 여러 실체가 존재하는지, 그리고 하나의 실체가 여러 속성을 가질 수 있는지 여부는 동일한 속성을 가진 실체의 유일성을 통해 결정할 수 있는 것은 아니다. 지금까지 확립된 사실은 실체는 자신 안에 존재하며 자신에 의해 생각된다는 것, 따라서 한 실체를 특징짓는 어떤 속성은 다른 속성들과 실제로 구분된다는 것, 이 다른 속성들은 (만일 여러 실체들이 존재한다면) 다른 실체들을 특징지을 것이며, 결국 동일한 속성의 실체는 하나밖에 없다는 것뿐이다. 그러나 이 사실로부터 우리는 이미 실체의 특성들을 도출해낼 수 있다.

　우선 자기원인과 실체의 동일성은 실체가 다른 실체로부터 산출될 수 없다는 점을 내포한다. 그렇지 않다면 두 실체에 해당하는 속성들은 서로 간에 인과성을 가져야 하는데 이는 속성들의 구분에 위배되기 때문이다. 그런데 실체는 다른 실체로부터 산출될 수 없는 자기원인이므로 본성적으로 존재할 수밖에 없다. 따라서 실체는 필연적으로 존재한다. 실체는 또한 무한하다. 실체가 유한하려면, 즉 자신과 동질적인 어떤 것에 의해 제한을 받으려면 동일한 속성의 다른 실체가 주어져야 하는데, 그런 실체는 존재하지 않는다. 따라서 속성들의 실제적 구분을 통해 실체의 필연적 현존, 비인과적 특성, 무한성이 확립된다. 나아가 실체의 현존은 실체의 본질과 더불어 하나의 영원한 진리라고도 말할 수 있겠다. 왜냐하면 실체의 관념 자체가 실체의 현존을 내포하며 실체의 현존은 실체의 본질 자체로부터 나오기 때문이다.

　그러나 명확히 밝혀지지 않은 점이 있다. 한편으로 한 실체가 속성에 의해 다른 실체와 구분된다면 한 실체가 다수의 속성을 가질 수 있는가? 이 점은 긍정되지도 부정되지도 않았다. 사실 『에티카』 1부의 첫 번째 정리들(1~8)에서 사용되는 용어법이 모호하다는 것은 인정해야 한다. 때로는 실체가 단수형으로, 때로는 복수형으로 나타나며 그것들이 가설적 표현인지 단정적 표현인지 분간하기 힘들기 때문이다. 그러나 단 하나의 속성으로 규정된 실체가 증명과 함께 정리로 나타나는 곳은 어디에도 없다.

스피노자는 한 편지에서 다음과 같이 말한다.

"만일 내가 각 실체가 단 하나의 속성만을 가진다고 말한다면 그것은 정리일 뿐이며 증명이 필요하다."

— 『스피노자 서간집』, 서신9

다른 한편으로 동일한 속성의 실체가 하나밖에 없다면 각기 다른 속성을 지닌 여러 실체들이 존재하는가? 이는 실체의 유일성과 실체들의 다수성에 관한 문제이며 이 문제 역시 해결되지 않았다. 그런데 철학체계의 건립을 위한 요청은 가장 완전한 절대존재가 만물의 기원과 원천이 되어야 하며, 절대존재의 관념이 모든 관념들의 기원과 원천이어야 할 정도로 근원적인 것이다. 모든 실재들을 나오게 하는 것은 절대적으로 유일하고 완전한 절대존재여야 한다. 자기원인은 실체와 동일시되었다. 그리고 비록 한 실체가 다수의 속성들을 가질 가능성과 각기 다른 속성을 지닌 여러 실체들의 존재 가능성에 대한 문제가 아직 미해결의 상태로 남아 있지만 실체는 비인과적으로, 그리고 무한한 것으로서 필연적으로 존재한다는 사실은 드러났다. 이런 문제들은 실체와 신이 동일시됨으로써 해명될 것이다. 신은 "절대적으로 무한한 존재, 즉 모든 것이 각각 영원하고 무한한 본질을 표현하는 무한한 속성으로 이루어진 실체"(『에티카』, 1부, 정의6)이다. 신의 관념에는 **실체**, **속성**, 그리고 속성의 기능 등 위에 제기된 문제를 해결할 모든 요소가 포함되어 있다. 이제 이 요소들이 신의 관념 속에 종합되어 실체가 신과 동일시될 수 있는지 살펴보아야 한다.

신과 신의 속성들

해결되지 않은 두 문제는 다음과 같다. 서로 환원될 수 없는 실체들의 다수성은 가능한가? 그리고 다수의 속성들이 한 실체에 속할 수 있는가? 스피노자는 신의 관점으로 논의를 상승시킴으로써 단번에 이 문제들을 해결한다. 실체의 유일성이 확보되는 것은 『에티카』 1부의 첫 정리들(1~8)에서 설명된 실체의 개념이 아니라 신의 개념에 의해서이다. 즉 신과 다른 모든 실체의 부정은 실체의 정의가 아니라 신의 정의에 의해 이루어진다. 구체적으로 스피노자는 속성 및 신의 관념과 관련하여 새로운 공리를 개입시킴으로써 두 번째 가능성을 인정하고 첫 번째 가능성을 부정한다. 사실 두 번째 가능성의 인정은 즉각적으로 첫 번째 가능성의 부정을 낳는다.

우선 스피노자는 한 실체가 다수의 속성들을 가질 수 있다고 인정한다. 실제로 실체 자체는 인식 주체와 직접적으로 관련하지 않으며, 속성의 매개를 통해서만 구분되고 규정될 수 있고, 속성은 지성이 실체의 본질을 구성하는 것으로서 지각하는 것이므로 우리는 다음의 명제를 하나의 공리로 생각할 수 있다.

"각각의 사물이 더 많은 실재성 또는 유(有)를 소유하면 할수록 그만큼 더 많은 속성이 그 사물에 귀속된다."

— 『에티카』, 1부, 정리9

이 정리의 증명은 단지 속성의 정의에 의거한다. 그리고 정리10의 주석도 별다른 증명 없이 다음과 같이 선언한다.

"각각의 존재자가 더 많은 실재성 또는 유를 가지면 가질수록 각각의 존재자가 필연성이나 영원성 그리고 무한성을 표현하는 더 많은 속성을 소유한다는 것보다 더 명백한 것은 자연 안에 없다."

— 『에티카』, 1부, 정리10, 주석

스피노자의 초기 저작인 『소론(Korte Verhandeling)』(1장, 1절), 그리고 여러 편지(『스피노자 서간집』, 서신2, 9, 64 등)에서도 이런 명제는 공리처럼 제시된다. 즉 무(無)가 아무런 속성도 갖지 않는다면, 어떤 존재는 속성들을 가질 것이며, 나아가 신은 완전하고 무한한 속성들을 모두 가져야 한다.

이렇게 한 실체에 속하는 속성들의 다수성에 대한 긍정은 실체들의 다수성을 즉각 부정하는 결과를 낳는다. 왜냐하면 신은 절대적으로 무한한 존재, 즉 무한히 많은 속성들로 구성된 실체이기 때문이다. 만일 다른 실체들이 존재한다면 그것들은 신에게 속해야 하는 속성들에 의해 설명되어야 한다. 신의 유일성 개념은 스피노자의 존재론의 기초를 구성하므로 이제부터 심도 있게 검토해야 한다.

지금까지의 논의로부터 이미 신은 필연적으로 현존한다는 결론을 내릴 수 있다. 왜냐하면 신은 자기원인이고 실체이므로 본성상 현존할 수밖에 없기 때문이다. 이와 같은 신의 현존의 긍정에도 불구하고 여러 실체들의 존재 여부를 묻는다면 실체와 신의 동일성을 더욱 명확히 제시해야 그 질문에 답할 수 있을 것이다. 이에 대해 스피노자는 실체들의 다수성을 인정할 만한 아무 표지도 존재하지 않는다는 사실을 확고히 한다.

이미 언급했듯이 실체들의 다수성에 대한 문제에 답하려면, 신, 즉 무한히 많은 속성들로 구성된 실체는 필연적으로 현존한다는 사실을 더 확실히 보여주는 수밖에 없다. 신이 현존하지 않는다고 말하는 것은 신이 현존하는 것을 방해하거나 신의 현존을 제거할 이유나 원인이 있어야 한다고 말하는 것이다. 그런데 그런 원인이 존재한다면 그것은 신의 본성 안에 있거나 신의 본성 밖에 있어야 할 것이다. 만일 신의 현존을 부정하는 원인이 신의 본성 밖에 있을 경우 이 원인은 신의 본성과 다른 것이어야 한다. 그것이 신의 본성과 같은 것이라면 이로부터 바로 신의 현존을 인정해야 하기 때문이다. 따라서 그런 원인은 신의 본성과 다른 것이어야 하는데, 그렇다면 그것은 신의 본성과 아무런 공통점도 없기 때문에 신의 현존이나 비-현존과 아무 관계도 없을 것이다. 결국 신의 현존을 제거할 수 있는 원인이 있다면 그것은 신의 본성 안에 있어야 할 것이다. 그러나 이 경우 신의 개념은 명백한 모순을 내포하게 된다. 본성상 자신의 실재를 부정하는 절대적으로 완전한 존재의 본성을 어떻게 생각할 수 있겠는가? 신에 관한 논의 자체에 일관성을 부여하려면 신의 필연적 현존을 인정해야 한다.

신의 존재의 긍정성에 대한 고찰로부터 우리는 힘 또는 능력과 관련한 후험적 논거와 선험적 논거를 동시에 제시함으로써 신의 현존을 또한 증명할 수 있다. 우선 인간인 나의 현존을 전제로 하는 후험적 논의를 진행해보자. 현존할 수 있는 것은 힘이며 현존할 수 없는 것은 힘의 결여이다. 만일 인간만이 현존한다면 유한한 현존이 절대적으로 무한한 존재보다 더 힘이 있다고 결론을 내려야 하는데 이는 당연히 부조리하다. 따라서 현존하는 인간보다 힘이 있는 신은 필연적으로 현존한다.

이제 선험적 논거를 보자. 현존할 수 있는 것이 힘이라면 신은 제각기 신의 실재를 표현하는 무한히 많은 속성들이 있으므로 절대적으로 무한한 존재력을 가지고 있다. 실재와 완전성의 동일성에 의거하는 이 논증은 스피노자의 정신과 깊이 일치한다. 스피노자의 철학은 힘과 긍정의 철학이며 절대존재는 최대한의 긍정과 최대한의 충만성이라는 것을 표명하는 철학이다. 실제로 그 완전성이 외부 사물들의 완전성에 의존하는 유한한 존재들과 반대로 신의 완전성은 오직 자기원인으로서의 자기 본성 자체로부터 나오는 것이다. 달리 말하면 오직 신의 본성 자체로부터 유래하는 신적 완전성은 신의 현존을 절대적으로 정립한다.

"실체가 갖는 완전성은 그것이 어떤 것일지라도 외적 원인에 전혀 의존하지 않는다. 따라서 또한 실체의 현존은 오직 실체의 본성에서만 나와야 한다. 그러므로 실체의 현존은 실체의 본질과 전혀 다른 것이 아니다. 그리하여 완전성은 사물의 현존을 배제하지 않고 오히려 반대로 그것을 정립하며, 이에 반하여 불완전성은 사물의 현존을 배제한다. 그러므로 우리는 어떤 사물의 현존에 관해서도 절대적으로 무한하거나 완전한 존재자, 곧 신의 현존에 관해서 확신할 정도로 확신할 수는 없다. 왜냐하면 신의 본질은 모든 불완전성을 배제하고 절대적인 완전성을 포함하므로, 바로 이로 인하여 그것의 현존을 의심할 모든 근거를 배제하여 신의 현존에 관하여 최고의 확실성을 부여하기 때문이다."

— 『에티카』, 1부, 정리11, 주석

신의 현존은 이렇게 신의 본성의 완전성 자체로부터 절대적으로 긍정되는 것이다. 이와 같은 논증으로 신의 현존을 증명함으로써 우리는 이미 신의 본질-현존-힘(능력)의 삼중적인 동일성을 볼 수 있다. 신의 현존이 이렇게 증명되었음에도 불구하고 아직도 다수의 실체들이 존재할 수 있다고 말한다면 어떻게 대응해야 하는가? 신의 본성이 분할될 수 있는 경우 그렇게 말할 수 있을 것이다. 그러나 이는 생각할 수도 없는 일이다. 신이 분할 가능하다면, 분할된 부분들이 신의 본성을 보존하거나 신의 본성을 상실하는 두 경우가 있을 것이다. 첫 번째 경우는 동일한 본성을 가진 여러 실체들이 생기는 것이므로 부조리하다. 두 번째 경우는 절대존재가 존재하기를 멈춘다고 말하는 것이므로 역시 부조리하다.

신 이외에 다른 실체들이 존재하는지 마지막으로 논의해보자. 만일 신 이외에 다른 실체들이 존재한다면, 신은 무한히 많은 속성들을 가지고 있으므로 이 다른 실체들의 본성은 신의 속성들을 통해 설명되어야 할 것이다. 그리고 이로부터 동일한 속성을 가진 여러 실체들이 있어야 하는데 이는 부조리한 일이다. 결국 신은 절대적으로 유일하다.

"신 이외에는 어떠한 실체도 존재할 수 없으며 또한 생각될 수도 없다."

— 『에티카』, 1부, 정리14

단일한 실체만이 존재하며 실체에는 모든 속성들이 속한다는 것, 이것이 바로 신의 절대적 유일성이다. 신 이외의 다른 실체들을 찾으려는 것은 헛된 짓일 뿐이다. 신 이외의 다른 어떤 실체도 존재하지 않는다.

"존재하는 모든 것은 신 안에 있으며, 신 없이는 아무것도 존재할 수도 또 생각될 수도 없다."

— 『에티카』, 1부, 정리15

자연에는 자기 안에 존재하는 실체와 다른 것 안에 존재하는 양태들만이 있다. 이로부터 또한 신은 절대적으로 자유롭다는 사실이 도출된다. 왜냐하면 신으로 하여금 현존하고 행동하도록 외부에서 강제하는 것은 아무것도 없기 때문이다.

"신의 본성의 완전성 이외에는 신을 외부 또는 내부에서 행동하도록 촉발하는 어떠한 원인도 존재하지 않는다."

— 『에티카』, 1부, 정리17, 보충1

신의 내부에도 신을 행동하도록 하는 것이 없다는 사실은 신 안에는 하나의 항이 다른 항의 행동을 명령하는 사태가 없다는 의미이다. 신 안에는 어떤 간극도 균열도 없다. 즉 지성에 의해 무엇을 결정하고 의지와 행동을 통해 그것을 실행하는 것은 신에게 해당하는 구도가 아니다. 신은 오로지 자신의 내적 본성의 필연성에 의해 현존하고 행동할 뿐이다. 간단히 말하면 신은 필연적으로 존재하고, 절대적으로 유일하며, 절대적으로 자유롭다. 신은 자유원인이며 내재적 원인이다. 신을 현존하고 행동하도록 강제할 수 있는 것은 아무것도 없으며, 신이 없이는 아무것도 존재할 수 없고 생각할 수도 없을 정도로 신의 외부에는 아무것도 없기 때문이다. 신의 바깥은 없다. 즉 모든 것은 신 안에 있다. 신의 본질 자체, 즉 신의 정의 자체로부터 신은 현존한다는 사실이 도출된다. 달리 말하면 신은 영원하다. 그리고 이런 영원성은 신의 본질을 표현하는 신의 속성들이 동시에 가지고 있는 것이다. 이로부터 결국 신의 본질과 신의 현존의 동일성이 정립된다.

"신과 신의 모든 속성은 영원하다. 즉 신의 각각의 속성은 현존을 표현한다. 따라서 신의 영원한 본질을 나타내는 신의 속성은 신의 영원한 현존을 표현한다. 즉 신의 본질을 구성하는 것 자체는 동시에 신의 현존을 구성한다. 그러므로 이것과 신의 본질은 동일하다."

— 『에티카』, 1부, 정리20, 증명

신의 본질과 신의 현존이 동일하다는 것은 신의 현존이 신의 본질과 마찬가지로 영원한 진리라는 것을 말한다. 간단히 말해서 신은 만물의 원리이다. 모든 실재와 모든 이해 가능성은 본질과 현존이 동일한 유일하고 절대적인 존재를 통해 헤아려야 한다.

———

이렇게 존재론의 기초는 견고히 확립된 것처럼 보인다. 그러나 중요한 문제가 돌출한다. 각 속성이 신적 실체의 무한하고 영원한 본질을 표현한다고 할 때, 신에게 무한히 많은 속성들이 속한다면 이는 환원될 수 없는 다수의 본질들이 신 안에 들어 있다는 것 아닌가? 서로 구분되는 속성들이 어떻게 실체를 분할하지 않으면서도 유일실체에 통합될 수 있는가? 속성들은 유일실체에 통합됨으로써 그들의 실체성을 잃지 않는가? 각 속성이 자신에 의해, 그리고 자신 안에서 생각되므로 속성들의 실제적 구분은 실체들의 다수성을 가능케 할 수 있다. 그러나 스피노자는 이 문제를 신의 개념, 즉 절대적으로 무한한 존재, 각기 무한하고 영원한 본질을 표현하는 무한히 많은 속성들로 이루어진 실체의 개념을 통해 해결하고자 했다. 그리고 이로부터 실체와 신의 동일성을 확립했다. 그렇다면 속성은 도대체 무엇이 된다는 말인가? 속성들은 실체성을 상실하게 되는가? 스피노자는 속성들의 실체성과 신의 절대적 유일성을 동시에 긍정하는 것 같다. 스피노자 존재론의 원리를 조명하기 위해서는 이런 긍정이 과연 타당한지 검토해야 한다.

실체적 속성들의 무한한 다수성과 신적 실체의 절대적 유일성의 양립 가능성이 지닌 의미는 무엇인가? 속성들의 병치가 신의 유일성을 확립하기에 충분한 것인가? 저명한 주석가인 게루(Martial Gueroult)는 단 하나의 속성으로 이루어진 실체들을 인정함으로써 속성들과 실체들을 동일시한다. 그의 저작 『스피노자, 1권, 신(Spinoza, t.1. Dieu)』에서 이 문제를 다루는 3장의 제목은 "단 하나의 속성으로 구성된 실체"이기도 하다. 하지만 불가피하게 제기될 수밖에 없는 문제, 즉 신의 단일성에 관한 문제에 대해 게루는 유일한 답을 제시하지 않는다. 한편으로 그는 신적 실체의 존재는 단 하나의 속성으로 이루어진 실체들의 존재에 의해 구성된다는 것, 즉 실체들의 합으로서의 신적 실체의 본질은 "여러 색깔로 얼룩덜룩"(234쪽, 447쪽)하다는 것을 인정한다. 다른 한편으로 그는 신적 실체는 분할 불가능하므로 "굳은 접합"(185쪽)이라고 주장한다. 이러한 난점은 속성을 실체 그 자체로 간주한 데서 오는 것 같다. 데카르트를 사이에 두고 게루와 큰 논쟁을 벌인 알키에(Ferdinand Alquié)는 스피노자와 관련해서도 게루와 충돌한다. 자신의 저작 『스피노자의 이성론(Le rationalisme de Spinoza)』에서 알키에는 게루가 내세우는 환원될 수 없는 두 명제가 종합될 수 없다는 것은 인정하지만, 스피노자가 정립하려 하는 신의 개념이 이해 불가능하거나 혹은 속성들의 병치일 뿐이라고 비판한다.(123~143쪽)

실체와 속성의 관계를 규명하려면 우선 스피노자 자신이 명백하게 제시한 속성과 신적 실체의 차이를 고려해야 한다. 즉 속성은 무한하고 영원하지만, 자신의 유에서만 무한하고 영원한 반면, 신은 절대적으로, 즉 모든 유(類)에서 무한하다. 절대적 긍정의 존재인 신에게서 어떤 속성도 박탈할 수 없는 것이다.

> "절대적으로 무한한 것의 본질에는 본질을 표현하고 어떠한 부정도 내포하지 않는 모든 것이 속한다."
>
> —『에티카』, 1부, 정의6, 해명

따라서 각 속성의 역할은 신의 본질을 자신의 유에서 표현하는 데 있다. 이런 이유로 한 속성은 다른 속성의 제한을 받지 않는다. 그러나 또한 같은 이유로 이런 내적 부정이 없음에도 불구하고 우리는 속성 개념에 내포된 외적 부정을 말할 수 있다. 하나의 속성은 모든 실체가 아니기 때문이다. 하나의 속성은 절대적으로 무한한 존재인 신을 고갈할 수 없다.

> "단지 자신의 유 안에서만 무한한 것에 대해서 우리는 무한히 많은 속성을 부정할 수 있기 때문이다."
>
> —『에티카』, 1부, 정의6, 해명

이렇게 속성은 제한된 측면이 있다. 하지만 이런 한계의 의미가 무엇인지 정확히 살펴야 한다. 속성들은 실제적으로 서로 구분되므로 서로 간에 인과성이 존재하지 않는다. 속성들의 구분을 통해 우리는 각 속성은 신의 무한하고 영원한 본질을 자신의 유 안에서 표현하며, 따라서 다른 속성들의 표현을 방해할 수 없다는 것을 알 수 있다. 그러나 속성들의 이질성 때문에 신의 본질을 표현하는 동질적 행위를 인정할 수 없는 것은 아니다.

신의 본질은 무엇인가? 신의 본질은 모든 속성들을 통해 표현되는 것이다. 따라서 신의 본질은 모든 속성들에 공통되는 것이다. 속성들은 서로 구분되지만 모두 신의 본질에 관계하는 것이다. 스피노자가 "속성들의 현존은 속성들의 본질과 다르지 않다"(『스피노자 서간집』, 서신10)고 말할 때, 그가 긍정하는 것은 각 속성의 현존 자체는 실체의 본질을 표현한다는 것이다. 각 속성에 의해 표현된 본질은 바로 그 속성 특유의 현존인 것이다. 물론 신의 본질에 대한 다중성의 이미지를 피하고 이 문제에 대해 언어적 설명을 하기가 어려운 것은 사실이다. 그러나 스피노자가 나타내고자 하는 것은 신의 본질이 여러 존재 질서들에서, 즉 모든 속성들에서 표현되면서도, 분산되지 않고 동일한 것으로 유지된다는 것이다. 이런 의미에서 각 속성은 하나의 영원하고 무한한 본질, 즉 하나의 유(類)에서의 영원하고 무한한 존재 질서를 구성한다. 그러나 이 같은 의미에서 또한 각 속성의 현존은 신의 본질 전체는 아닌 것이다. 따라서 속성들의 현존이 그들의 본질과 다르지 않다면, 이는 지성이 각 속성의 현존에서 파악하는 것은 실체의 본질을 표현하기 때문이다. 지성은 각 속성이 신의 본질의 특유한 현존을 구성한다는 것을 파악한다. 그런데 이런 현존의 가능성 자체는 신의 본질과 관계한다. 따라서 지성이 속성의 현존을 통해 파악하는 것은 언제나 신의 본질이므로, 신의 정의에서 나타나는 것처럼 각 속성은 영원하고 무한한 본질을 표현하는 것이다.

이렇게 단 하나의 속성에서도 신의 본질이 드러난다. 신의 본질은 모든 속성들의 용해 불가능한 결합이기 때문이다. 각 속성은 자신 특유의 현존에서 나타나는 신의 본질의 발현이다. 따라서 속성들의 구분은 신의 본질을 환원될 수 없는 본질들로 분할한다기보다는 신의 본질의 풍부함을 표현한다. 왜냐하면 동일한 본질이 여러 실재적 측면들에서 드러나기 때문이다.

하지만 이는 속성들이 실체성을 상실한다는 것을 말하는 것은 아닌가? 그렇지는 않다. 모든 실체적 특성은 각 속성에 포함되어 있으며, 이에 따라 속성들은 실체를 구성하는 것이다. 따라서 몇몇 주석가들이 각 속성을 실체로 간주하는 것은 놀랄 만한 일은 아니다. 어떻게 보면 각 속성은 **하나의** 실체이기 때문이다. 그러나 한 속성이 실체라면 이는 신의 동일한 본질이 그 속성, 즉 하나의 특유의 존재 질서에 의해 표현되기 때문이다. 언뜻 보기에 속성은 이처럼 모든 실체적 특성을 가지고 있기 때문에 실체 자체로 간주될 수도 있다. 그러나 더 자세히 보면, 속성이 **하나의** 실체이기 위해서는 근원적 실체성, 즉 실체 **자체**의 본질에 끊임없이 의거해야 한다. 속성들은 물론 신의 본질을 긍정하게 해주는 존재 행위들이지만, 속성들의 그런 행위는 신의 본질 없이는 불가능한 것이다. 진정으로 엄격하게 말하자면, 속성들 전체만이 절대적으로 실체와 동일시될 수 있다. 그래서 스피노자는 "신, 즉 신의 모든 속성들"(『에티카』, 1부, 정리19, 정리20, 보충2)이라고 말함으로써 **신과 신의 모든 속성들**을 동일시한다.

『스피노자 서간집』(서신9)에서 스피노자는 실체와 속성의 관계를 설명해주는 몇몇 예를 제시한다. 우선 그는 다음과 같이 설명한다.

"나는 실체를 자신 안에 존재하고 자신에 의해 생각되는 것으로 이해한다. 즉 그것의 개념이 다른 것의 개념을 포함하지 않는 것으로 이해한다. 나는 속성이라는 용어가 실체에 특정한 본성을 귀속시키는 지성과 관련하여 사용된다는 점만 정확히 한다면 속성도 동일한 것으로 이해한다."

스피노자는 이에 대해 두 가지 예를 제시한다.

"첫째, 저는 이스라엘을 세 번째 부족장으로 이해하며 야곱을 동일한 존재로 이해합니다. 야곱의 이름은 그가 자기 형의 발뒤꿈치를 잡았다는 데서 붙여진 것이기 때문입니다.* 둘째, 저는 평면을 모든 광선을 변형 없이 반사하는 것으로 이해합니다. 다만 이런 평면을 바라보는 사람의 관점에서 그것이 흰 것이라고 불린다는 점을 정확히 할 때 저는 흰 것을 동일한 것으로 이해합니다."

---

* "후에 나온 아우는 손으로 에서의 발꿈치를 잡았으므로 그 이름을 야곱이라 하였으며……"(「창세기」 25:26) 발꿈치를 뜻하는 히브리어 'aqeb'은 '야곱'의 어원이다. "그에게 이르시되 네 이름이 야곱이다마는 네 이름을 다시는 야곱이라 부르지 않겠고 이스라엘이 네 이름이 되리라 하시고 그가 그의 이름을 이스라엘이라 부르시고."(「창세기」 35:10)

이 두 예는 어떻게 보면 부적당한 것처럼 보이기도 한다. 스피노자가 "이스라엘"과 "평면"은 실체를 표현하고 "야곱"과 "흰 것"은 속성을 표현하듯이, 동일한 한 사물이 두 이름으로 표현된다는 것을 설명하려고 했기 때문이다. 그의 예에 의하면 실체와 속성은 동일한 것이 된다. 그러나 "이스라엘"로 상징된 실체가 "야곱"으로 상징된 속성에 의해 규정된다면, 이는 스피노자가 이스라엘을 한 속성이 자신의 유(類)에서 표현하는 근원적 존재로 간주하고 있음을 알 수 있다. 물론 이로부터 실체는 단 하나의 속성과도 동일한 것으로 간주될 수 있지만, 문제는 실체가 그 속성만이 아니라는 것이다. 달리 말하면 실체는 단지 하나의 속성과 동일시되는 것이 아니라 모든 속성들과 동일시된다는 것이다. 이렇게 표현할 수 있다면, '**실체는 모든 속성들이다**'라고 말해야 한다. 앞에서 여러 번 강조한 것처럼, 실체의 동일한 본질이 무한히 많은 존재 질서들에서 드러나는 것이다. 브런슈비크는 다음과 같은 예를 통해 설명했다.

"동일한 사유를 표현하는 여러 텍스트들 사이에 완벽한 대응이 있는 것처럼, 마찬가지로 유일한 활동으로부터 유래하는 여러 속성들 사이에는 내밀하고 영속적인 일치성이 존재한다. 근원적으로, 그리고 절대적 실재의 관점에서 볼 때 이 모든 속성들은 하나의 동일한 것일 뿐이다."*

* Léon Brunschvicg, *Spinoza et ses contemporains*(스피노자와 그의 동시대인들),

실체와 속성의 관계는 음계를 통해 설명할 수 있다. 음계는 여러 조들을 통해 표현된다. 조들은 개별 음계들의 관점에서는 서로 환원될 수 없지만 각각 음계 자체의 근원적 질서를 충실히 표현한다. 각 조는 근원적 음계의 본질을 표현하지만 음계 전체를 고갈하지 못한다. 각 조는 하나의 음계일 뿐, 음계 전체로서의 음계 자체는 아니기 때문이다. 간단히 말하면 실체는 속성들의 존재론적 근거이며 속성들은 실체의 인식론적 근거이다.

속성은 실체에서 파생된 것이 아니다. 속성의 존재는 실체의 본질에 의해서만 가능하지만, 또한 실체의 본질은 속성에 의해서만 드러나기 때문이다. 실체가 속성이 없다면 실체는 내용 없는 단어나 공허한 존재일 것이다. 실체는 실체의 본질을 표현할 수 있는 모든 것에서 드러나기 때문에 삶이다. 따라서 실체 없는 속성들 또한 있을 수 없다. 신의 발현은 삶의 표현이며, 신의 삶은 속성들 전체를 통해 표현되는 것이다.

실체와 속성들의 관계를 어떻게 정의해야 할까? 그것은 상호성의 관계이다. 세 각의 합이 두 직각과 같다는 것을 생각하지 않고 어떻게 삼각형을 생각할 수 있겠는가? 그러나 이 상호성은 실체 안에서 속성들이 병치된다는 의미는 결코 아니다. 왜냐하면 속성들은 실체적이며, 따라서 신과 동질적이므로 속성들의 견고한 결합인 신의 본질과 관계하기 때문이다. 즉 속성들을 제외하고서 실체의 진리를 설명할 수 없으며, 실체를 제외하고서 속성

p.44.

들의 존재를 설명할 수도 없다. 델보스가 지적한 것처럼, 속성들과 실체의 관계는 하나의 **순환**이다.

"속성들이 실체의 진리를 구성한다면 실체는 속성들의 실재를 구성한다. 여기서 스피노자의 철학에는 데카르트의 철학에서 '데카르트의 순환'으로 비난의 대상이 되는 것과 유사한 증명이 나타난다."[*]

속성들의 실체적 동질성과 그들의 실재적 이질성을 동시에 파악할 수 있는 사유 행위가 필요한 것이다. 이런 사유 행위는 명석판명한 것인가? 이 점에 대한 델보스의 신중한 판단을 들어보자.

"스피노자의 언어 자체로 볼 때 신은 신의 속성들 전체와 동일시된다. 그러나 절대적으로 무한한 존재의 관념의 보증 아래 이루어진 이런 동일화는 판명한 개념들이 가져야 하는 이해 가능성의 요청에 더이상 부합하지 않는다. 신과 속성들 전체의 동일화가 확립하려는 결합은 이질적 존재류들의 결합, 어떻게 그것들을 접합시킬 수 있는지 설명이 불가능한 결합이다. 그러나 그것은 또한 너무도 강한 결합이어서 존재류들의 이질성의 원리 자체를 폐지함으로써 이 존재류들과 그 다양성을 단지 지성과 관계된 표상들로 삼는 것처럼 보일 수 있는 결합인 것이다. 여기에는 사유를 넘어선 어떤 것이 있는 것 같다."[**]

---

[*]   Victor Delbos, *Le problème moral dans la philosophie de Spinoza et dans l'histoire du spinozisme*(스피노자의 철학과 그 역사에 있어서 도덕의 문제), p.32.
[**] Albert Rivaud, "La notion de substance et la notion de Dieu dans la philosophie

이렇게 "사유를 넘어선 어떤 것"을 인정함으로써 이미 스피노자의 존재론이 균열을 가지고 있다고 보아야 하는가? 속성들 간의 이질성과 동질성을 동시에 파악하는 것은 가능한가? 서로 구분되는 속성들과 실체의 통합관계에는 지성이 어떤 중요한 역할을 하고 있기 때문에 지성의 본성과 의미가 완전히 밝혀질 때까지 우선 스피노자의 체계를 살펴볼 필요가 있다. 『에티카』의 결론은 지성을 통한 욕망의 완전한 실현이다. 지성을 통해 온전히 인식된 인간의 육체는 물질성 그 자체이고, 이 물질성 자체를 그대로 인식하는 지성은 그 어떤 물질성도 없는 사유의 양태이다. 스피노자가 제시하는 구원은 신의 동일한 질서가 인간의 서로 구분되는 속성들의 변용인 정신과 육체에서 표현되는 상태를 자각하는 데 있다. 따라서 스피노자의 존재론을 거부하는 것은 동시에 그의 윤리학을 거부하는 것이다. 우선적으로는 스피노자가 정립하고자 하는 존재론적 원리를 계속하여 살펴보자. 속성의 정의에 나타난 지성의 역할 때문에 아직 완전한 논의는 아니겠지만 스피노자가 확립하려는 명제의 의미는 명백하다. 그것은 무한히 많은 속성들은 서로 실제적으로 구분됨에도 불구하고 신의 본질을 분할하지 않은 상태로 표현한다는 것이다. 그런데 무한히 많은 속성들 중에 인간이 인식할 수 있는 것은 **물질**(res extensa)과 **사유**(res cogitans) 두 가지밖에 없다. 물질과 사유의 특성은 무엇인가?

de Spinoza"(스피노자의 철학에서 실체의 개념과 신의 개념), *Revue de Métaphysique et de Morale*, p.783.

물질과 사유

우리는 속성들은 신의 본질을 표현함으로써 무한성과 영원성으로 신을 구성한다는 것을 보았다. 각 속성은 실체와 동질성을 가지고서 실체의 본질을 제한 없이 표현한다. 각 속성은 다른 속성들과 구분됨으로써 무한하며, 하나의 완전한 개념처럼 자신에 의해, 그리고 자신 안에서 생각된다. 그리고 신의 관념이 요청하는 바에 따라 신의 본성에는 실체성을 가진 무한히 많은 속성들이 속한다. 무한히 많은 속성들 중에 인간이 알 수 있는 것은 물질과 사유뿐이다. 인간은 육체와 정신으로 구성되어 있기 때문이다. 『소론』(1장, 8절)에서 스피노자는 지금까지 자신이 알고 있는 것은 물질과 사유 두 속성만이라고 말하고 난 후 수수께끼 같은 보충 설명을 한다.

"이 속성들은 우리를 만족시키기에 충분하지 않다. 이 완전한 존재를 구성해야 하는 속성들이 이 둘뿐이라고 판단하기는 어려운 일이다. 그와 반대로 우리는 단지 많은 수가 아닌 무한히 많은 완전한 속성들, 즉 완전한 존재에 속함으로써 이 존재를 완전하다고 말할 수 있게 해주는 속성들의 현존을 우리에게 명확히 드러내주는 어떤 것이 우리 안에 있다는 것을 발견한다. 그리고 이런 완전성의 관념은 어디서 오는 것인가? 이 어떤 것은 두 속성들로부터 올 수는 없다. 둘은 둘이지 무한이 아니기 때문이다. 그렇다면 이 어떤 것은 어디서 오는가? 당연히 나로부터 오는 것은 아니다. 이 경우 나는 내가 갖고 있지 않은 것을 줄 수 있어야 하기 때문이다. 따라서 이 어떤 것은 무한히 많은 속성들로부터 오며, 이 속성들은 이들이 존재한다는 것을 말해주지만, 동시에 이들이 무엇인지에 대해서는 말해주지 않는다."

이 '어떤 것'이 무엇인지에 대한 문제는 아직 미해결로 남아 있다. 경험적으로 볼 때 인간은 육체와 정신으로 구성되므로 우리가 유추할 수 있는 속성은 물질과 사유뿐이다. 그런데 속성들은 신의 본질을 표현하면서 신과 관계한다는 점에서는 서로 동일한 기능을 갖지만 서로 구분되기 때문에 물질 속성과 사유 속성은 인과관계에 있지 않다. 이 두 속성의 특성은 과연 무엇인가?

사유의 유(類)에서 신이 사유하는 존재인 것처럼, 물질의 유에서 신은 물질적 존재이다. 데카르트 이후 res extensa라는 용어를 보통 '연장(延長)'으로 옮기는데, 이 번역어는 스피노자의 철학에서 나타나는 res extensa 개념과 일치하지 않는다. 특히 데카르트적인 연장의 의미, 즉 크기, 모양, 운동의 개념을 스피노자는 속성이 아니라 신의 결과인 양태의 차원에서 보기 때문이다. 각 철학에서 다르게 사용되는 용어는 그 의미에 맞게 다시 번역되어야 할 것이다. 스피노자가 말하는 res extensa는 만물의 원리를 이루는 신의 속성이며, 크기, 길이, 넓이 등 양(量)을 나타내는 용어인 연장과 부합하지 않는 질(質)이기 때문에 '물질(物質)'이라는 번역어가 더 적합하다.

만물이 신에 의해서 존재하고 설명되어야 한다면, 사유하는 존재들은 사유 속성에 의해서만 존재하고 설명될 수 있으며, 물질적 존재들은 물질 속성에 의해서만 존재하고 설명될 수 있다. 그런데 만물이 존재하고 생각되는 질서와 결합은 신이 모든 속성들에서 동시에 작용하는 신적 질서와 결합이다. 실제로 신이 만물을 우선 산출하고 그다음에 자신의 산출물을 생각한다고 할 수 없으며, 그와 반대로 신이 만물을 생각하고 그다음에 그것을 산출한다고 할 수도 없다. 첫 번째 경우는 신이 자신의 행동을 인식하지 않은 채 힘을 발휘하는 셈이고, 두 번째 경우는 신의 행동이 미리 구상된 결정에 종속되며 따라서 신의 본성에 어떤 간극이나 공백을 가정하는 셈이기 때문이다. 신은 만물을 사유함과 동시에 산출한다고 보아야 한다. 따라서 신의 힘은 모든 속성들에서 동시에 전개되므로 만물에서 동일한 절차를 따라 한결같이 드러나는 것은 신의 변함없는 구조이다.

간단히 말하면 신은 절대적으로 유일하기 때문에 신이 만물을 산출하는 방식과 만물을 생각하는 방식은 동일한 것이다.

"관념의 질서와 결합은 사물의 질서와 결합과 동일하다."

— 『에티카』, 2부, 정리7

신은 물질 실체로 간주되기도 하고 사유 실체로 간주되기도 하는 하나의 동일한 실체이다. 그리고 각 속성에서 드러나는 것은 언제나 같은 절차이다.

"예컨대 자연 안에 존재하는 원과 마찬가지로 신 안에도 있는 이 존재하는 원의 관념은 동일하며 그것은 상이한 속성에 의하여 설명된다. 그러므로 우리들이 자연을 물질의 속성에서 생각하든 또는 사유의 속성에서 생각하든 아니면 어떤 다른 것의 속성에서 생각하든 간에 우리는 동일한 질서, 곧 원인들의 동일한 연결을, 다시 말해서 동일한 사물이 상호 계기하는 것을 발견할 것이다."

— 『에티카』, 2부, 정리7, 주석

세계는 물질에 의해서 존재하고 설명되기도 하며 사유에 의해서 존재하고 설명되기도 한다. 물질은 신의 속성으로서 모든 물질계의 존재와 설명을 위한 절대적 원리이며 사유는 신의 속성으로서 모든 사유계의 존재와 이해 가능성의 절대적 원리이다. 따라서 존재하는 모든 것은 각 존재의 유(類)에 따라 사유 속성에 관계하거나 물질 속성에 관계하는 것이다.

속성은 실체적이기 때문에 분할되지 않는다. 따라서 물질 속성은 다른 부분들과 관계하는 어떤 것이 아니라 물질적 존재들의 관계를 가능케 하는 원리이다. 물질은 분할되지 않으므로 유일하며 사유와 구분되므로 제한되지 않고 무한하다. 따라서 물질은 물질 그 자체로 생각되는 완전한 개념이다. 물질은 길이나 넓이 등 물체의 특정한 형태가 아니다. 감각에 의거하여 물질을 고찰할 경우에만 우리는 물질이 특정 형태이며 따라서 다른 물체들로부터 제한을 받을 수 있다고 말할 수 있는 것이다. 그러나 감각에 기초한 판단은 추상과 상상의 방식일 뿐이다. 그리고 물체들이 마치 실체적 구분의 차원에서 구분되는 듯이 추상적으로 판단하는 것은 물체들 사이에 공백이 있음을 가정하는 것이다. 지성의 관점으로 보면 자연에는 공백이 없으며 물체들의 구분은 양태적 구분일 뿐이다. 따라서 물질을 수나 양으로 측정하려는 것은 물질을 양태적으로 보는 것이다. 그러나 물질은 수나 양으로 측정할 수 없기 때문에 무한한 것이 아니다. 오히려 물질이 무한하기 때문에 수나 양으로 헤아릴 수 없는 것이다. 실체적으로 고찰된 물질은 분할 없이 단일한 것이다. 물질은 모든 물체들의 유일 원인이며 따라서 모든 물체들은 물질 없이는 존재할 수도 생각될 수도 없다. 물질은 공간화된 것이 아니라 공간화의 원리이다. 물질은 한계가 없으므로 무한하며 정해진 지속을 모르므로 영원하다. 물체의 특정한 형태들은 사라질 수 있지만 물질은 영원히 동일하게 남는다.

> "물질의 단 한 부분이 무화(無化)된다면 곧바로 물질 전체가 사라질 것이다."
>
> —『스피노자 서간집』, 서신4

무한하고 영원한 물질은 신의 본성에 속하는 것이다. 결국 물질 질서에 속하는 모든 것은 물질과 관계함으로써 존재하고 설명될 수 있다. 물질은 물질세계의 통일성이다.

사유는 신의 근원적 사유 활동을 표현하는 한에서 신의 속성이다. 우리가 신은 사유한다고 말할 때 신의 사유는 절대적인 것이다. 신의 사유는 인식 대상을 요청하는 사유가 아니며, 따라서 사유의 본질은 인식 대상에 대해 상대적인 것이 아니다. 사유는 어떠한 관계에도 들어가지 않기 때문에 사유를 제한할 수 있는 것은 아무것도 없다. 사유는 어떠한 관계에 의해서도 제한되지 않으므로 자신의 조건이 되는 다른 관념을 요청하는 특정 관념이 아니다. 사유는 모든 관념들의 총합도 아니다. 사유는 모든 관념들의 총합의 조건 자체이다. 달리 말하면 사유는 모든 사유 행위들의 원천인 근원적 힘이다. 따라서 사유 없이 모든 사유 행위들은 존재할 수도 생각될 수도 없다. 또한 사유는 신의 특성들 중 하나가 아니라 신의 특성들을 가능하게 하는 것이다. 예를 들어 신은 전지(全知)하기 때문에 사유하는 것이 아니라 사유하기 때문에 전지한 것이다. 사유는 모든 관념들을 산출하고 사유하는 근원적이고 무한한 힘이다.

"왜냐하면 우리는 사유하는 존재가 많은 것을 사유하면 할수록 그것은 그만큼 많은 실재성이나 완전성을 포함한다고 생각하기 때문이다. 그러므로 무한하게 많은 것을 무한히 많은 방식으로 사유할 수 있는 존재는 필연적으로 사유하는 힘이 무한하다."

— 『에티카』, 2부, 정리1, 주석

이렇게 사유는 절대적 사유 행위이므로 신의 속성들 중 하나이다. 그런데 사유 속성과 다른 속성들의 차이가 있다. 사유 속성은 무한히 많은 다른 속성들도 사유할 수 있기 때문에, 다른 속성들, 예를 들면 물질이 할 수 없는 것을 할 수 있다. 물질이나 다른 속성들은 사유를 생각할 수는 없기 때문이다. 따라서 사유 속성은 다른 속성들과 비교해서 일정한 특권을 누리는 것 같다. 그러나 이것이 사유 속성이 다른 속성들보다 우월하다는 의미는 아니다. 사유 속성이 다른 속성들이 가지지 못한 것을 가지고 있지만, 또한 자신의 한계를 지니고 있기 때문이다. 예를 들어 사유는 물질이 물질세계에서 실현하는 가시적 산출력이 없다. 따라서 이런 차이는 각 속성이 지니는 특성일 뿐이다. 모든 속성들은 서로의 영역을 침범하지 못하며, 각각이 자신의 유(類)에서 신의 힘을 고갈하지 못하기 때문에 동등한 것이다. 한 물체의 관념을 가졌다고 해서 그 관념이 그 물체라고 말할 수는 없는 것이다. 만물을 사유할 수 있는 것은 사유 속성에 속한 고유한 힘이다. 결국 사유하는 모든 존재는 사유 속성과 관계할 때 비로소 존재하고 생각될 수 있다. 사유는 사유 질서의 통일성이다.

사유와 물질은 실체를 구성함으로써 원인의 질서를 이루는 원리들이다. 사유와 물질은 **능산적 자연**(Natura naturans)이다.

즉 "그 자체 안에 존재하며 그 자신에 의하여 파악되는 것, 아니면 영원하고 무한한 본질을 표현하는 실체의 속성, 곧 자유로운 원인으로 고찰되는 신"(『에티카』, 1부, 정리29, 주석)이다.

그런데 속성들은 비록 개별적 존재들과 관계를 맺지는 않지만 그것들을 자신 안에 산출한다. 속성들의 존재 행위는 자연 안에 결과들을 산출하면서 전개된다. 그러나 속성들은 서로 구분되기 때문에 서로의 영역을 침범하지 못한다. 더 정확히 말하자면 신의 산출은 때로는 사유 질서에 따라, 때로는 물질 질서에 따라,

그러나 신의 본질이 표현되는 동일한 절차에 따라 동시에 전개된다. 이렇게 신에 의해 산출되는 결과들이 바로 **소산적 자연**(Natura naturata)이다.

즉 "신의 본성이나 신의 각 속성의 필연성에서 생기는 모든 것, 즉 신 안에 존재하며 신 없이는 존재할 수도 없고 파악될 수도 없는 그런 것으로 고찰되는 신의 속성의 모든 양태"(『에티카』, 1부, 정리29, 주석)이다.

이렇게 스피노자의 존재론의 기초를 구성하는 원리들인 신과 속성들의 의미를 살펴보았다. 존재의 근원적 원인체계를 구성하는 것이 신과 신의 속성들인 능산적 자연이라는 것, 그리고 존재의 결과체계는 각 속성들의 고유한 질서에 따라 산출되는 양태, 즉 소산적 자연이라는 것까지 살펴보았다. 이제 소산적 자연의 문제, 즉 신의 결과 산출에 관한 문제를 다루어야 한다.

9.

신적 산출과 무한양태

스피노자의 주저 『에티카』라는 제목은 그의 핵심적 기획이 윤리학이라는 사실을 나타낸다. 인간의 욕망을 수동적 상태에서 해방시킴으로써 능동적 삶과 행복의 길을 제시하는 것이 스피노자 철학의 주요 목표이다. 그러나 그의 윤리학은 주관적인 부적합한 판단을 해체하고 세계의 원리와 실상을 근본적으로 규정하는 엄격한 존재론에 기반을 둔다.

일반적으로 스피노자의 철학체계는 실체-속성-양태의 구조로 설명된다. 실체는 스피노자가 세계의 내재적 원인으로 규정하는 **신 즉 자연**이고, **속성**은 실체의 본질을 구성하며, **양태**는 신의 속성으로부터 산출된 결과이다. 자연은 **능산적 자연**과 **소산적 자연**으로 구분하여 설명된다. 신의 본질을 구성하는 무한히 많은 속성들이 바로 원인의 질서를 이루는 능산적 자연이다. 능산적 자연은 "그 자체 안에 존재하며 그 자신에 의하여 파악되는 것, 아니면 영원하고 무한한 본질을 표현하는 실체의 속성들, 즉 자유로운 원인으로 고찰되는 신"이다. 그리고 신적 속성들에 의하여 산출되는 결과가 소산적 자연이다. 소산적 자연은 "신의 본성이나 신의 각 속성의 필연성에서 생기는 모든 것, 즉 신 안에 존재하며 신 없이는 존재할 수도 없고 파악될 수도 없는 그런 것으로 고찰되는 신의 속성들의 모든 양태"이다.

간단히 말하면 존재 질서의 근원적 원인체계를 구성하는 것이 신과 신의 속성들인 능산적 자연이며, 존재 질서의 결과체계는 신적 속성들로부터 산출되는 양태, 즉 소산적 자연이다. 속성들 중 인간이 인식할 수 있는 물질과 사유는 실제적으로 구분되고 인과관계에 있지 않기 때문에 신의 산출은 사유 질서와 물질 질서에 따라 평행적으로 전개된다.

신적 산출의 결과인 양태는 스피노자의 존재론에서 여러 층위를 가진다. 양태는 무한양태와 유한양태로 구분되고 무한양태는 직접무한양태와 간접무한양태로 다시 세분화된다. 무한양태는 스피노자의 존재론, 인식론, 그리고 윤리학을 이해하기 위하여 필수불가결한 개념이다. 스피노자의 철학에서 인간 **정신**은 **육체의 관념**으로 정의되며, 적합한 인식과 상상, 그리고 능동적 삶과 수동적 삶은 물체들과 인간 육체에 대한 관념들의 전체적 조합, 즉 무한양태의 구조에 의하여 규정된다. 이런 관점에서 신적 산출에 대한 일반적 개념을 살펴본 후 무한양태를 직접무한양태와 간접무한양태로 구분하여 검토해보자.

신의 인과성

자기원인과 실체의 동일성, 실체와 신의 동일성, 그리고 신의 본질을 각자의 유(類)에서 표현하는 속성들의 무한성은 스피노자 존재론의 원리이다. 그렇다면 신의 결과는 무엇인가?『에티카』의 서론 역할을 하는『지성개선론』에서 스피노자는 부적합한 인식에서 벗어난 지성의 기능이 가장 완전한 존재에 대한 참된 관념을 갖는 데 있다고 강조했다. 그리고 실재의 본질, 즉 형상적 본질(essentia formale)과 그 실재의 관념적 또는 대상적 본질(essentia objectiva)의 평행적 관계에 따라, "자연의 상(像)"에 대한 표현은 절대존재로부터 모든 사물들이 나오고 절대존재의 관념으로부터 모든 관념들이 나오는 방식으로 이루어져야 한다는 점이 제시되었다. 17세기 용법에 따라 "형상적"인 것은 실재적인 것을, 그리고 "대상적"인 것은 표상적인 것을 의미한다.

> "우리의 정신이 자연의 상을 표상하려면 자연의 기원과 원천을 표상하는 관념으로부터 그의 모든 관념들을 산출해내야 한다. 그렇게 이 관념 자체가 다른 모든 관념들의 원천이 될 것이다."
>
> ― 『지성개선론』, 42절

따라서 진정한 학(學)은 원인에서 결과를 도출하고 또한 근거에서 귀결을 도출하는 방식으로 전개되어야 한다. 이제 신의 산출 능력과 산출 내용을 파악하는 것이 관건이다. 이 이중의 문제에 대해 스피노자는 극도로 짧고 밀도 있는 답을 제공한다.

> "신의 본성의 필연성으로부터 무한히 많은 것이 무한히 많은 방식으로(곧 무한한 지성에 의하여 파악될 수 있는 모든 것이) 생겨야 한다."
>
> ― 『에티카』, 1부, 정리16

신은 자기 본성의 필연성에 의하여 모든 것을 결과로서 산출한다. 그러나 이 정리의 연역은 합당하게 이루어졌는가? 「정리16」이 극도로 간결한 만큼 그 증명 역시 이해하기가 쉽지 않다.

"이 정리는 다음의 사실에 주의를 기울인다면 누구에게나 자명함이 틀림없다. 즉 지성은 각각의 모든 사물의 정의로부터 많은 성질들, 즉 실제로 그 정의(곧 사물의 본질 자체)에서 필연적으로 생기는 여러 가지 성질을 결론 내린다. 그리고 사물의 정의가 더 많은 실재성을 표현하면 할수록, 곧 정의된 사물의 본질이 더 많은 실재성을 포함하면 할수록 지성은 그만큼 많은 성질을 결론 내린다. 그런데 신의 본성은 동시에 모든 것이 각각 자신의 유(類)에서 무한한 본질을 표현하는 무한히 많은 속성을 절대적인 방식으로 포함한다. 그러므로 신의 본성의 이런 필연성으로부터 무한히 많은 것이 무한히 많은 방식으로 (곧 무한한 지성에 의하여 파악될 수 있는 모든 것이) 필연적으로 생겨야 한다."

이 증명에 대해서 중요한 질문을 제기해야 한다. 정의된 사물의 성질은 이 사물의 실제적 결과로 간주될 수 있는가? 한 사물이 특정 성질을 갖는다는 것과 이 사물이 결과를 산출한다는 것은 동일한 의미가 아닐 수 있기 때문이다. 이 점과 관련하여 우리는 스피노자 자신이 요구한 것에 주의를 기울여야 한다. 더 정확히 말하자면 정의(定義)의 본성과 지성의 능력을 고려해야 한다. 정의된 사물로부터 실제로 이 사물의 성질이 결과로서 도출된다는 점을 어떻게 인정할 수 있는가?

원은 모든 반지름의 동일성을 원의 성질로서 포함하지만 이 동일성을 산출하지는 않는다. 이 동일성의 산출에 지성이 개입된다는 점에 주의해야 한다. 스피노자에 따르면 지성은 다음과 같이 원의 발생적 정의를 내린다. 원은 한 끝이 고정되고 다른 끝이 움직이는 직선에 의해 그려진 도형이다. 달리 말해 반지름들의 동일성이라는 성질이 원의 본성의 필연성으로부터 생겨나도록 이 동일성을 원의 관념에 산출하는 것은 지성이다.

지성이 형성하는 신의 정의도 동일한 관점에서 다루어져야 한다. 신의 결과 또는 무한히 많은 사물이 신의 본성의 필연성으로부터 무한히 많은 방식으로 실재적으로 생겨나도록 지성은 신의 정의로부터 신의 결과의 관념을 산출한다. 이는 산출이 지성에 의존된다는 것을 의미하는가? 이 문제는 스피노자의 철학을 실재론 혹은 관념론으로 규정해야 하는지에 관한 것으로서 속성 이론과 함께 스피노자 철학의 해석에서 계속 제기되어왔다. 지성은 주체로 하여금 존재를 객관적으로 인식할 수 있도록 하지만 그렇다고 해서 객체가 인식에 의존되는 것은 아니다.

「정리16」의 이해와 직접적으로 관련된 스피노자 자신의 설명에 의거해보자. 『지성개선론』의 최종적 테제에 따르면 지성은 진리의 규범에 의하여 참된 관념, 나아가 가장 포괄적인 참된 관념, 즉 절대존재의 관념으로부터 그 귀결을 연역해낸다. 절대존재로부터 그 결과를 연역하는 것이 아니라 절대존재의 관념으로부터 결과의 관념을 연역하는 것이다. 이 작업이 스피노자가 『지성개선론』에서 요청했던 것이다.

"지성이 전혀 존재하지 않았던 하나의 새로운 대상을 지각하고(어떤 이들은 이런 식으로 신이 사물들을 창조하기 전의 신의 지성을 구상하며, 이 경우 지각의 기원은 외부 대상이 아니다) 이 지각으로부터 합법적으로 지성이 다른 사유들을 연역해낸다고 가정할 때, 이렇게 연역된 다른 사유들은 모두 참된 것이고 어떠한 외부 대상에 의해서도 규정되지 않을 것이며 오로지 지성의 능력과 본성에만 의존할 것이다."

— 『지성개선론』, 71절

참된 지성에 의해 수행된 연역이 존재를 부정할 수 없는 실체 또는 신의 관념에 적용될 경우 산출이 실제적으로 제1원인으로부터 이루어져야 한다는 점이 인정되어야 한다. 델보스는 실재론-관념론 논쟁의 소지가 있는 스피노자의 체계에 대해 균형 잡힌 설명을 제공한다.

"그의 체계는 일종의 관념론이다. 왜냐하면 처음부터 이 체계는 '자기원인'에 대한 정의 자체를 통해 사유와 현존의 동일성을 확립하며, 자신의 내부에 존재하는 이성적 절대존재와 자신에 의해 존재하는 실재적 절대존재의 동일성을 확립하기 때문이다. 하지만 스피노자의 체계는 구체적인 관념론이다. 즉 그의 체계는 현존을 비존재나 단순한 외관으로 간주하기를 거부하고 현존을 본질 속에 즉각적으로 확립한다. 그의 체계에 의하면 진리는 관념과 사물에 동시에 들어 있다. 모든 감각적 요소와 상상적 요소에서 해방된 지성이 구상한 그대로의 관념과, 혼합도 부패도 없이 실재적으로 존재하는 그대로의 사물에 동시에 진리가 들어 있는 것이다."*

*   빅토르 델보스, 『스피노자와 도덕의 문제』, 89~90쪽.

델보스와 유사한 관점에서 리보(Albert Rivaud)는 스피노자 철학에서 지성의 역할에 관하여 다음과 같이 적절히 말한다.

"지성은 양태적 실재에 불과하다. 지성은 사유-속성에서 파생된다. (……) 스피노자에 따르면, 지성은 몇몇 고대 철학이나 근대 철학에서처럼 창조자가 아니다. 지성은 자신이 개입하지 않을 때도 전개되는 무한한 실재를 관념들의 체계 형태로 확인할 뿐이다."*

그렇다면 신의 산출, 즉 신적 인과성은 어떻게 규정되는가? 우선 신의 능력의 항상적인 현행성(現行性)을 고려해야 한다. 존재하는 모든 것은 신 안에 있고 신은 만물의 내재적 원인이므로 그 무엇도 신의 산출을 외부에서 강제할 수 없다. 신은 내적으로도 강제되지 않는다. 유한한 존재들에게 관념적 구상과 실재적 활동 사이의 간극이 있는 것과 달리 신의 능력은 그의 행동을 촉발하는 내적인 명령에 의해서 실행될 수 없기 때문이다. 신의 능력은 신의 절대적 본성의 완전성 자체일 뿐이다. "신의 고유한 본성의 완전성을 제외하고는 외적으로나 내적으로나 신으로 하여금 행동하도록 이끄는 어떠한 원인도 존재하지 않는다."(『에티카』, 1부, 정리17, 따름정리1) 그러므로 신이 자유원인이라고 말하는 것은 신이 자신의 본성의 필연성 자체에 의하여 산출능력을 전개한다

---

*   Albert Rivaud, "La nature des modes selon Spinoza"(스피노자에서 양태의 본성), *Revue de la métaphysique et de la morale*(형이상학과 도덕), pp.281~308.

고 말하는 것과 같다. 스피노자는 자유를 "자유로운 결정"이 아닌 "자유로운 필연성"으로 간주한다.(『스피노자 서간집』, 서신58)

따라서 신의 절대적 본성의 필연성은 신의 완전성을 표현하는 행동 법칙으로 이해되어야 한다. 신은 자신의 완전성을 구조화하는 필연적 법칙을 스스로에게 부여한다. 실제로 신이 스스로에게 부여하는 내적 법칙은 어떤 방식으로도 왕들의 법처럼 불안정하거나 변덕스러울 수 없다. 그러므로 신의 본성이 무한히 많은 것을 무한히 많은 방식으로 산출하는 자유로운 필연성에 의해 발현된다면, 무한성과 복잡성을 나타내는 신적 구조는 신의 변용 자체라고 말해야 한다. 즉 신이 자신의 능력을 전개하는 필연성은 신적 변용 속에서 드러난다. 신의 존재방식과 행동방식, 그것이 바로 신적 산출이다.

신이 자기 외부에 결과를 산출한다고 말할 수는 없다. 존재하는 모든 것은 신 안에 존재하기 때문이다. 따라서 양태의 필연적 산출은 내재적 인과성에 속한다. 스피노자는 초기 저술인『소론』에 삽입된 첫 번째 대화에서 내재적 원인과 타동적 원인의 차이를 설명한다. **이성**과 **육욕**이 나누는 가상 대화에서 육욕은 통일성과 다양성, 그리고 전체와 부분의 관계가 이해 가능하다는 점을 의심하는데, 이성이 이에 대해 다음과 같이 답변한다.

"결과의 산출자로서 원인은 결과의 외부에 있어야 한다고 너는 주장하는데, 네가 단지 타동적 원인만을 알 뿐, (절대적으로 아무것도 자기 외부에 산출하지 않는) 내재적 원인의 모든 것을 모르기 때문에 그렇게 말할 수 있는 것이다. 예를 들어 지성은 자신의 관념들의 원인이다. 지성이 자신의 관념들에 의하여 구성된다는 점을 고찰함으로써 나는 지성을 원인으로 명명하며, 다른 한편으로는 전체라고 명명한다. 마찬가지로 신은 자신의 결과들 또는 피조물들과의 관계에서 볼 때 내재적 원인일 뿐이며, 두 번째 측면을 고려한다면, 신은 또한 전체인 것이다."

— 「첫 번째 대화」, 12절

두 번째 대화에서 '테오필로스'는 신이 자신의 결과들과 함께 전체를 형성하면서 그 결과들에 의하여 구성된다면, 신은 더 많은 본질을 갖는 것이 아닌지 묻는 '에라스무스'에게 다음과 같이 응답한다.

"에라스무스, 그런 혼란에서 벗어나고 싶다면 내가 지금 너에게 말할 내용에 주의를 기울여라. 한 사물의 본질은 다른 사물, 즉 그것과 더불어 하나의 전체를 형성하는 사물과의 결합으로 인해 증대되지 않는다. 반대로 이 경우 그 본질은 변화 없이 그대로 있다."

— 「두 번째 대화」, 3~4절

원인과 결과의 내재적 관계는 스피노자 철학에서 가장 어려운 문제 중 하나다. 이 난점은 다음과 같은 역설을 이해하는 데 있다. 즉 원인으로부터 기인하는 결과는 그 원인과 통약 불가능하지만, 그렇다고 그 원인의 결과이기를 멈추는 것은 아니다. 달리 말하면 인과성은 원인과 결과 사이의 본질의 동질성을 필연적으로 포함하는 것이 아니다. 예를 들어 신은 인간의 원인이지만 신의 본질과 인간의 본질이 동일하지는 않다.

요컨대 만물은 신의 절대적 본성의 필연성에 의하여 신 안에 산출된다.

"신의 최고 능력 또는 신의 무한한 본성에서 무한히 많은 것이 무한히 많은 방식으로, 곧 만물이 필연적으로 나왔으며, 또한 항상 동일한 필연성과 함께 생겨났다. 이것은 마치 삼각형의 본성상 세 각의 합은 2직각과 같다는 것이 영원에서부터 영원에 이르기까지 생기는 것과 동일하다는 것이다. 그러므로 신의 전능은 영원에서부터 현행적이었고 영원히 동일한 현행성을 가질 것이다. 내 생각에는 바로 이런 방식으로 신의 전능은 훨씬 더 완전하게 인정된다."

— 『에티카』, 1부, 정리17, 주석

그런데 산출이 필연성에 의해 특징지어진다는 점을 주목할 필요가 있다. 필연적 산출은 신의 능력을 숙명에 종속시키는 것 아닌가? 신은 산출하지 않을 수 없기 때문이다. 또한 필연적 산출이 신의 능력의 순수 현행성이라면, 신의 능력은 더 이상 아무것도 산출할 수 없기 때문에 고갈된다고 말할 수 있지 않겠는가? 결국 신이 절대적 자유에 따라 능력을 행사할 수 있도록 신에게 자유를 부여해야 하지 않겠는가?

스피노자에 따르면 이런 주장은 부조리를 낳을 뿐 아니라 학

(學)에 대한 심각한 장애물이다. 신이 자신의 결심이나 자유로운 결정에 의하여 자연을 창조했다고 말하는 것은 신이 자유의지를 갖춘 절대적 의지가 있기 때문에, 자신이 원하지 않는다면 자연의 산출을 억제할 수도 있다고 말하는 것이다. 그러나 이 논거에는 문제가 있다. 만일 신이 자기의 계획을 바꾼다면 이는 자신이 현재 가지고 있는 의지와 지성과 다른 의지와 지성을 가진다는 것이다.

"만일 신의 본질과 완전성을 전혀 변경하지 않고 신에게 또 다른 지성과 의지를 귀속시킬 수 있다면, 신이 피조물에 관한 자기의 결정을 지금 변경하고 또한 마찬가지로 완전히 중지하지 못할 어떤 이유가 존재하는가?"

— 『에티카』, 1부, 정리33, 주석2

이런 문제의식에 기초하여 두 가지 문제점을 드러낼 수 있다. 첫째, 신의 의지와 지성의 변화가 신의 본질의 변화 없이 가능하다고 주장한다면, 신의 본질에 인간적인 불안정성이나 변덕을 귀속시킬 수 있게 된다. 둘째, 의지와 지성의 변화에 의하여 신의 본질이 함께 변한다고 주장한다면, 더 이상 신의 본질에 신성을 귀속시킬 수 없게 된다. 신의 본질은 신의 현존과 동일하므로, 신은 현존하기를 멈추게 될 것이기 때문이다. 그러나 이 두 가지 명제 모두 부조리에 빠지지 않고서는 절대적으로 완전한 존재에 적용될 수 있는 것이 아니다. 이런 주장은 만물을 주관적 경향성에 따라 판단하는 인간적 상상에서 비롯되는 것일 뿐이다. 더 정확히 말하면 자유의지의 감정을 일으키는 목적론적 환상에 의하여 사람들은 신에게 자신의 절대적 본성의 필연성에 따라, 즉 자기 고유의 내적 법칙에 따라 전개되는 최고 능력을 귀속시키기는 커녕, 마치 신이 판사나 왕인 것처럼 인간의 의지와 유사한 의지를 귀속시키는 것이다.

앞서 미신의 폐해에 관해 살펴본 것처럼, 신에게 인격을 부여할 때 우리는 목적론의 환상에 빠지고 자연에 대한 온갖 혼란한 개념들을 끌어들이게 된다. 이런 혼란은 제1관념, 즉 신에 대한 정확한 인식의 결여로부터 온다. 존재하는 모든 것은 신 없이는 존재할 수도 생각될 수도 없다. 신의 최고 완전성은 자유로운 필연성에 의하여 영원히 실현되는 절대적 산출 능력이다.

> "신에게는 완전성의 최고 정도에서부터 최저 정도에 이르기까지 모든 것을 창조할 자료가 결핍되어 있지 않다. 더 정확히 말하면 자연 법칙은 무한 지성이 파악할 수 있는 모든 것을 산출하기에 충분할 정도로 포괄적이다."

> ―『에티카』, 1부, 부록

절대존재의 일반적 인과성을 정리하면 다음과 같다. 만물은 신의 절대적 본성의 필연성으로부터, 즉 신의 불변의 법칙으로부터 산출된다. 존재하는 모든 것은 신적 속성들의 일정한 변용이다. 자연이 신의 필연적 법칙에 따라 산출된다는 것은 무한히 광

대하고 복합적인 방식으로 자연이 구조화된다는 점을 의미한다. 무한히 많은 것이 무한히 많은 방식으로 산출되기 때문이다. 무한히 많은 것이 구체적으로 어떠한 방식으로 신의 필연적 법칙에 의하여 조직되는가? 만물은 무한양태의 매개로 조직된다. 그런데 스피노자에 따르면, 육체와 정신으로 구성된 인간은 물질과 사유라는 두 속성만을 인식할 수 있다. 따라서 살펴보아야 할 것은 두 속성에서 귀결되는 무한양태의 의미이다. 스피노자에 따르면 무한양태는 다시 직접무한양태와 간접무한양태로 구분된다. 차례로 살펴보자.

직접무한양태

신의 절대적 본성의 필연성으로부터 무한히 많은 것이 무한히 많은 방식으로 귀결된다는 것은 만물의 산출이 신적 속성들의 변용이라는 의미이다. 달리 말하면 신의 속성들이 무한히 많은 방식으로 변용된다는 것은 신이 만물을 산출함으로써 스스로 산출된다는 의미이다.

"신이 자기원인이라고 말해지는 것과 동일한 의미에서 신은 만물의 원인이라고 말해져야 한다."

— 『에티카』, 1부, 정리25, 주석

그런데 신적 산출은 자유로운 의지에 의해서가 아니라 신의 필연적 법칙에 따라 이루어진다. 신의 능력은 신 자신의 필연적 법칙에 의하여 발휘되므로 모든 산출 결과는 신의 필연성에 따라 신의 능력을 표현한다.

"개별적인 것들은 신의 속성들의 변용들 혹은 신의 속성들을 특정한 방식으로 표현하는 양태들과 다르지 않다."

— 『에티카』, 1부, 정리25, 따름정리

양태들이 신의 속성들을 특정한 방식으로 표현한다는 것은 개별적 실재들이 따르는 법칙이 있다는 의미이다. 개별적 실재들이 신적 구조에서 질서를 갖추도록 해주는 것이 바로 무한양태이다. 무한양태는 직접무한양태와 간접무한양태로 구분된다. 스피노자는 한 편지에서 두 종류의 무한양태에 대한 예를 제공한다.

"첫 번째 종류는 사유의 질서에서는 절대적으로 무한한 지성이며, 물질의 질서에서는 운동과 정지입니다. 두 번째 종류는 무한히 많은 방식으로 변화함에도 불구하고 항상 동일하게 존재하는 우주 전체의 얼굴(facies totius universi)입니다."

— 『스피노자 서간집』, 서신64

이런 구분은 개별적 실재들의 산출이 이중적으로 고찰될 수 있다는 점에서 파악해야 한다. 한편으로 모든 본질들은 단번에 산출된다. 순수 현행성인 신의 능력은 어떤 본질들을 산출한 후에 다른 것들을 산출하는 방식으로 발휘될 수 없기 때문이다. 다른 한편으로, 비록 모든 본질들이 영원히 신 안에 포함되어 있다고 할지라도, 그들에 상응하는 현존들은 인과성의 무한정한 계열 속에서 잇따라 산출된다. 현실화된 개별적 사물들의 무한정한 연쇄에 따라 현존들이 무한히 많은 방식의 조합을 형성하기 때문이다. 즉 본질의 현존으로의 현실화는 이미 현실화된 다른 개별적 사물들에 의하여 생겨난 맥락 속에서만 실현된다. 첫 번째 방식의 산출이 직접무한양태에, 그리고 두 번째 방식의 산출이 간접무한양태에 해당된다.

그런데 인간은 육체와 정신으로 구성되어 있으므로 우리가 인식할 수 있는 신의 속성은 물질과 사유밖에 없다. 따라서 이 두 속성으로부터 변용되는 무한양태를 검토해야 한다. 우선적으로 직접무한양태와 관련하여 신적 산출이 조직되는 방식을 살펴보자.

신의 속성으로서 물질은 무한하고 영원하다. 물질은 신의 본질을 구성하므로 물질계 전체의 존재론적 원리이다. 그런데 물질은 제약되거나 수동적이지 않은 순수 현행성이다. 즉 물질의 존재질서에 속하는 양태들의 모든 활동은 물질의 현행성에 의존되므로 물질의 실체적 토대 위에서 모든 물질적 존재가 조직된다. 그러나 물질적 존재들의 조직화는 무차별적인 방식으로 이루어지는 것이 아니다. 물질은 수동적이지 않고 반대로 생동적이다. 이 점에서 스피노자의 물질 개념은 데카르트의 그것과 선명하게 분리된다. 스피노자는 창조신의 원초적 작용에 의하여 외부로부터 운동성을 부여받는, 즉 자력으로 움직일 수 없는 데카르트적 물질 개념에 반대한다. 스피노자에 따르면 물질은 즉각적으로 **운동**과 **정지**를 내포하며 이런 의미에서 외부 존재에 의거하지 않는 물질의 역동성이 존재한다. 물질 질서에서 **직접무한양태**를 구성하는 것은 바로 운동과 정지이다.

그러나 운동과 정지는 절대적 개념이 아니다. 운동만이 존재한다는 것은 생각할 수 없는 일이다. 이 경우 자연은 절대적 유동성에 의하여 지배되고 아무런 질서도 갖추지 않게 될 것이다. 스피노자는 운동과 정지의 동시성을 명시한다.

> "결코 운동만이 존재하는 것이 아니라 운동과 정지가 동시에 존재한다."
>
> ─『소론』, 1부, 2장, 19절

따라서 정지만이 존재한다고 하는 것도 생각할 수 없는 일이다. 이 경우 물질 속성은 운동력이 없는 죽은 덩어리에 불과할 것이기 때문이다. 달리 말하면 운동과 정지의 상호관계를 통하여 식별 가능한 일정한 형태가 물질의 변용에 주어지며, 물체들의 특정한 분절이 가능해지고 가시적이 되는 것이다. 스피노자는 『소론』에서 운동과 정지의 관계를 다음과 같이 정리한다.

> "물질에는 운동과 정지 외에 다른 변용이 없다. 모든 물체는 운동과 정지의 일정한 비율일 뿐이다. 그러므로 물질에 운동만이 있거나, 반대로 정지만이 있다면, 어떠한 개별적 사물도 생겨나거나 존재할 수

없을 것이다."

— 『소론』, 부록, 「인간의 영혼에 관하여」, 14절

즉 운동과 정지는 개별적 물체들의 생성 원리이다. 운동과 정지로부터 물체 형태들의 변형과 새로운 조합이 생겨난다. 운동과 정지의 특성은 무엇인가? 운동과 정지는 그것들을 제한하는 것이 없기 때문에 무한하다. 혹시라도 운동과 정지를 제한할 수 있는 것이 있다면 그것은 물질일 것이다. 인과성을 위한 동질성의 요청을 충족하려면 운동과 정지와 동일한 존재질서에 속하는 것만이 제한의 요소가 될 수 있기 때문이다. 그러나 물질이 스스로 행동방식을 제한한다는 것은 불합리한 일이다. 운동하는 물체가 운동이나 정지 상태의 다른 물체를 제한할 수 있다는 것은 사실이다. 그러나 개별적 물체의 운동의 변화는 자연 전체에서의 운동의 변화가 아니다. 물질의 활동성은 제한이라기보다는 일종의 **자기구조화**로 간주되어야 한다.

운동과 정지는 무한할 뿐 아니라 영원하다. 직접무한양태로서 운동과 정지가 영원하지 않다고 가정한다면, 이는 물질이 능동적이 아니며 물질의 활동성이 중지할 것이라고 주장하는 것이다. 따라서 신의 속성으로서 물질은 신의 무한하고 영원한 본질을 표현하고, 물질의 직접무한양태인 운동과 정지도 무한하고 영원한 방식으로 물질의 변용을 표현하며, 그렇기 때문에 무한하고 영원하다는 것을 인정해야 한다.

직접무한양태의 개념과 신적 산출의 개념을 종합하여 말하

면, 신은 운동과 정지를 통하여 무한히 많은 물질적 조직을 스스로에게 부여함으로써 무한히 많은 방식으로 변용된다고 할 수 있다. 신은 자연의 물질 질서에서 자신의 물질적 변용을 표현하는 내재적인 원인이다.

사유 속성으로부터 변용되는 직접무한양태는 어떻게 규정되는가? 사유는 사유 질서에 속하는 양태의 모든 활동이 비롯되는 근원적 힘이다. 신의 본성으로부터 무한히 많은 것이 무한히 많은 방식으로 나온다고 할 때 이 명제는 사유의 관점에서 다음과 같이 표현될 수 있다. **사유로부터 무한히 많은 관념들이 나온다.**

그러면 사유의 즉각적 활동은 무엇인가? 사유에 관해서는 우선 주의해야 할 것이 있다. 즉 사유가 오직 관념들의 원인이기 때문에 사유 외의 다른 속성들 및 그들에 속하는 양태들을 사유하지 못한다고 말해서는 안 된다. 이는 신이 사유 속성 외의 속성들의 양태들을 파악하지 못한다고 가정하는 것이기 때문이다. 그러나 신은 사유 능력을 통하여 모든 속성과 양태를 파악한다. 이런 사유 활동은 일종의 신적 재현 또는 신의 자기 인식이다. 즉 사유는 모든 속성들과 이들에 속하는 모든 양태들의 관념들이 포함된 관념을 즉각적으로 산출한다. 이런 산출로부터 신 자신에 대한 관념이 나오며, 이 관념 안에는 모든 영원한 본질들이 동시에 존재하므로 자연의 모든 역사가 신의 관념 안에서 미리 결정된다. 결과적으로 모든 본질들 또는 모든 관념들의 통합은 **무한지성**(intellectus infinitus) 또는 **신의 유일한 관념**을 표현한다. 바로 이 관념이 사유 질서에서의 직접무한양태를 구성한다.

실제로 모든 관념들이 신의 관념 안에 포함되어 있다고 말하는 것은 신의 본성으로부터 **형상적으로** 또는 실재적으로 산출되는 모든 것이 신의 지성 안에 **대상적으로** 또는 관념적 대상으로서 포함되어 있다는 것이며, 달리 말하면 신은 그가 자신에 대하여 갖는 관념을 통하여 자신과 만물을 인식한다는 것이다. 물질의 질서에서 모든 개별적 물체들이 운동과 정지를 통하여 규정되는 것처럼, 사유의 질서에서는 모든 개별적 관념들이 신의 관념 안에서 그들의 영원한 위상을 갖는다.

신의 관념 또는 무한지성이 유한할 수 없는 이유는 사유에 무능력이나 내적 모순을 도입하지 않고서는 무한지성에 한계를 설정할 수 없기 때문이다. 무한지성에 한계를 설정할 경우 신의 관념이 때로는 신적 사유로부터 산출되고 때로는 산출되지 않는 셈이 될 것이다. 또한 무한지성은 영원하다. 무한지성의 영원성을 부정할 경우, 신적 사유가 어떤 순간에 활동을 중지했었거나 또 어떤 순간에는 활동을 중지할 것이라는 점이 전제되어야 한다. 이는 물론 신적 사유 자체를 부정하는 것이 된다. 달리 말하면 신의 사유의 순수 현행성으로부터 즉각적으로 신의 무한하고 영원한 관념이 산출되며, 이 관념에는 모든 관념들 또는 모든 영원한 본질들이 포함되어 있다고 말해야 한다.

요컨대 모든 물체들이 운동과 정지의 조합을 통하여 결정되는 것과 마찬가지로 모든 관념들은 신의 관념 안에 영원히 그리고 동시적으로 포함되어 있다. 직접무한양태가 운동과 정지 그리고 신의 관념이라면 간접무한양태는 어떤 것인가?

간접무한양태

무한양태는 신적 산출의 이중적 측면에 따라 직접무한양태와 간접무한양태로 구분된다. 직접무한양태가 신적 속성들의 즉각적 변용이라면 이 변용은 그것을 표현하는 다른 변용을 일으킨다. 직접무한양태에 포함된 본질들이 영원성을 누린다고 할지라도 그것들은 끊임없이 현실화되고 현존에서 재생산된다. 달리 말하면 개별적 사물들은 그들 본질의 현실화를 통하여 상호영향 관계에 들어감으로써 지속의 질서에서 현존하기 시작한다. 그리고 현존의 생성 절차는 무한히 계속되기 때문에, 결과적으로 직접무한양태에 포함된 요소들의 조합은 무한히 다양한 모습을 갖는다. 따라서 직접무한양태로부터 실현되는 조합 절차가 반복될 때마다 동시적으로 **우주의 전체적 얼굴**이 나타나는 것이다. 이런 측면의 변용이 바로 간접무한양태이다. 우주의 전체적 얼굴은 스피노자의 속성 평행론에 따라 물질과 사유에 모두 적용되어야 한다.

물질은 운동과 정지의 조합으로 조직화된 무한히 많은 물체들을 통하여 표현된다. 운동과 정지 상태의 물체들 전체는 그들의 역동성에 의하여 물질적 자연의 유일한 개체로서 규정된다.

"개체의 각 부분이 여러 물체로 조직되어 있으므로 각 부분은 개체의 본성을 전혀 변화하지 않고, 어떤 때는 느리게 어떤 때는 빠르게 움직이며, 그리하여 자신의 운동을 다른 부분에 더 빠르게 또는 느리게 전달할 수 있기 때문이다. 그러므로 만일 우리가 이러한 제2의 종류의 개체로 조직된 제3의 종류의 개체를 생각한다면, 우리는 그런 개체가 자신의 형상에 아무런 변화도 없이 다른 많은 방식으로 움직일 수 있음을 발견할 것이다. 그리고 이렇게 계속하여 무한히 나아간다면, 우리는 자연 전체가 하나의 개체라는 것을, 그리고 그 부분들 즉 모든 물체가 전체로서의 개체에는 아무런 변화도 미치지 않고 무한한 방식으로 변화한다는 것을 쉽게 알게 된다."

— 『에티카』, 2부, 정리13 이후의 보조정리7, 주석

물질계 전체로서 자연이 조직되는 방식은 다음과 같다. 모든 물체는 항상 운동과 정지 상태에 있다. 때로는 운동 상태에, 때로는 정지 상태에 있는 각각의 물체는 느리거나 빠른 운동을 통하여 생성을 멈추지 않으며, 다른 형태들을 생겨나게 하면서 자기 형태를 상실하기도 한다. 그러므로 물질 질서에서 물체들의 조합은 무한히 많은 방식이 가능하다. 운동과 정지 상태의 개별적 물체들은 역시 운동과 정지 상태의 다른 물체들을 마주치며, 물질계의 통상적인 질서에 따른 다양한 마주침으로 인하여 물체들의 형태가 감소하거나 증대된다. 이에 따라 물체들은 소멸하거나 탄생하고, 또한 다른 물체들을 생겨나도록 하며, 이런 변화는 무한정하게 진행된다. 그러나 전체로서의 자연은 운동과 정지의 동일한 양을 유지함으로써 항상 동일한 개체로서 존속한다. 물질은 운동과 정지의 동일한 전체적 양을 보존하면서 무한히 많은 방식으로 변용되는 것이다. 하나의 개별적 물체가 상실하는 것은 전체로서는 상실이 아니며, 마찬가지로 그것이 얻는 것도 전체로서

는 획득이 아니다. 끊임없이 변하지만 항상 존재를 유지하는 물질적 자연 전체의 이런 격동이 바로 전체적 개체, 즉 모든 물체들의 전체성을 표현하는 것이다. 따라서 운동과 정지의 특수한 비율들의 계속적 변동에도 불구하고 전체적 개체는 운동과 정지의 원초적 비율을 충실히 재현한다. 그렇기 때문에 존재의 관점에서 볼 때, 직접무한양태와 간접무한양태는 근본적으로 동일한 것이다. 결론적으로 말하면 물질의 삶은 무한양태들을 매개로 모든 물체들 속에서 표현된다.

그렇다면 사유 질서에서 간접무한양태는 어떻게 규정되는가? 많은 주석가들은 『스피노자 서간집』(서신64)에서 제시된 **우주의 전체적 얼굴**이 사유 질서에서 어떤 개념을 지시하는지 물었다. 델보스는 그의 고전적 저작에서 사유 질서에서 우주 전체의 얼굴에 해당하는 것으로서 『에티카』 5부, 정리40의 주석에서 나타나는 '관념들의 전체적 세계'를 제안했다.*

구체적으로 설명해보자. 사유 속성의 삶은 신의 관념, 즉 무한하고 영원한 지성에 의하여 표현된다. 존재하는 모든 것은 신안에 존재하므로, 모든 관념들은 신의 지성 안에 존재한다. 이 관념들은 신의 지성 안에 영원히 주어진 것이기 때문에 역시 영원하다. 자연의 통상적 질서의 협력에 의하여 생성되는 사물들의 현존을 고려하지 않는다면 모든 관념들은 동시적으로, 즉 무한정한 현존 인과성의 연쇄에 의하여 결정되지 않고서 주어졌다고 할

* Victor Delbos, *Le spinozisme*(스피노자 철학), pp.60~61.

수 있기 때문이다. 그런데 영원한 관념들은 지속 속에서 현존하게 되면서부터는 현존하는 다른 관념들과의 관계에 들어간다. 스피노자는『에티카』5부, 정리40의 주석에서 다음과 같이 말한다.

"우리의 정신은 이해하는 한에서 사유의 영원한 양태이고, 이 양태는 사유의 다른 영원한 양태에 의하여 결정되며, 또한 이 다른 양태는 또 다른 양태에 의하여 결정되는 방식으로 무한히 계속된다. 결과적으로 이 모든 양태들 전체는 신의 영원하고 무한한 지성을 구성한다."

즉 인간의 정신은 사유의 다른 모든 영원한 양태들과의 관계에 들어가며, 상호관계에 있는 이 양태들 전체가 신의 지성을 구성하므로 신의 지성은 간접적으로 표현되는 것이다. 영원한 관념들은 현존하는 관념들과 상호 규정의 관계를 갖게 되고 이 관계는 물체들의 조합이 나타내는 끊임없는 변동을 반영한다. 즉 현존의 질서에 진입한 물체들이 서로 인과 작용을 주고받듯이, 이 물체들에 대한 관념들도 현존의 질서에서 상호 인과관계를 구성하는 것이다. 이 인과관계는 개별적 실재들 간의 무한정한 인과 사슬을 형성하며 시작도 끝도 없이 이어진다. 이렇게 지속 속에 현존하는 관념들의 총체가 바로 사유 질서에서의 간접무한양태를 구성한다.

물질 질서의 경우에서처럼, 여기서도 무한지성의 존재 자체가 변화하는 것이 아니다. 따라서 관념들이 창출해내는 새로운 질서들이 무한지성 안에 생성된다고 해도, 이 질서들은 무한지성에 포함된 모든 관념들의 총체, 즉 관념들의 원초적 토대를 재현한다. 그리고 이런 재현은 무한히 반복되기에 각각의 재현은 관념들의 전체성을 표현한다. 결론적으로 말해, 물질 질서에 속하는 무한양태의 경우처럼, 사유의 질서에서도 직접무한양태와 간접무한양태는 존재 자체의 차원에서는 동일한 것이다.

10.

인간의 본성 : 유한양태

지금까지 우리는 스피노자 철학의 근본원리와 이를 방해하는 미신의 폐해, 종교론과 정치론, 인간의 욕망이 마주치는 원초적 조건과 수동적 상태, 그리고 철학적 성찰의 영역에서 규정된 존재론의 토대와 그로부터 전개되는 자연의 구조를 살펴보았다. 무한히 많은 것이 무한히 많은 방식으로 (직접/간접) 무한양태들을 매개로 신으로부터 산출되면서 자연의 법칙과 구조가 형성된다. 스피노자의 핵심적 기획인 윤리학을 깊이 파악하려면 자연의 구조를 채우는 부분들 또는 요소들을 살펴보아야 한다. 이 요소들에 속하는 것이 유한양태이다. 신 또는 실체의 속성들이 개별적 실재들로 변용된 결과가 유한양태이며 인간 역시 여타 개별적 실재들과 마찬가지로 유한양태이다. 욕망의 문제를 다루는 스피노자의 윤리학에 접근하기 위해 이제 스피노자의 철학에서 인간의 본질 및 실상을 검토해야 한다.

　　스피노자에 따르면 정신이 육체와 관련짓는 감정은 의식에 부과되면서 상상의 연쇄로 이어지고 결국 인간을 다양한 수동적 감정 상태에 빠지게 한다. 그리고 그가 제안한 수동적 감정 상태의 치유는 자유의 결심에 의해서가 아니라 감정 상태의 본성에 대한 인식과 자각에 의해 이루어진다. 즉 스피노자의 철학에서 정신과 육체의 관계는 양자 간의 영향이나 환원이 아니라 사유계와 물질계가 동일한 존재를 서로 다른 방식으로 표현하는 존재론을 통해 정립된 평행의 관점에서 이해되어야 한다. 인간은 분할 불가능한 통합적 존재이지만, 때로는 정신의 양상으로 때로는 육체의 양상으로 표현되는 개체이다. 정신과 육체는 서로 다르면서 하나를 이룬다. 인간은 정신과 육체의 통일성 속에서 정신과 육체의 차이를 드러내는 풍성한 개체이다. 인간의 본성은 무엇인가?

평행론과 인간

실체와 속성의 관계를 고찰하면서 이미 여러 차례 논의된 물질과 사유의 평행론을 통하여 스피노자의 존재론 및 인간의 개념을 정리해보자. 스피노자는 한 편지에서 사례를 들어 자신의 사상을 압축한다.(『스피노자 서간집』, 서신32) 우선 스피노자는 혈액 속에 살고 있는 유충을 예로 들면서 부분들에 대한 전체의 우위를 강조한다. 이 유충이 혈액의 분자들, 즉 림프, 유미(乳糜) 등이 움직이는 것을 볼 수 있다고 가정해보자.

"이 유충은 우리가 우주의 한 부분에서 사는 것처럼 혈액 속에서 살 것이며, 혈액의 요소들 각각을 하나의 부분이 아니라 하나의 전체로 간주할 것입니다. 이 유충은 어떻게 모든 부분이 혈액의 보편적 본성에 의하여 조정되는지, 그리고 이 본성에 의하여 일정한 법칙에 따라 서로가 조화되는 방식으로 상호 적응되는지를 알 수 없을 것입니다."

즉 혈액은 림프나 유미 등의 부분들에 대한 전체이며, 혈액은 인간 육체의 한 부분이다. 앞서 무한양태에 관하여 살펴본 것처럼, 이런 점은 자연을 하나의 전체적 개체로 볼 수 있는 논의로 확대된다.

"자연의 모든 물체들은 제가 혈액에 관해 다뤘던 것과 같은 방식으로 생각될 수 있고 그렇게 생각되어야 합니다. 실제로 모든 물체, 즉 우주 전체에서 운동과 정지의 양은 불변하지만, 모든 물체는 다른 물체들에 둘러싸여 있고 그들에 의하여 특정한 방식으로 현존하고 행동하도록 결정됩니다."

곧바로 스피노자는 사유와 물질의 평행론을 도입하고 인간에 대한 규정의 단서를 제공한다. 혈액의 예에서처럼 인간의 육체는 자연의 한 부분이며 인간의 정신도 마찬가지다.

"실제로 저는 자연에는 무한한 사유 능력이 주어져 있다고 상정합니다. 무한한 한에서 이 사유 능력은 자신 안에 대상적으로 자연 전체를 포함하며, 따라서 이 사유 능력의 사유들은 그 관념 대상에 다름 아닌 자연과 동일하게 진행됩니다."

이제 스피노자는 유한양태로서 인간의 정신을 사유 속성과의 관계를 통하여 규정한다.

"저는 인간 정신이 이 무한한 사유 능력과 동일한 사유 능력이지만, 이는 인간 정신이 무한하고 자연 전체를 지각하는 한에서가 아니라, 유한하고 인간 육체만을 지각하는 한에서 그러하다고 생각합니다. 그렇기 때문에 저는 인간 정신이 무한 지성의 한 부분이라고 상정합니다."

무한양태를 논의하면서 여러 차례 나타난 것처럼, 스피노자의 철학에서 사유 능력은 물질의 능력과 같은 자연적 힘이다. 양자는 모두 유일한 신의 본성을 표현하는 실체적 속성이기 때문이다. 따라서 무한양태 역시 사유와 물질 질서에서 평행적으로 신의 법칙을 표현하며, 인간의 정신과 육체도 마찬가지로 두 질서에 평행적으로 참여하는 것이다.

스피노자는 정신과 육체를 분리하는 이원론을 극복하고 인간의 통일성을 확립하고자 한다. 이런 관점은 데카르트라는 거인의 철학을 극복하면서 형성되기 때문에 스피노자가 제시하는 정신과 육체의 관계는 데카르트의 체계와 차별화되는 **스피노자 체계** 속에서 이해해야 한다. 스피노자의 체계에서 사유 속성과 물질 속성은 유일실체의 본질을 상호 제한 없이 평행하게 표현한다. 이것이 스피노자의 평행론이다. 달리 말하면 사유의 명령에 의해 물질이 작용하는 것이 아니다. 사유 영역은 사유 질서에 따라 실체의 힘을 그대로 표현하고 물질계는 물질 질서에 따라 실체의 힘을 그대로 표현한다. 그리고 이런 실체, 즉 신의 힘의 익명적 발현 또는 **신의 절대적 본성**의 질서를 스피노자는 **필연성**이라고 명명하는 것이다.

신의 속성들로부터 무한양태를 거쳐 유한양태인 인간의 존재에 이르는 존재론적 고찰은 스피노자의 인식론과 윤리학을 정립하기 위하여 필수불가결한 논의이다. 인간 정신은 육체의 관념으로 정의되며, 물질의 질서, 즉 물체들 및 육체에 대한 관념들의 전체적 조합 방식에 따라 적합한 인식과 상상, 그리고 능동적 삶과 수동적 삶이 규정되기 때문이다.

세계에 대한 자연주의적 관점은 세계가 냉혹한 필연성에 따라 전개될 뿐 인간의 개인적 욕망의 실현을 위해 구성되지 않았다는 점을 알려준다. 이와 같은 보편적 필연성의 관념을 갖추었을 때 우리는 독립적이고 자기중심적이며 자유로운 실체로서의 자아에 대한 거짓 개념에서 해방될 수 있다. 또한 이런 주관적 관점에서 벗어날 때 인간의 본성을 이루는 정신과 육체의 관계가 정립될 수 있다.

인간 본성의 비결정성

스피노자가 기획한 윤리학의 출발점은 자기보존 욕망과 관련 활동에 대한 의식이다. 그러나 욕망의 의식이 곧 욕망의 인식은 아니다. 인간의 원초적 조건을 고려할 때 자기보존 욕망과 이에 대한 의식은 재앙의 씨앗을 품고 있다. 즉 유용성의 추구를 결정하는 원인에 대한 무지를 내포하고 있다. 욕망 주체를 자신이 전적으로 독립적이고 자율적이며, 간단히 말해 모든 것으로부터 자유로운 존재로서 간주하도록 이끄는 것은 무지를 동반한 반(半) 의식적 욕망이다. 그래서 욕망 주체는 모종의 근본적인 능력으로 자기 행위를 결정할 수 있다고 믿으며 이 능력에 자신의 결정을 실현하는 후속 능력이 잇따라 적용된다고 믿게 된다. 이런 환상이 행위의 근거를 오직 자기 고유의 행동 능력에서 찾는 성급한 정신 체제에서 작동할 경우 욕망 주체는 자신의 '자유로운'

결정과 행동으로 인한 기쁨이나 슬픔, 자신에 대한 과신, 오만, 후회, 불안, 착란 등 갖가지 수동적 감정 상태를 겪고 상반되는 감정이 부딪치는 **마음의 동요** 상태에 빠질 수 있다. 자신이 자유롭다는 환상에서 벗어날 때 욕망 주체는 끊임없는 수동적 감정들의 연쇄로부터 해방될 수 있다.

그러나 자유롭다는 느낌은 계속해서 다시 생겨나므로 우리는 통상적으로 인간에게 부여되는 절대적이고 독립적인 자유의지를 인정하려는 유혹에 끊임없이 빠진다. 감정의 구체적 메커니즘을 인식하지 못할 경우 우리는 세계가 필연적인 자연법칙에 의해 결정되었다는 관점이 확립되었음에도 불구하고 자유의지를 특정한 실재처럼 여기게 된다.

자유롭다는 느낌은 어디서 생겨나는가? 왜 우리는 통상적으로 절대적인 자유를 자신에게 부여하는가? 자유와 관련하여 필연성에 대한 일반적 관념을 거칠게 적용하기보다는 우선 경험적 사태를 주의 깊게 관찰할 필요가 있다. 먼저 주목해야 할 것은 인간이 자신의 유용성을 욕망하고 이에 대해 의식하고 있다는 사실이다. 그런데 이런 욕망을 의식할 뿐 그 원인에 대해서는 무지하므로, 우리는 매번 어떤 것을 수행할 때마다 자신의 수행된 행위가 자신의 일반적 능력, 즉 자유의지에 의해 이루어졌다고 믿는다.

"인간들은 자신의 의욕과 욕구를 의식하고 있기 때문에 자신이 자유롭다고 믿는다. 반면 그들로 하여금 욕망하고 의욕하게 한 원인들을 모르기 때문에 꿈에서조차 이 원인들을 생각하지 않는다."

— 『에티카』, 1부, 부록

무지와 혼란한 의식에 의거할 경우 욕망 주체는 자유의지라는 결정되지 않은 능력 자체를 갖추고 있다는 느낌에 자기 욕망을 쉽사리 연결시키게 된다. 나아가 의식이 자기보존에 맞게 욕망 활동을 작동하도록 해주는 동기에 대한 명석 판명한 관념을 결여하기 때문에, 욕망 활동이 저하될 때 자유의지의 느낌은 더욱 커지게 된다. 마치 행동 근거의 비결정이 자유의 확정적인 표시인 것처럼 말이다. 스피노자는 이와 같은 대중의 믿음을 냉소적으로, 그러나 섬세하게 분석한다.

"우리는 열의 없이 추구하는 것에 대해서만 자유를 가지고 행동한다. 왜냐하면 이런 것에 대한 욕구는 빈번히 상기된 다른 대상의 기억에 의해 쉽사리 저지될 수 있기 때문이다. 또한 이런 자유는 우리가 다른 대상들의 기억으로는 경감될 수 없는 강렬한 욕망에 의해 대상들을 추구할 때 취약하다고 사람들은 믿는다."

— 『에티카』, 3부, 정리2, 주석

인간은 자신이 원인에 의해 결정되지 않고 자유로우며 욕구가 없을 수 있다고 상상함으로써 자의적 선택의 능력에 의해 자기 행위를 결정할 수 있다고 믿는다. 그러나 이런 능력이란 암묵적인 타협에 의해, 달리 말해 자신의 욕망 활동의 의미를 이해하지 못한 채 발명된 것일 뿐이다.

그럼에도 불구하고 자유의지의 믿음을 고수하려는 이들에게 이 믿음이 야기하는 재앙적인 결과를 제시하는 것은 어려운 일이 아니다. 실제로 우리는 유용성의 추구를 의식하며, 따라서 이미 완수된 행위의 결과에 관심을 두는바, 자기가 자유롭다고 믿는 주체는 자기 자신을 행위 결과의 원인으로 간주한다. 그래서 행위가 자기의 바람대로 이루어졌을 때는 자기 자신을 기쁜 감정의 원인으로 여기고, 반대의 경우는 자신의 무능력을 원인으로 삼는다. 그런데 자유에 대한 이런 의식에 의거할 때 욕망 주체는 자유롭고 유일하며 절대적이라고 상상된 능력에 의해 자신이 타인들과 구별된다고 믿게 되지만, 곧이어 감정의 불안정성에 빠지게 된다. 기쁨은 빠르게 오만으로 변질되기에, 욕망 주체는 다양한 경험을 겪으면서 자신의 욕망을 박탈당할 불안으로 애초의 기쁨에 슬픔을 섞게 마련이다. 반대의 경우 욕망 주체는 자유롭게 완수된 행위에 대한 후회로 인해 무능한 자신이 곱으로 불행하다고 여기게 된다. 이런 논리를 스피노자는 간명하게 다음처럼 표현한다.

"후회는 원인으로서의 자신에 대한 관념이 수반된 슬픔이고 자기만족은 원인으로서의 자신에 대한 관념이 수반된 기쁨이다. 이 감정들은 극도로 격렬한데 이는 사람들이 스스로를 자유롭다고 믿기 때문이다."

— 『에티카』, 3부, 정리51, 주석

자유의지의 믿음을 고집스레 추종하는 이들은 자유의지를

입증하기 위해 정신과 육체의 관계를 끌어들인다. "인간 정신이 사유할 능력이 없을 경우 육체는 무기력하고" 우리가 "말하거나 말하지 않는 것"(『에티카』, 3부, 정리2, 주석)은 정신의 결심으로 이루어진다는 것이다. 그러나 사유 속성과 물질 속성, 그리고 정신과 육체가 인과관계에 있지 않다는 존재론에 따라 심신평행론을 언급하지 않더라도, 경험은 많은 반대 사례를 알려주지 않는가? 실제로 육체가 잠이나 마취 등으로 둔화되어 있을 때 정신은 깨어 있을 때만큼 선명하게 사유할 능력이 없다. 심지어 깨어 있을 때조차도 우리는 동일한 대상을 계속 생각할 수 있을 정도로 우리의 사유를 충분히 지배하지 못한다.

> "이런 대상이나 저런 대상의 이미지에 의해 자극되는 육체의 능력에 따라 정신은 이런 대상이나 저런 대상을 고찰할 능력을 더 갖거나 덜 갖는다."
>
> ─『에티카』, 3부, 정리2, 주석

말과 관련해서도 마찬가지이다. 경험이 알려주는 바에 따르면 주정뱅이에게 말을 참는 것보다 어려운 일도 없다. 주정뱅이는 술에서 깨고 나면 숨기고 싶어할 일을 취한 상태에서는 자유롭게 말한다고 믿는다. 잠에서 깨어 있을 때는 감출 일을 꿈속에서 내뱉는 자, 착란자, 수다쟁이, 아기 등 자신의 충동과 욕구를 통제하지 못하는 모든 이들도 마찬가지이다. 나아가 단어 하나를 말하는 것도 그것을 우선 기억하지 못하면 불가능하며 어떤 것을 기억하거나 망각하는 능력 자체도 정신의 자유로운 힘에 속하는 일이 아니다.

정신이 육체에 명령을 내릴 가능성을 가정함으로써 자유의지의 실재를 입증하려는 이들은 관념을 이미지, 낱말 또는 **칠판 위의 소리 없는 그림**으로 간주함으로써 관념 질서와 육체 질서를 혼동하고 있다.

> "관념이란 육체들의 마주침으로 인해 우리 안에 형성된 이미지라고 믿는 사람들은 우리가 그것들에 대해 어떤 유사한 이미지도 형성할 수 없는 사물들의 관념들은 관념들이 아니고 단지 우리가 자유의지를 통해 창조해내는 허구라고 확신한다."
>
> ─『에티카』, 2부, 정리49, 주석

그러므로 사람들은 자유의지를 참된 관념이든 거짓 관념이든 간에 모든 관념에 관해 판단을 보류하고, 마치 관념이 고정된 이미지이거나 선택할 수 있는 낱말인 것처럼 관념을 부정하거나 긍정할 수 있게 해주는 보편적 능력으로 간주함으로써 완고하게 자유의지의 실재를 주장하려는 것이다. 그러나 판단을 보류하는 것은 우리가 대상을 혼란하고 부적합한 방식으로 현재 대상을 지각하기 때문이라고 말해야 한다. 이런 지각은 비록 확실하지는 않을지라도 우리가 그것을 내면에서 느끼는 그대로 이미 인정되거나 인정되지 않는 방식으로 긍정되고 있는 것이다. 각각의 긍정이 개별적인 행위인 한에서 각각의 긍정들은 각기 조응하는 관념이 내포하는 긍정이기 때문에 각 긍정은 다른 긍정과 차별화되는 것이다. 이 점에서 스피노자의 핵심 테제가 이해된다.

"원의 관념이 삼각형의 관념과 다른 만큼, 원의 관념이 내포하는 긍정은 삼각형의 관념이 내포하는 긍정과 다르다."

— 『에티카』, 2부, 정리49, 주석

따라서 자유의지는 추상 작업의 공상에 불과하다. 자유의지는 의미를 결여한 낱말이고 관념대상(ideatum)이 없는 관념에 불과하다. 즉 자유의지는 실재가 아니다. 자유의지를 주장하는 것은 결국 무엇을 말하는지 모르는 것이고 눈을 뜨고 꿈을 꾸는 것과 같다.

그러나 보편적 필연성과 자유의 부정은 행위의 귀책성과 선악의 구분을 무효화하므로 도덕의 파괴를 낳지 않는가? 모든 것이 필연적이라고 말하는 것은 모든 것이 그 자체로 허용될 수 있다고 인정하는 것이 아닌가? 자유에 대한 논의는 인간에게 내재한 보편능력으로서의 자유를 인정하는 데카르트의 관점에 대해 스피노자가 자신의 체계 전체를 걸고 벌이는 쟁점이며, 이미 스피노자 당대에 여러 학자의 논박이 그에게 전해졌다. 스피노자에 따르면, 참된 관념과 거짓 관념이 그 성질에 따라 그 자체로 평가되듯이 도덕적 행동도 그것을 실현하는 주체의 자유가 아니라, 그 행동의 질(質) 자체에 따라 평가된다. 그래서 행동에 대한 보상은 삼각형의 본성처럼 필연적 법칙을 따를 뿐이다. 또는 성서에서 강조하듯이 무분별한 자는 그의 무분별 자체로 벌을 받고 있다. 덕 자체가 덕에 대한 보상이고 어리석음 자체가 어리석음에 대한 벌이다.

그러나 자유의지의 실재를 입증하기 위해 범죄 같은 악행이나 자기파괴를 고의로 범할 수 있다는 근거를 댈 수도 있을 것이다. 그러나 스피노자가 보기에 이는 거기서 자유의지를 확인하거나 확인하지 못하는 일이 중요치 않을 정도로 터무니없는 태도일 뿐이다. 그래도 이런 논박에 답을 해야 한다면 다음처럼 말할 수 있을 뿐이다.

"이 문제를 제기하는 것은 마치 어떤 존재의 본성에 그가 목을 매 죽는 것이 적합한지 또는 그가 목을 매 죽지 않을 이유가 있는지 묻는 것과도 같아 보입니다. 그럼에도 이와 같은 본성이 가능하다고 인정하겠다면, (제가 자유의지를 인정하든 그렇지 않든 중요치 않습니다만) 만일 어떤 사람이 식탁에 앉아 있는 것보다 사냥에 매달려 더 편하게 살 수 있다고 생각한다면 목을 매고 죽지 않는 것이 무분별한 일일 것이라고 답하겠습니다. 마찬가지로 어떤 사람이 덕을 실행할 때보다 범죄를 저지를 때 더 좋은 삶이나 본질을 누릴 수 있음을 명확하게 확인한다면, 그 역시 범죄를 저지르는 데 주저하는 것은 무분별한 일일 것입니다. 이 정도로 부패한 인간 본성의 관점에서 범죄는 덕일 것이기 때문입니다."

— 『스피노자 서간집』, 서신23

자유에 관한 주장과 관련된 이 모든 부조리는 도덕가들에게 정죄의 명분을 제공할 뿐이다. 인간 본성에 대해 "그들은 통탄하고 조롱하며 업신여기거나, 가장 빈번하게는 증오를 퍼붓는다."(『에티카』, 3부, 서론) 도덕가들은 인간에게 자유의지를 부여함으로써 인간 본성에서 태생적인 불의를 확인한다. 이와 반대로 스피노자에 따르면 윤리적 기획은 욕망 주체에 대한 과소평가도 과대평가도 없이 자연의 보편적 인과성의 인식에 욕망 주체의 본성에 대한 인식을 맞춤으로써 우선 자유의지라는 거짓 개념에서 벗어나게 하는 데 그 의미가 있다. 자유의지의 관념이 외부 원인의 영향에 대한 무지에서 비롯한다면, 무슨 이유로 외부 원인을 겪지 않을 수 없는지 살펴보기 위해서 어떤 방식으로 인간 존재가 구성되는지 설명해야 한다. 이런 작업이 바로 윤리적 기획의 기본 토대이다. 참된 자유는 공들이고 단계적인 절차에 의해서 획득해야 하는 것이지 자유의지라는 마술봉으로 단숨에 얻는 것이 아니다.

인간 본성의 정립

인간의 존재에 대한 상상적 규정에서 벗어나면서 이제 인간 존재의 참된 개념을 정립해야 한다. 인간 존재의 본질은 무엇인가? 인간을 자유롭고 독립적이며 원인이 없는 존재, 한마디로 말해 **실체**로 보는 그릇된 개념에서 벗어나야 한다면 우리는 인간 존재를 **절대적으로 무한한 실체**와 혼동하지 말아야 한다. 절대적으로 무한한 실체는 자기 본성 안에 복수성의 원인을 가질 수 없으므로 그들의 현존에 대한 외적 원인을 필요로 하는 유한한 존재들과 달리 그 본질이 필연적으로 현존을 내포하는 존재이다.

> "본성상 개체들의 복수성의 현존을 허용하는 모든 것은 이 개체들을 현존케 하는 외적 원인을 필연적으로 포함해야 한다."
>
> —『에티카』, 1부, 정리8, 주석2

> "여러 인간들이 현존할 수 있기 때문에, 인간의 형상을 구성하는 것은 실체의 존재가 아니다."
>
> —『에티카』, 2부, 정리10, 주석

어떤 인간이 현존하는 반면 다른 인간은 현존하지 않는다는 것, 즉 인간이 자신 안에 현존의 필연적 근거를 내포하지 않는다는 것은 자명한 일이다. 달리 말하면 인간의 본질은 실체의 존재를 구성하기는커녕 신적 실체를 표현하는 속성들의 특정한 양태로 구성된다. 인간이 실체의 특정한 양태 또는 변용이라는 것, 이 것이야말로 인간 존재의 원리적 본성에 속한다. 상상과 수동적 감정 상태에서 벗어나기 위해 자각해야 할 점은 인간의 본성이 실체를 구성하는 속성들의 양태라는 사실이다. 인간이 실체가 아니라는 것은 그가 전체 체계의 부분이며, 절대존재 없이는 존재할 수도 생각될 수도 없는바, 절대존재의 본성을 개별적이고 규정적인 방식으로 표현하는 양태나 변용이라는 의미이다. 인간은 세계의 전체적 힘을 개별적이고 한정된 방식으로 분유한 힘으로 자기 존재 안에 무한정 머무르려는 성향을 가진 존재이다.

인간의 본성을 구체적으로 정립하기 위해서는 경험적 차원에 의거하면서 동시에 정합적인 존재론 체계에 경험적 차원을 통합해야 한다. 우선 인간이 '사유'하고 실체가 아닌 한에서 인간의 본질은 "사랑, 욕망 또는 영혼의 감정이라는 이름으로 지칭된 모든 것"(『에티카』, 2부, 공리3)처럼 사유의 양태로 구성된다는 점에 주목해야 한다. 그런데 이 사유 양태의 양상들은 이들이 지시하는 사물의 관념을 항상 요청해야 한다. 즉 사랑이나 욕망의 대상에 대한 의식 없이 우리는 이 대상을 사랑할 수도 없고 욕망할 수도 없다. 따라서 이런 의식 또는 사유 양태에 선행하는 관념이 바로 인간 본질의 현실적 존재의 으뜸 요인을 구성한다.

그러나 인간의 본질이 관념이라고 할 때, 이는 부분적인 관찰이나 그 빈번한 귀결로 인해 우리가 형성한 보편개념, 즉 **관념 대상이 없는 관념**과 같은 추상의 산물이 아니다.

> "예를 들어 인간의 키에 가장 감탄한 이들은 인간이라는 이름으로 직립 동물을 이해할 것이다. 그러나 다른 특징을 고찰하는 습관을 가진 이들은 인간의 공통된 이미지를 웃는 동물, 깃털 없는 두발 동물, 이성적 동물 등 다른 방식으로 형성할 것이다. 그리고 다른 존재들에 대해 각각은 자신의 육체의 성향에 따라 마찬가지로 보편적인 이미지를 형성할 것이다."
>
> —『에티카』, 2부, 정리40, 주석1

나아가 인간의 본질을 구성하는 관념은 현실적으로 현존하는 관념대상 없이 오직 실체의 속성들로부터 이해된 관념도 아니다. 예를 들어 우리는 어떤 물체가 현존하지 않아도 그것이 물질의 특정 변용이라는 것을 생각할 수 있듯이 그 물체의 관념이 실체를 구성하는 사유의 변용이라는 것을 알 수 있지만, 여기서 스피노자가 말하는 인간 본질의 관념은 그런 것이 아니다. 인간 본질은 실질적이고 현실적인 체험과 더불어 **지금 여기에** 현존하는 개체이다. 인간은 현실적으로 현존하는 관념대상의 관념이며, 이 관념대상 및 관념은 무한한 실체와 달리 현존을 필연적으로 내포하지 않는 양태인 것이다. 결과적으로 인간의 활동을 우선으로 조건 짓는 것은 모든 유한한 존재 또는 양태가 따르는 현존의 인과성이다. 각각의 현존하는 존재는 절대존재가 무한한 한에서가 아니라 다른 현존하는 존재에 의해서 변용된 것으로 고찰되는 한에서 절대존재에 의해 작용을 받는 사태가 현존의 인과성이다. 달리 말하면 인간은 현존자들의 무한정한 인과연쇄 속에서 다른 원인들에 의해 작용 받는 동시에 다른 원인들에 작용을 가하는 현실적인 존재이다.

그러나 인간의 본질이 현실적으로 현존하는 관념이라는 점은 아직 인간을 온전히 나타내지 않는다. 인간을 구성하는 관념의 대상, 즉 현실적으로 현존하는 관념대상이 무엇인지 살펴야 한다. 그것은 개별적 육체이다.

"인간 정신을 구성하는 관념의 대상은 육체, 즉 물질의 현실적으로 현존하는 특정 양태이며 다른 그 무엇도 아니다."

— 『에티카』, 2부, 정리13

한편으로 현존의 인과성과 심신평행론에 따르면, 개별적 관념의 대상에서 일어나는 모든 일에 대한 관념은 무한한 실체가 이 대상의 관념을 가진 한에서 무한 실체 안에 주어진다. 다른 한편으로 부인할 수 없는 경험에 따르면, 우리는 육체의 변용에 대한 관념을 가지기에 특정 육체가 여러 양상으로 변용됨을 느낀다. 특정 육체의 변용에 대한 관념은 절대존재가 인간 정신을 구성하는 한에서 절대존재 안에 발견되며, 달리 말해 인간 정신의 대상은 육체, 즉 물질 속성에 속하는 현실적으로 현존하는 양태인 것이다. 그리고 인간에게는 육체의 변용 및 이에 조응하는 정신의 변용만이 발견되는바, 결국 인간 정신의 유일한 대상을 구성하는 것은 육체이다.

이제 인간의 본성은 명확히 규정된다. 인간은 한 개체이며, 이 개체 안에 정신, 그리고 정신이 느끼는 바 그대로의 육체가 병존한다. 인간은 육체의 관념이자 육체로서 통일적 존재인 동시에 이원적 존재이다. 사유 양태인 관념과 물질 양태인 육체가 동일한 자연법칙을 따르면서 두 속성하에 표현된 하나의 동일한 존재를 구성한다. 이는 원의 관념과 원이 함께 그리고 구별되는 방식으로 **원**의 **존재**를 표현하는 것과 같다.

"정신과 육체는 때로는 사유 속성하에 때로는 물질 속성하에 파악되는 하나의 유일하고 동일한 개체이다."

— 『에티카』, 2부, 정리21, 주석

인간의 본성을 구성하는 정신과 육체의 통일성은 보편적 평행 체계의 특수한 사례이다. 이 통일성 안에 한편으로는 인간 육체를 구성하는 다수의 육체가 있고, 다른 한편으로 이들에 조응하는 관념들이 정신을 구성하면서 작동한다.

"인간 육체의 관념은 구성 부분들의 매우 많은 관념으로 조합된다."

— 『에티카』, 2부, 정리15, 증명

인간의 본성은 자유의지처럼 규정도 내용도 없는 추상적 실체가 아니다. 인간은 다른 모든 개별적 존재와 마찬가지로 전체의 한 부분이다. 인간은 이 전체의 조직을 조건으로 존재하고 생각되는 부분이다.

———

욕망 주체를 참된 기쁨으로 인도하려는 윤리적 기획은 인간 본성에 대한 이해를 전제로 실현된다. 스피노자의 철학이 자연주의적 평행론을 확립하는 존재론과 윤리학의 종합 체계라고 할 때 통일성과 차이를 동시에 나타내는 정신과 육체의 역설적 관계는 인간 본성의 이해를 통해 사유와 물질의 평행론을 인간 안에 구현한다.

스피노자의 평행론은 아마도 오늘날까지 스피노자 철학 해석의 새로운 가능성을 끊임없이 열어놓는 출구일 것이다. 사유 속성과 물질 속성이 동일한 실체를 표현하고 정신과 육체가 동일한 인간을 표현한다는 스피노자의 언명은 원리적으로는 이해 가능하지만 구체적으로 파악하기가 쉽지 않다. 우리가 그린 삼각형과 삼각형의 관념이 동일한 삼각형의 존재를 표현한다는 것은 나름 이해가 가능하겠지만, 인간처럼 복잡한 존재의 경우 정신의 특정 상태와 육체의 특정 상태가 동일한 인간의 상태를 다르게 표현한다는 것은 어떤 의미일까? 라틴어 'Jam'이라는 단어를 사용하여 동일한 개체가 '때로는' 사유의 속성하에, 그리고 '때로는' 물질 속성하에 표현된다고 스피노자는 말한다. 스피노자 연구가인 자케(Chantal Jaquet)는 인간에게 일어나는 특정 사태들은 어떤 경우는 사유(정신)와 관계시킬 때 이해가 가능하고, 또 다른 경우는 물질(육체)과 관계시킬 때 이해가 가능하다는 점을 엄밀한 분석을 통해 밝힌다.* 예를 들어 우리는 태양의 진짜 거리나 크기에 대한 참된 관념을 알고 있어도 태양이 가까이 있고 실제 크기보다 작다고 표상한다. 즉 진리를 알고 있어도 진리와 반대되는 관념을 계속 갖는다. 진리의 현전에도 불구하고 사라지지 않는 이런 상상적 표상은 사유 속성에만 의거할 경우 이해되지 않는다. 그러나 이 현상을 물질 속성에 관계시킬 때 우리는 이를 쉽게 이

---

*   Chantal Jaquet, "Corps et Esprit: la logique du tantôt, tantôt chez Spinoza"(육체와 정신: 스피노자에서 '때로는-때로는'의 논리), *Intelletica*(인텔레티카), pp.69~79.

해할 수 있다. 이 현상은 육체의 상태와 공간에서의 위치로 인해 육체가 변용되는 방식과 연관되기 때문이다. 반대로 계산의 오류 같은 경우 우리는 사유 속성에 의거할 때 이 현상을 이해할 수 있다. 우리가 계산에서 틀리는 것은 종이 위의 숫자와 다른 숫자를 정신에 갖고 있기 때문이다. 만일 누군가가 우리의 정신을 들여 다볼 수 있다면 사실 우리는 틀리는 것이 아니다. 그래도 그 누군가가 우리의 오류를 인정한다면 그것은 우리가 종이 위의 숫자와 같은 숫자를 정신 속에 갖고 있다고 그가 믿기 때문이다. 근본적으로는 아무도 오류를 범하지 않는다. 따라서 내가 오류를 범하는 어떤 개인을 고찰할 경우 나는 내 정신이나 그 개인의 정신에, 즉 오직 정신에만 의거해야 오류라고 여겨지는 사태가 이해 가능해진다.

달리 말하면 인간에게 발생하는 특정 사태는 사유와 물질 두 속성 중 어느 하나에 더 의거할 때 이해할 수 있거나 더 구체적인 이해가 가능해진다. 물론 스피노자의 철학에서 평행론은 원리적으로 타당하지만, 평행 관계는 한쪽의 복사나 재현 또는 반복을 말하는 것이 아니다. 『에티카』는 평행론이 사유와 물질 두 질서에 남겨둔 미지의 내용을 논구하고 상상해내기 위해 다시 읽어야 한다. 평행론은 스피노자 체계의 논리적 결함을 나타낸다기보다는 동일성 속에서 차이를 표현하는 인간 본성의 풍부함을 보여준다.

11.

욕망과 시간성

스피노자의 철학은 죽음으로부터의 해방이 아니라 죽음의 불안으로부터의 해방을 제시하는 철학이다. 죽음의 불안에서 해방된다는 것은 죽음보다 근원적인 삶의 원리를 향유함으로써 죽음의 사유를 의미 없는 것으로 본다는 뜻이다. 삶의 궁극적 원리는 영원이다. 그러나 영원의 의미는 무엇인가? **영원**의 향유는 사후의 지속을 의미하는가? 혹은 현재하는 **지속** 속에서 영원을 체험할 수 있는가? 스피노자 윤리학의 중심에는 **시간성**의 문제가 있다. 시간성은 욕망 주체의 윤리적 여정에서 다양한 의미를 가지고 나타난다. 인간의 본질은 자신의 존재를 보존하려는 욕망이다. 욕망은 무한정한 지속을 향한다. 그러나 현존 속의 욕망 주체는 자신을 둘러싼 수많은 현존자와의 다양한 관계 속에서 자신의 존재 양상을 이미지화함으로써 수동적 감정 상태와 지속의 단절성을 경험하게 된다. 지속의 단절은 삶을 죽음의 불안으로 대체할 수 있으며 욕망은 불확실한 표지(標識)들을 이정표로 삼게 된다. 지속과 이미지의 관계는 무엇이며 지속의 단절은 어떤 방식으로 극복될 수 있는가? 그리고 지속의 복원을 토대로 욕망이 추구하는 시간성, 즉 영원의 의미는 무엇인가?

욕망의 분할

존재를 보존하고, 자신의 존재에 계속 머물러 완전한 자기 자신이 되는 것이 욕망 주체의 유일한 규범이고 목표이다. 각 개체의 현재적 본질은 존재를 유지하려는 근원적인 노력 혹은 성향이다. 원초적 힘과 욕망이 개체의 행위의 근본을 이룬다. 인간의 정신과 육체에 모두 적용되는 근원적 존재보존노력이 스피노자가 코나투스라 명명하는 욕망 주체의 본질이다.

각 개체는 자기 현존의 끝을 표상하지 않으므로 무한정한 지속만을 자신의 시간성으로 인정한다. 자신의 모든 부분들이 조화를 이루어 유쾌하게 존재의 보존을 표현해주는 듯한 상태가 각 개체의 욕망을 이끈다. 무한정하게 존재하기를 원하는 존재가 어떻게 어느 순간 존재하지 않기를 원하겠는가?

> "인간이 자기 본성의 필연성을 통해 현존하지 않거나 형태를 바꾸려 노력한다는 것은 어떤 것이 무로부터 생겨난다고 하는 것과 마찬가지로 불가능한 일이다."
>
> —『에티카』, 4부, 정리20, 주석

존재하지 않기를 원하는 것은 분별력을 잃거나 미치기를 원하는 것과 다름없다. 일상의 부분적 혼란은 내 존재의 가장 깊은 곳에 살아 있고 매 순간 나를 재가동하며 더 큰 유용성으로 향하게 하는 근원적 욕망에 비추어 볼 때 심각한 방해가 되지 않는다. 삶의 근원적 욕망은 현존의 무한정한 연속 혹은 영원이나 불멸을 희망하게 해준다. 욕망은 무엇에 의해서도 그 근저가 변질되거나 분할될 수 없는 힘으로서 현존을 지원하고 있다.

욕망 활동은 본질적으로 힘의 증진과 더 큰 완전성의 획득, 즉 기쁨으로 향한다. 긍정적 감정만이 욕망의 진전을 나타낸다.

긍정적 감정에 기여하는 것은 기쁨의 원인으로서 선, 즉 사랑과 환대의 대상이며, 긍정적 감정에 방해가 되는 것은 슬픔의 원인으로서 악, 즉 증오와 배척의 대상이다. 엄격한 힘의 논리가 감정 상태 및 관련 대상의 유일한 평가 기준이 된다.

그러나 외부 대상의 필요 및 이와 관련된 관념은 세계와 욕망 주체 자신에 대한 확실성이 결여된 채 힘의 논리가 작동한다는 사실을 드러낸다. 욕망 주체는 세계를 마음대로 사용하고자 하지만 자신이 세계의 산출 및 배치의 원인이 아니라는 것을 부정할 수 없기에, 세계의 정확한 의미에 대한 무지를 동반한 채 욕망을 전개하게 된다. 세계는 욕망 주체에게 기회이자 위기의 가능성으로 다가옴에 따라 자신을 강화하려는 욕망 활동에 결부된 감정은 수단으로서의 세계와 목적으로서의 자아가 최적의 관계를 가져야 한다는 희망이 된다.

따라서 욕망은 외관과 암묵적 타협의 영역으로 선회하게 되며 다양한 표상의 출현과 함께 욕망 대상과의 등식을 매 순간 경험하려는 충동에 휩싸이게 된다. 그러나 세계는 욕망 주체의 이와 같은 재촉의 공모자가 되어 막대한 재료를 펼치며, 이로부터 욕망 주체를 둘러싼 사물 및 사태의 판단은 대부분의 경우 주관적 감정 상태를 토대로 자의적으로 이루어지게 된다. 물론 감정 상태가 최초 지각들 간의 규칙성을 토대로 조직된다면 욕망 주체의 삶은 혼란을 피할 수 있을 것이다. 그러나 욕망은 최대한의 실현을 위해 최대한의 다양성을 가진 최대한의 대상과 관계를 맺으려 하게 마련이며, 자의적 방식일지라도 감정에 대한 성급한 평가는 불가피하게 된다. 자신에게 나타나는 수많은 재료 간의 우연적 결합과 다양한 이미지의 체계 속에서 욕망 주체는 즉각적이고 이질적인 지각들과 기계적인 연상에 따라 무한정하게 변화하며 확장되는 막대한 현상과의 관계에서 감정 상태의 변화를 겪게 된다.

이런 상황에서 현존의 무한정한 안정성을 확보해주는 듯했던 지속에 대한 감정은 다양한 이미지의 우발적인 개입과 고착화로 인해 분할과 혼란을 겪게 된다. 이는 마치 아이가 어제 보았던 지각 순서로 오늘도 같은 순서의 지각을 기대하다가 다른 순서의 출현 때문에 혼란을 겪는 것과 같다.

"경험이 많은 사람들은 사태를 미래나 과거의 것으로 고찰하는 동안에는 흔히 동요하며 그 사태의 결과에 대하여 빈번히 의심하기 때문에 그 이미지들로부터 생긴 감정들은 안정적이지 않으며, 사람들이 그 사태의 결과에 관하여 확실히 알 때까지는 보통 다른 이미지들에 의하여 혼란을 겪게 된다."

— 『에티카』, 3부, 정리18, 주석1

각 욕망 주체의 주관적 필요가 본래적 실재성을 대체할 때 지속의 규정은 각자에게 고유한 감정 상태에 의존된다. 외부 대상과의 우발적 마주침은 욕망 주체와 욕망 대상의 관계를 온전하게 알려주지 못하기 때문이다. 따라서 욕망 주체는 사물들의 질서에 대한 의혹과 함께 자신의 현존뿐 아니라 세계의 안정성과 연속성에 대한 확실성의 결여로 자신과 세계의 지속을 이해할 수 없게 된다. 즉 욕망 주체의 감정 상태는 우연적이고 소멸 가능하다고 상상된 것과 관계하게 된다. 이렇게 대상의 유한성이 욕망 주체를 짓누르는 상황에서는 몇몇 개별적인 선에 대한 성급하고 배타적인 소유 욕망이 현존을 지배하게 마련이며, 개별적인 선들은 영속적인 소유의 희망 대상이 되거나 영원한 상실의 불안 대상이 된다. 이런 혼란스러운 의식은 상대성 속에서 절대성을 보려는 모순된 욕망으로 귀결되며, 역시 성급하고 배타적인 다른 주체들과의 끊임없는 분쟁으로 다양한 고통을 낳게 된다. 우리는 유용하지만 유한하다고 여겨진 대상을 중심에 두고 질투, 불안, 미움 등 다양한 동요를 겪는다. 이처럼 희망과 불안이라는 감정 상태로부터 수많은 이미지 및 감정의 우발적이고 기계적인 연결이 이루어지는 것이다.

삶의 지속에 대한 감정 상태가 욕망의 혼란에 의해 응고된 이미지들로 분산되면 이 이미지들은 그 우발성을 통해 때로는 한꺼번에, 때로는 계속된 욕망 활동을 타고 부분적으로 나타난다. 그러나 이미지들의 영역은 이미 촉발된 감정 체계에 연결되어 확장된다. 물론 기쁨의 원인을 획득하려는 성향은 언제나 작동하기 때문에 욕망 주체는 다양한 신호를 자신의 목적을 위한 전조로 상상할 것이며 불안의 요소 없이 목적에 도달할 희망을 품게 된다. 그러나 이와 같은 충동적이고 즉흥적인 평가로 인해 세계의 실질적 의미와 욕망 활동 사이의 간극은 깊어질 뿐이다. 그리고 근거 없이 배제된 불안은 다시 나타나게 마련이다. 많은 경우 희망은 불안에 섞여 실망이 되거나 불안은 희망에 섞여 절망이 되곤 한다. 사실 시간적 이미지와 관련된 이 두 감정은 본성적으로 마음의 동요이다. 불안 없는 희망도, 희망 없는 불안도 없다. 이렇게 불확실한 감정 상태로 인해 욕망 주체는 갈피를 잡지 못하는 상황에 처하는 경우가 빈번한 것이다.

> "각각의 인간은 자신의 감정 상태를 근거로 모든 것을 조절하고, 갈등적 감정 상태에 사로잡힌 사람은 자신이 무엇을 욕구하는지 알지 못하며, 아무런 감정 상태에도 매여 있지 않은 사람은 하찮은 것에 의해서도 쉽사리 이리저리 흔들린다."
>
> —『에티카』, 3부, 정리2, 주석

감각적 쾌락, 그리고 부와 명예의 과도한 추구 등 강렬한 자극을 통해 수동적 감정 상태를 탈피하려고 시도할 경우 결국 찾아오는 것은 극도로 심화된 마음의 동요이다. 감각적 쾌락은 무한정하게 지속되기는커녕 본성적으로 간헐적인 것이다. 따라서 감각적 쾌락에서 영속성을 찾으려는 시도는 후회, 싫증, 불쾌감, 육체적 마모 등을 가져올 뿐이다. 마찬가지로 부와 명예의 지나친 추구는 수동적 욕망을 개인적 차원을 넘어서 사회적 차원으로 이끌고 간다. 술책, 과소평가, 과대평가, 거짓 겸손, 오만, 질투, 불안, 업신여김, 조롱 등 수많은 감정이 서로 연결됨으로써 모호하고 불가해한 사슬을 형성하게 된다. 여기에 욕망 주체가 자기 행위들이 자유롭다고 여기는 데서 오는 후회와 같은 폭력적인 감정도 덧붙여야 할 것이다. 또한 불행한 자들을 찾아다니며 충고함으로써 자신의 불행을 위로하려는 거짓 겸손과 오만으로 점철된 감정들의 연쇄를 겪는 경우도 있겠다. 이 모든 경우는 일종의 정신착란 상태로서 극도의 위험이자 죽음의 병이다. 유한한 개별적 선들의 과도한 추구로 목숨을 잃은 사람들의 예는 수없이 많지 않은가? 결국 삶의 표지였던 지속은 다양한 이미지로 분할되고 고착되어 마모와 죽음의 원리로 나타날 수 있다. 즉 무한정한 지속이 유한한 시간성으로 대체되어 죽음의 불안이 욕망의 삶을 지배한다.

욕망의 회복

수동적 감정 상태에 대한 스피노자의 분석은 비관론의 그것에 못지않다. 그러나 스피노자의 욕망론은 비관론이 아닌 행복론이다. 욕망 주체는 자신을 구성하고 재가동하며 일말의 기쁨도 포착하려는 근원적 힘을 포기하기보다는 삶의 지속으로 회귀할 수 있다. 기존 삶의 방식에 대해 일종의 애도 작업을 행함으로써 시각의 전환을 실행할 수 있다. 구체적으로 말해 여러 사건에서 비이성적 욕망을 통해서는 볼 수 없었던 자연적이고 필연적인 성격을 인정함으로써 주관적 체제의 수동적 충동을 제어해야 한다. 이런 완화의 시도로 욕망 주체는 균열된 이미지들을 다시 접합시켜감으로써 현존을 쇄신할 수 있다. 이와 같은 해방과 통일의 절차는 이성의 개화로 귀결된다. 다양한 사태의 우발적 영향 아래 나타나는 규정들과 거리를 두면서 그것들을 이성적 성찰의 재료로서 동화할 수 있는 것이다.

시각의 전환은 세밀한 절차를 필요로 한다. 나아가 감정 상태에 대한 인식만으로도 충분치 않다. 참된 인식은 감정에 대한 정확한 평가와 유용성 및 유해성의 식별을 위해 필수 불가결하지만 그 자체로 욕망의 모든 요구를 충족시킬 수는 없다. 자연은 수많은 힘이 서로 마주치는 곳이며 인간이 속한 세계에서도 항상 더 강한 힘이 더 적은 힘을 이기기 때문이다. 실제로 수동적 감정 상태에 투영된 혼란한 관념도 그 안에 참과 실재의 부분을 포함한다. 혼란한 관념 역시 자연의 전체적 힘에 참여하기 때문이다.

> "그릇된 관념이 갖는 어떤 실재적인 것도 참인 한에서의 참된 것의 현전에 의해 제거되지 않는다."
>
> —『에티카』, 4부, 정리1

관념들의 이런 자연성 때문에, 욕망 주체는 유용성에 대한 참된 인식을 가졌음에도 많은 경우 수동적인 감정에 휘말리는 것이다. 이에 대한 후회감 때문에 지식의 증가는 고통을 또한 증가시키기도 하는 것이다. 이와 같은 자기 통제에 대한 무능력을 스피노자는 예속으로 정의한다.

따라서 수동적 감정 상태를 참된 인식이나 절대적 의지에 의해 단번에 치유하려고 꿈꿔서는 안 된다. 이를 극복하려면 더 강한 감정이 요구되며, 선 또는 유용성의 참된 인식이 감정의 차원이 되어야 한다. 이성의 자연적 힘이 수동적 감정 상태의 자연적 힘을 이겨야 행복이 가능해진다.

혼란한 관념도 전체적 자연력에 속하므로 우리는 육체의 몇몇 변용을 명석 판명한 방식으로 이해할 수 있다. 신 즉 자연에 대한 이해가 가능하듯 자연을 구성하는 모든 현상도 원리적으로 이해 가능하다. 자연에 신비는 없다.

"우리가 어떤 명석 판명한 관념을 형성할 수 없는 육체적 변용은 아무것도 없다."

— 『에티카』, 5부, 정리4

감정은 육체의 변용에 대한 관념이기 때문에 감정에 대한 명석 판명한 개념을 형성하는 것은 가능하다. 그런데 감정에 대한 명석 판명한 관념, 즉 적합한 관념을 **형성한다**는 것은 무슨 의미인가? 그것은 감정을 한 관념으로 간주하고, 오로지 정신과 관계시킴으로써 그 내적 진리를 도출해내는 것을 의미한다. 정신은 육체의 관념이기에 감정이 **정신의 관념**으로, 즉 **관념의 관념**으로 간주되는 한에서 일정한 방식으로 우리의 정신은 이 감정 자체와 동일시되는 것이다. 그리하여 감정과 우리의 정신이 이 감정에 대해 형성하는 관념은 실제로 구분되는 것이 아니라 생각으로만 구분되는 것이다. 우리의 정신은 이렇게 관념과 동일시된 감정의 근접 원인이자 적합한 원인이 됨으로써 그 수동적 요소, 즉 부적합한 요소를 제거하는 것이며, 이제 그렇게 이해된 감정의 새로운 원인이 된다. 간단히 말해 수동적이었던 감정은 이런 대체 작업을 통해 더 이상 수동적이지 않게 된다.

이런 식으로 감정은 참에 의해 지도되는 정신 영역 안에 재통합됨으로써 제어되기 시작한다. 더 자세히 설명해보자. 수동적 감정 상태를 치유하기 위해서 우리는 감정을 그 외부 원인에 대한 사유와 떼어놓고 다른 사유에 연결할 수 있다. 기쁨과 슬픔과 같은 원초적 감정들을 그 원인들로 간주되었던 관념들과 분리시키면, 파생적 감정들인 사랑과 미움의 형상이 파괴된다. 이에 따라 수동적 감정의 전형인 **마음의 동요**, 즉 사랑과 미움의 혼합물이 동시에 파괴된다. 관념과 동일시된 감정과 적합한 관념의 새로운 연쇄를 계속 이어감으로써 욕망 주체는 감정의 인식이 깊어지고 확장됨에 따라 감정의 이성적 중화작용이 강화되고 풍성해지는 것을 체험할 수 있다.

"우리에게 감정이 더 잘 알려지면 알려질수록 감정은 우리의 힘 안에 있으며 정신은 그만큼 더 감정의 작용을 적게 받는다."

— 『에티카』, 5부, 정리3, 보충

이성적 원인으로서 대체된 다른 관념에 의해 적합하게 인식된 감정은 또 다른 적합한 관념과 연결되어 이해의 장(場)이 확장된다. 감정의 이성적 처리 작업에 진입한 욕망 주체는 이 작업을 멈출 이유가 없다. 오히려 이 작업을 자연 전체에 적용할 수 있다. 즉 모든 관념들을 자연의 전체적 질서와 관계시킬 수 있다. 어떤 특정한 감정을 다른 원인과 무관한 원인을 갖는 것으로 간주하고 그것을 가장 매혹적인 것으로 고정하기보다는, 만물이 냉혹한 필연성에 의해 연쇄되어 있다는 보편적 인과성을 적용하여 그 감정을 중화시킬 수 있는 것이다. 다른 모든 사물과 사태처럼 감정도 여러 원인을 통해 결정되기 때문이다. 달리 말하면 원인을 덜 요구하기 때문에 더욱 강력해보였던 감정에 다수의 원인을 연결시킴으로써 그 감정의 배타적 특성을 완화하고 그것에 대해 덜 수동적이 되고 더 큰 지배력을 가질 수 있는 것이다.

수동적 감정의 치료와 중화, 그리고 적합 관념으로의 전환 작업 동안 이미지들은 상대화되어 성찰의 재료가 된다. 몇몇 개별적 대상에 의해 강한 강도를 나타내며 응고된 감정의 수동적 요소가 부분적으로 감소하거나 전적으로 사라지는 것이다. 즉 수동적 감정 상태와 관련한 사태의 필연적이고 자연적인 성격이 성찰의 재료가 되면서 그 유해성은 줄어들기 시작한다. 이제 욕망 주체는 자신의 삶을 여러 원인의 체계와 관계시킴으로써 적합해져가는 사유의 망과 자연적 통일성으로 자신을 농축하는 동시에 확장하게 된다. 간단히 말하면 불변적이고 공통적인 특성, 즉 자연적 필연성에 따른 사물들의 논리적 연쇄는 정신의 명석 판명한 영역을 확장하며 동시에 정신으로 하여금 감정의 수동성을 덜 겪게 해주는 이중의 역할을 수행한다.

"정신은 모든 것이 필연적이라는 것을 이해한다. 따라서 모든 것이 원인의 무한한 연쇄에 의하여 현존하고 작용하도록 규정되어 있음을

이해함으로써, 이런 필연적인 것들에서 생기는 감정들 앞에서 덜 수
동적이 되며 그것들에 의해 덜 영향을 받는 것이다."

— 『에티카』, 5부, 정리6, 증명

삶에서 이런 순간이야말로 자연 앞에서의 체념과 평온을 동
시에 자각하는 상황이다.

"인간의 능력은 매우 제한되어 있으므로 외적 원인의 힘에 무한히 압
도당한다. 그러므로 우리는 우리 밖에 있는 사물을 우리의 사용에 적
합하게 하기 위한 절대적 힘을 소유하고 있지 않다. 그렇지만 우리의
이익에 대한 고려가 요구하는 것과 대립하는 것을 직면해도, 만일 우
리가 자신의 의무를 다했다는 것, 우리가 소유하는 능력은 그것을 피
할 수 있는 데까지 도달하지 못했다는 것, 우리는 전체 자연의 부분
이며 자연의 질서에 따라야 한다는 것을 의식한다면 침착하게 그것
을 견딜 것이다."

— 『에티카』, 4부, 부록 32장

감정 상태의 격정적인 흐름이 일관성과 통일성으로 수렴되
어가는 이유들을 통해 조절됨에 따라 정신은 이 이유들을 감정의
새로운 원인으로 발전시킴으로써 수동성을 능동성으로 변형시킬
수 있다. 해방과 변화의 운동은 감정과 인식의 차원에서 동시에,
그리고 시너지 효과를 발휘하면서 진행되는 것이다.

"우리가 핵심적으로 해야 할 일은 각 감정을 가능한 한 명석 판명하게 인식함으로써, 정신이 감정 안에서 지각하는 것을 바로 그 감정에 의해서 명석 판명하게 사유하고 이로부터 전폭적인 만족을 찾도록 하는 것이다."

— 『에티카』, 5부, 정리4, 주석

이제 힘의 논리는 수동적 감정 체제의 전개와 반대 방향으로 나아간다. 수동적 감정 체제에서는 감정의 강도가 개별적 대상들의 우연적이고 배타적인 특성에 따라 규정되어 그 대상들의 우발적 출현으로 정신상태가 동요되었던 반면, 이성의 영역에서는 우발적 이미지들에 안정적 이미지들을 대립시키고 이들을 점차적으로 동화시킴으로써 이해 가능하고 실재적인 다수의 원인들의 수렴을 통해 감정 상태를 규정할 수 있다. 수동적 감정 체제에서 감정의 원인은 대상의 불안정적인 측면, 즉 그 우연성에 따라 규정되었던 반면, 이성의 영역에서는 다수의 안정적인 원인들의 체계를 통해 감정의 강도가 강화되는 것이다.

"정신이 동시에 여러 대상을 생각할 수 있도록 하는 감정은 다른 대상을 전혀 생각할 수 없을 정도로 하나 또는 소수의 대상만을 생각하도록 구속하는 똑같이 강한 감정보다 해가 적다."

— 『에티카』, 5부, 정리9, 증명

다양한 이미지들의 우발적 결합으로 인해 특정 감정에 치우

치며 혼란을 겪던 욕망 주체는 이제 필연적이고 불변적이어서 감
정의 안정성을 산출하는 원인들의 현전을 통해 삶의 지속성을 느
낄 수 있다. 안정적인 감정은 지속의 실제적 표현으로서 이제부
터 기쁨의 역학이 전개될 새로운 출발점을 제공하는 것이다.

"이성에서 생긴 감정은 필연적으로 사물의 공통된 성질에 관계되며,
우리는 이 공통된 성질을 항상 현존하는 것으로 생각하고(왜냐하면
그런 것의 현실적 현존을 배제하는 것은 아무것도 있을 수 없기 때문
에), 또한 우리는 이것을 언제나 똑같은 방식으로 상상한다. 그러므
로 이런 감정은 언제나 동일한 것으로 남는다. 따라서 이런 감정에
대립되고 자신의 외적 원인으로 지탱하지 못하는 감정은 점차로 그
런 감정에 일치하여 결국 그것과 더 이상 대립되지 않는 데까지 가지
않을 수 없으며, 또한 이런 한에서 이성에서 생기는 감정이 한층 더
강하다."

— 『에티카』, 5부, 정리7, 증명

자신의 능력과 그 한계를 냉철하게 파악한 욕망 주체는 이
제부터 감정에 정확한 인식을 부단히 적용할 수 있다. 그리고 감
정의 인식을 항상 동일한 방식으로 상상할 수 있는 자연의 항구
적 법칙에 따라 확립할 수 있다. 즉 나쁜 감정들을 사물들의 공통
적인 특성들의 한결같은 현전과 관계시킴으로써 점진적으로 그
감정들을 해체하여 적합한 관념들로 바꿔나갈 수 있는 것이다.
이 해방 운동은 적합 관념들의 상호 연쇄를 통해 우리의 정신력

을 강화해주므로 점점 더 바람직한 것이 된다. 우리의 의식은 점점 투명해지며 마침내 우리는 육체적 변용들에 실재적이고 가지적인 질서, 즉 "지성에 일치하는 질서"(『에티카』, 5부, 정리10)를 도입할 힘을 갖게 된다. 이렇게 감정 상태의 안정성, 즉 삶의 지속성을 확보한 욕망 주체는 단절되고 혼란한 이미지들을 계속하여 자기화할 시간을 얻게 되며, 이로부터 성찰된 이미지들을 원인으로 하는 긍정적 감정 상태의 견고한 체계를 형성하게 된다.

> "왜냐하면 지성의 참된 질서에 따라서 정돈되고 연결된 감정들을 억제하는 데는 불확실하며 희미한 감정들을 억제할 때보다 더 큰 힘이 요구되기 때문이다."
>
> ─『에티카』, 5부, 정리10, 주석

모호하고 단절된 원인들은 판명하고 전체적인 원인들에게 자리를 내줄 수밖에 없으며 이로부터 욕망 주체의 감정 상태는 판명하고 전체적인 원인들을 동화함으로써 점차 명료해진다. 결국 욕망 주체의 정신-생리적 체계는 점점 더 이해 가능한 것으로 전환되며 삶의 지속성은 감정 상태를 구성하는 요소들의 안정성으로 인해 견고하게 되는 것이다.

이제 욕망 주체는 특정 감정에 함몰되어 의식이 마비되는 **간지러움**(titillatio)의 논리에 다시 빠져서 축소적인 감정으로 사유력을 잃지도 않는다. 오히려 끊임없이 늘어가는 불변적 이미지들이 서로 결합하여 하나로 통일되어 가는 것을 경험한다. 결국 욕망 주체는 "육체의 모든 변용들 즉 대상들의 모든 이미지들"을 모든 존재들에 공통된 유일한 관념, 즉 그것 없이는 아무것도 존재할 수 없고 생각할 수도 없는 신의 관념에 관계시킬 수 있다.(『에티카』, 5부, 정리14) 이로부터 "영원하고 불변적인 것을 향한 사랑"(『에티카』, 5부, 정리20, 주석)이 생겨난다. 이 대상, 즉 신은 자신의 완전성을 줄이지도 늘리지도 않으며 감각적 변덕을 떠올리는 모든 특성과 전적으로 분리된 존재이다.

> "신은 수동적 감정 상태와 아무런 관련이 없다."
>
> ― 『에티카』, 5부, 정리17

신은 원초적 감정들(기쁨과 슬픔)에 의한 그 어떠한 변용 대상도 아니기 때문에 당연히 파생적 감정들(사랑과 미움)이나 혼합적 감정들을 겪지 않는다. 그리고 욕망 주체는 신의 속성을 자신의 근원적 원인으로 갖는 개별적 현존인바 자신의 관념을 신의 영원하고 무한한 관념과 점점 더 내밀한 관계를 맺는 것으로 간주할 수 있다. 그러나 신은 수동적 감정 상태와 무관하므로 신에 대한 인간의 사랑은 상호적인 것이 아니며 갈등적 감정도 내포하지 않는다.

> "명석 판명한 인식은 불변하며 영원한 것에 대한, 우리가 진실로 소유할 수 있는 것에 대한 사랑을 낳는다. 그러므로 이 사랑은 보통 사랑 안에 존재하는 결점에 의해 더럽혀지지 않고 언제나 점점 더 커질

수 있으며 정신의 가장 큰 부분을 점유하여 깊이 감화시킬 수 있다."

—『에티카』, 5부, 정리20, 주석

욕망 주체는 가변적이고 시간적인 대상들에 대한 수동적 사랑에서 벗어나면서 해방 절차의 결정적 단계인 **불변하며 영원한 것에 대한 사랑**을 경험한다. 나아가 이 사랑은 그 대상이 지닌 변질 불가능한 특성으로 인해 역시 같은 특성을 갖는다. 이로부터 지속은 회복될 뿐 아니라 "필연적 현존을 내포하는 한에서 신의 본질 자체"(『에티카』, 5부, 정리30, 증명)인 영원성을 향한 발판이 된다. 모든 것이 본래적으로 자연의 보편적 필연성에 의해 규정되었다는 자연주의적 관점을 수동적 감정 상태의 설명에 적용하여 욕망 주체는 영원성을 접할 수 있다. 그러나 욕망 주체는 영원하고 불변하는 대상과 더욱 내밀한 관계에 들어감으로써 자기 **존재**의 기지(基地) 자체를 발견하고 **자신의** 영원성을 획득할 수 있다.

욕망의 영원성

영원성은 존재론이 의거하고 있는 원리, 그 본질이 현존을 내포하는 원리, 즉 자기원인, 실체, 간단히 말해 신에게만 속하는 것 같다. 스피노자의 존재론은 절대적으로 무한한 실체인 신의 개념을 토대로 구축된다. 이런 절대적인 무한성은 신의 본질이 무한히 많은 무한한 속성들에 의해 표현된다는 것을 의미한다.

절대적 긍정인 신은 자기원인으로서 그 본질이 현존을 내포하는 자기 동일적 존재이다. 현존과 본질이 동일한 존재는 신뿐이며 이 동일성이 영원성을 나타낸다. 영원성이란 "현존 자체가 단지 영원한 것의 정의로부터 필연적으로 도출된다고 생각하는 한에서 그 현존 자체"(『에티카』, 1부, 정의8)인바 신의 본성, 즉 신의 정의(定義) 자체로부터 신은 현존한다는 사실이 도출된다. 신 안에서의 본질과 현존의 절대적 동일성을 표현하는 것이 영원성이다. 신의 본질과 현존은 영원한 진리이다.

> "실제로 이런 현존은 현존하는 것의 본질과 마찬가지로 영원한 진리로서 생각되기 때문에, 시작과 끝이 없는 지속을 생각한다고 할지라도 지속이나 시간을 통해서는 설명될 수 없는 것이다."
>
> —『에티카』, 1부, 정의8, 해명

본질과 현존의 동일성인 영원성은 인간에게 속하지 않는 것으로 보인다. 인간의 현존은 외적 필연성 또는 현존의 인과성에 의해서만 현실화되기 때문이다. 실제로 현존의 인과성에 따르면 본질의 현존으로의 현실화는 이미 현실화된 다른 유한 양태들에 의해 생겨난 맥락 속에서 이루어진다. 물론 이런 점이 개별적 현존 또는 현존하는 유한양태가 신의 인과성에서 단절되었다는 의미는 아니다.

> "존재하는 모든 것은 신 안에 존재하며 신에 의존되어 있어서 신 없

이는 존재할 수도 없고 생각할 수도 없기 때문이다."

— 『에티카』, 1부, 정리28, 주석

그러나 지속 속에 현존하는 한, 각 개체는 모든 현존하는 것들과 함께 무한정한 인과성을 따를 수밖에 없다.

"모든 개별적인 것 또는 유한하고 일정한 현존을 갖는 각각의 사물은, 마찬가지로 유한하고 특정한 현존을 갖는 다른 원인에 의하여 현존과 작용으로 결정되지 않는다면 현존할 수도, 작용하도록 결정될 수도 없다. 이 원인도 또한 마찬가지로 유한하며 특정한 현존을 갖는 다른 원인에 의하여 현존과 작용으로 결정되지 않으면 현존할 수도, 작용하도록 결정될 수도 없다. 이처럼 무한하게 진행된다."

— 『에티카』, 1부, 정리28

무한정한 연쇄에서 각 욕망 주체는 인간을 비롯하여 다른 모든 현존하는 욕망 주체들과의 끝없는 관계 속에 있다. 이 무한정한 연쇄에서 삶과 죽음을 보장해주는 것은 아무것도 없다. 유용한 만남이 가능한 것처럼 지극히 유해한 만남도 가능하다. 여기서 개체를 좌지우지하는 것은 즉각적이고 외적인 필연성이다. 각 존재의 지속은 수많은 관계 속에 있는 그의 부분들의 조합과 해체에 달려 있다. 일반적으로 이와 같은 조합과 해체가 삶과 죽음으로 여겨진다. 현존하는 개체로서 인간은 결국 죽음을 맞이하지 않겠는가?

삶의 지속에서 육체의 부분들이 손상과 파괴를 겪게 됨에 따라 그들 간의 운동과 정지의 균형이 깨진다는 것, 육체가 해체되어서 식별할 수도 없는 가루로 분산된다는 것, 한마디로 말해서, 죽음이 어느 날 우리에게 닥친다는 것, 이것은 받아들이자. 이는 논쟁의 대상이 아니다. 그러나 죽음은 육체뿐 아니라 정신에도 찾아온다. 정신은 육체의 관념인바, 육체와 함께, 그리고 모든 기억, 육체의 현존과 육체적 변용과 관련된 모든 역사와 함께 사라질 것이다.

> "정신은 육체가 지속하는 동안 외에는 어떤 것도 상상할 수 없으며 과거의 그 어떤 것도 기억할 수 없다."
>
> — 『에티카』, 5부, 정리21

죽음의 의미를 이해하려면 변용의 메커니즘을 존재론과 관련시켜 고찰해야 한다. 한 개별적 존재가 현존한다는 것 혹은 지속한다는 것은 이 존재에게 영향을 주고 또한 영향을 받는 외부 원인과 끊임없는 관계를 갖는다는 것을 의미한다. 이는 정신이 육체의 현존을 표상하는 방식, 즉 정신이 다른 물체들이나 육체들과의 변용 관계 속에 자기 육체의 현존을 내포하는 관념들로 구성되는 방식으로 나타난다. 이는 육체의 현존 자체, 즉 **현존의 본성 자체**에 따라 육체를 인식하는 것이 아니다. 실제로 개별적 정신은 육체의 관념이고 육체는 외부와 무한정한 관계를 맺으므로 정신이 육체를 현재 현존하는 것으로 생각하는 것은 상상을 통해서이다. 즉 정신은 우연적이고 기계적인 지각과 기억의 연쇄가 이루어지는 외부와의 무한정한 관계에 육체의 이미지들을 연관시키게 된다.

"실제로 기억은 인간의 육체의 외부에 있는 대상들의 본성을 내포하는 관념들의 일정한 연쇄일 뿐이며 이런 연쇄는 인간 육체의 변용들의 질서와 연쇄에 따라 정신 속에서 이루어진다."

— 『에티카』, 2부, 정리18, 주석

그런데 한 개인의 변용은 다른 개체들과의 무한정한 관계를 피할 수 없기에, 그 어떤 개별적 존재의 지속도 정확히 규정될 수 없는 현존의 인과성에 의해 지배받는다. 따라서 우리 자신의 육체도, 외부 대상도 정확히 규정된 지속을 통해 측정될 수 없다. 달리 말하면 일정한 한도 내에서 개인의 현존은 필연적이지 않고 우연적이며, 그의 현존의 지속은 자연의 일반 질서와 존재들의 구조에 의존한다. 상상, 연상, 환각 작용이 일어날 수 있는 곳이 바로 무한정한 지속에 다름 아닌 우연적 질서인 것이다. 인간 정신이 어떤 종류의 것이 되었든 간에 무언가를 상상하거나, 그의 현존을 시간으로 규정하거나, 즉 자신에게 시간에 의해 규정될 수 있는 지속을 귀속시킬 힘이 있다면, 이는 정신이 육체의 현실적 현존을 내포하고 있을 때뿐이다. 달리 말해 육체가 파괴될 때 육체의 관념인 정신도 역시 파괴되는 것이다. 이는 결국 인간은 죽음과 지속에 대해 부적합한 인식만을 가지고 있음에도 불구하고 죽음에 선고받았다는 것을 인정하는 것이 아닌가? 인간은 인식하지 못하는 것에 대한 불안의 포로가 된단 말인가?

그러나 욕망 주체는 우발적 이미지들에 의한 혼란에서 벗어나 이해 가능한 법칙의 질서 속에 자신의 현존을 확립함으로써 감정적 안정성을 통해 삶의 지속성을 확보할 수 있다. 나아가 현존이 능동적 감정 상태를 낳는 항구적 법칙들을 통해 조직됨에 따라 욕망 주체는 현존의 궁극적 진리를 탐구하여 죽음의 불안에 맞서 자신의 존재론적 위상을 정립할 수 있다. 이를 위해서는 현존을 "일정한 양의 형태로"(『에티카』, 2부, 정리45, 주석) 추상적으로 생각하지 않고 그 본성 자체를 탐색하여 현존의 최종적 이유를 제시해야 한다. 마치 육체가 끝없이 현존할 수 있는 듯이 육체의 무한한 지속을 희망하자는 것은 아니다. 그보다는 육체를 존재론적 원리에 비추어 보아야 한다. 물론 그 출현부터 소멸까지 육체의 현존은 외부와의 관계에 묶여 있고 이 관계는 극도의 다양성과 유동성을 가지고 있는 무한정한 연쇄로서 그 끝을 생각할 수 없는 것이다. 그러나 현존의 이 무한정한 소용돌이를 구성하는 요소들이 존재론적 원리와 거리가 있는 것처럼 보이지만, 결국 근원적 진리를 통해 이 요소들을 인식하기 위해서는 그것들을 개별적인 양태들로서 가능하게 한 원리와의 관계를 생각해야 한다. 모든 존재자들은 그들 안에서 개별적으로 표현되고 있는 그들의 전체 속에서만 존재한다.

"개별적인 것들은 단지 신의 속성의 변용 혹은 신의 속성을 특정한 방식으로 표현하는 양태에 지나지 않는다."

—『에티카』, 1부, 정리25, 보충

각 개별적 존재는 그 의미를 결정적으로 파악할 수 없는 수 많은 방식으로 다른 개별적 현존자들에 의해 현존하고 작용하도록 결정되어 있다고 해도 존재론적 관점에서 자신을 무한한 전체에 속한 부분으로 파악할 수 있다. 절대적 산출 행위에 의해 신으로부터 나오는 무한히 많은 양태들 중 한 양태로서 자신을 생각할 수 있는 것이다. 양태들에 대한 전체적 산출은 개별적 존재들이 본질뿐 아니라 현존의 차원에서도 절대적으로 신에게 의존되어 있음을 내포한다.

"개별적인 것들의 본질과 현존은 신의 본성으로부터 나오는 것이다. 한마디로 말해 신이 자기원인이라고 말하는 것은 신이 만물의 원인이라고 말하는 의미와 같은 것이다."

—『에티카』, 1부, 정리25, 주석

각 존재는 신의 절대적 산출물인 한, 신 안에 존재하는 본질을 가지며 이 본질은 어떤 한정된 시간 동안 존재하거나 나아가 무한정한 지속 속에 존재하는 것이 아니라 영원을 통해 신 안에 필연적으로 포함된 것이다. 이런 이유로 또한 현재 현존하지 않는 것의 진리도 생각할 수가 있는 것이다. 양태의 본질은 그것이 현존으로 현실화되든 그렇지 않든 간에 그 산출 원인 속에 내포된 것으로서 선험적으로 생각될 수 있기 때문이다.

그렇지만 파괴되지 않는 육체의 존속을 꿈꿔서는 안 된다. 육체의 부분들을 연결해주면서 육체의 삶을 유지해주는 운동의 전달 관계는 어느 날 무너질 것이며 따라서 외부와 관련된 개체로서의 육체도 사라질 것이다. 그러나 동일한 육체를 다른 시각에서 보아야 한다. 즉 정신은 **육체를 물질 속성과 관련한 본질**로 고찰함으로써 자기 자신을 **육체의 본질의 관념**으로서 고찰하는 것이다. 실제로 물질의 개별적 변용으로서의 육체의 존재에 대한 관념, 즉 존재의 생성 원인의 결과에 대한 관념은 신의 본질뿐 아니라 신의 본질에서 비롯하는 만물을 표현하는 무한한 관념의 한 부분으로서 신 안에 존재해야 한다. 기본적으로 명백한 사실은 자연에는 실체와 실체의 속성들, 그리고 속성들의 변용들만이 존재한다는 것이다. 따라서 속성들은 존재론적 인식의 유일한 대상들이다. 모든 것이 속성들 안에 있기 때문에 모든 것을 속성들을 통해서 인식하는 것은 신의 속성들과 그 변용들만을 이해하는 유한한 지성이나 무한한 지성에게 속한 활동이다.

이처럼 존재론과 윤리학이 결합된 맥락에서 욕망 주체는 현존의 인과성보다는 현존의 인과성의 본질적 의미를 관통해야 한다. 즉 우연적 특성의 영향 요소인 외부 사물들 또는 시간적 이미지에 의해 분할될 수 있는 지속과의 관계가 아니라, 존재의 원리와의 직접적인 관계 속에서 자기 자신을 파악해야 한다. 그런데 개념을 형성하는 것은 사유 행위이다. 즉 정신은 육체의 본질적 진리를 외적으로 보지 않고 육체의 진리와 자신을 동일시함으로써 정신 자신의 존재를 규정해야 한다.

육체의 본질적 존재를 파악한다는 것은 자연의 절대적 원리와의 내밀한 관계 속에서 육체를 보는 것이다. 달리 말하면 지속이나 시간에 의해 한정되지 않는 생산성으로서의 신 안에서 육체를 보는 것이다. 본질의 관점에서 볼 때 신은 모든 개별적 존재들을 한 번에 모두 산출한다. 물론 만물이 현실화되기 위해서는 일정한 현존 조건이 자연의 일반적 질서와 일치해야 하며, 이렇게 개별적 존재들이 현존에 이르렀을 경우 그것들의 관념은 신의 속성에 포함된 본질과 그것들이 지속하기 시작한다고 말할 수 있는 현존을 내포한다. 따라서 육체의 현존에 대한 사유는 그 현존의 조건들에 대한 사유들과 분리될 수 없는바, 육체의 본질 자체에 속하는 것을 구별하여 육체의 본질의 관념, 즉 **신의 무한한 관념이 존재하는 한에서 존재하는 관념**을 식별해내야 한다. 육체가 신 안에 포함된 모습 그대로, 즉 **영원의 시각 아래서** 육체의 본질을 표현하는 관념은 육체의 현존과 함께 소멸할 수가 없는 것이다. 이런 관념은 육체를 현존하게 하는 조건들과 함께 육체를 표현하는 것이 아니라, "일정한 영원의 필연성"(『에티카』, 5부, 정리22, 증명)을 통해 신에 의해 신 안에 산출된 물질적 존재로 육체를 표현하기 때문이다. 그리고 이런 필연성의 인식은 신의 인식에 의존하는 것이다. 따라서 육체의 본질에 대한 관념은 무한지성의 영원한 부분으로 존재하는 어떤 것으로서, 이를 통해 정신은 육체의 본질을 영원의 관점 아래 파악함으로써 자기 자신을 파악할 수 있다. 그러나 정신의 영원한 관념이 정신의 모든 본질을 구성하는 것은 아니다. 현존하는 육체와 마찬가지로 정신도 파괴될 수밖에 없기 때문이다. 달리 말하면 육체의 현존을 표현하는 관념은 현존과 관련된 조건들이 멈추자마자 소멸할 것이다. 정신의 본질에 속하는 것으로서 육체의 본질을 표현하는 관념은 정신에 속한 독특한 활동이며 이를 통해 정신은 자신을 영원의 시각으로 표현한다.

"영원의 시각에서 육체의 본질을 표현하는 이 관념은 정신의 본질에 속하면서(pertinet) 필연적으로 영원한 특수한 사유 양태이다."

―『에티카』, 5부, 정리23, 주석

정신의 본질에 속하는 영원한 관념의 정확한 본성은 무엇인가? 물론 정신은 육체의 관념이기 때문에 정신의 본질은 인식에 있다. 그러나 이 영원한 관념은 유한한 정신에게는 필연적으로 단절적이고 부적합한 인식일 수밖에 없는 육체의 현존에 관한 인식이 아니다. 이런 인식은 육체 및 다른 물체들의 모든 의미를 정확히 드러낼 수 없는 인식이기 때문이다. 여기서 말하는 인식은 육체의 본질 자체에 대한 인식으로서, 신이 다른 관념들과 무관하게 인간 정신에 대해 가지고 있는 관념인 한에서 필연적으로 적합한 인식이다. 달리 말하면 육체의 본질을 표현하는 영원한 관념은 신의 무한한 지성의 한 부분, 즉 유한한 지성이다. 유한지성의 기능은 모든 것을 **일정한 시간과 장소**와 관련시키는 관점이나 지속의 관점이 아니라 **영원의 시각 아래서**, 즉 사물들을 신 안에서 참되고 실재적인 것으로 사유함으로써 "그들의 관념들이 신의 영원하고 무한한 본질을 내포하는"(『에티카』, 5부, 정리29, 주석) 방식으로 이해하는 데 있다. 육체와 정신 자신을 영원의 시각에서(sub specie aeternitatis) 본래적으로 이해하는 것이 바로 지성(intellectus)의 행위이다.

　지성을 통해 욕망 주체는 정신의 존재를 영원 속에서 획득할 수 있다. 그 어떠한 부정도 그 어떠한 수동성도 이 영원한 부분을 침해할 수 없다. 영원은 지속에 의해서도 시간에 의해서도 헤아릴 수 있는 것이 아니다. 영원은 죽음을 모르며 삶만을 아는 것이다. 영원에 진입한 욕망 주체는 상상과 수동적 감정 상태와 죽음의 불안의 주체에게 죽는 것은 '나'가 아니라 '너'라고 선언할 수 있다. 영원한 존재로서의 지성은 그 양이 얼마이든 간에, 인식하지 못하는 대상에 대한 희망과 불안의 기제인 상상보다 완전한 것이기 때문이다. 지성은 욕망 주체의 최상의 부분이며 욕망 주체가 능동적일 수 있는 유일한 부분이다. 지성은 삶만을 인정하는 것으로서 지성이 삶과 갖는 관계는 지성이 자기 자신과 갖는 관계와 동일한 본성의 것이다. 삶, 능동성, 존재는 **이해**이다(intelligere).

12.

욕망과 지성

욕망 주체의 변질 불가능한 **존재**는 영원한 지성이다. 인간은 지성적 욕망을 갖출 때 엄밀한 의미로 말해 존재하는 것이다. 그런데 영원성은 실체 없이는 생각할 수 없는 것이므로 모든 사물과 사태를 실체적 근원과 관계시킴으로써 존재론적 진리로 파악하는 것은 지성에 고유하게 속한 행위이다. 달리 말하면 욕망 주체의 수동적 활동뿐 아니라 능동적인 모든 활동의 의미가 온전히 조명될 수 있는 것은 지성의 빛을 통해서이다. **시간**과 **지속**의 의미 또한 **영원성**을 통해 존재론적으로 정확하게 밝혀질 수 있는 것이다. 이제 욕망 주체의 활동을 영원성의 발견과 함께 마련된 발생학적 관점에서 세 유형으로 분류하고 그 의미를 살펴볼 수 있다.

은폐된 지성

현존의 순수 연속성으로서의 지속의 관념이 수동적 감정 상태에서 시간적 이미지들의 고착화로 분할되었다면, 이는 욕망 주체의 **지성**이 이런 이미지들에 의해 가려져 **정신의 존재**로 밝혀지지 않았으며, 따라서 그 구성요소들의 분할과 외적 특징들에 의해 자아가 은폐되었기 때문이라는 것을 알 수 있다. 사실 지속 자체가 영원에 의해 우선적으로 설명되어야 함에도 불구하고 성급하고 게으른 추상 활동으로 인해 마치 시간이 실재의 척도인 것처럼 지속을 대체하게 된 것이다. 지속을 양적으로 규정하기 위한 보조물인 **시간**(tempus)이 실재로 여겨지고 실재의 척도인 영원성과 지속의 존재론적 관계가 은폐되었던 것이다. 시간과 지속의 혼동, 그리고 지속과 영원의 혼동, 양태와 실체의 혼동이 욕망 주체를 혼돈으로 이끄는 것이다.

"실제로 실체나 영원 등과 같이 그 어떤 방식으로도 상상에 의해서는 생각될 수 없고 오직 지성에 의해서만 생각될 수 있는 것들이 여럿 있는 만큼, 단지 상상의 보조물에 불과한 시간이나 척도 등과 같은 개념들에 의해 실체나 영원 등의 개념들을 설명하려고 한다면, 이는 그야말로 상상을 통해 헛소리를 지껄이는 것과 같습니다. 나아가 실체의 양태들조차도 이런 생각 속의 존재들 또는 상상의 보조물들과 혼동하면 올바르게 인식될 수 없습니다. 우리가 이런 혼동을 할 경우, 우리는 양태들을 실체와 분리시키고 그것들이 영원에서 도출되는 방식을 분리시키게 됩니다. 이에 따라 양태들이 올바르게(recte) 인식될 수 있도록 해주는 것을 도외시하게 되는 것입니다."

— 『스피노자 서간집』, 서신12

사물들의 존재론적 이해를 통해 이런 혼동을 치료할 수 있는 것은 지성뿐이므로 상상에 이끌린 욕망 주체는 지성이 은폐된 주체로 특징지을 수 있다. 기쁜 감정의 궁극적 근거인 지성이 은폐되었다는 사실은 지성이 수동적 감정 상태에서도 완전히 부재한 것은 아니라는 사실을 말해준다. 실제로 욕망 주체는 지속에 대한 무한정한 느낌을 갖자마자 지속이 마치 파편적인 시간적 이미지들로 구성된 것처럼 지속을 그런 이미지들로 분할한 것이다. 욕망 주체의 정신상태는 삶의 희망과 죽음의 불안으로 얽히고설

킨 이미지 체계에 종속됨으로써 끊임없이 마음의 동요를 겪게 된 것이다.

육체의 본질에 대해 신이 갖는 관념의 영원한 존재로서 밝혀진 지성은 지속이 이처럼 현상화된 이유를 설명할 수 있다. **지속의 현상화**라는 덫을 피할 수 있는 유일한 길은 영원성을 통해 지속을 설명하고 지속의 불가분성을 드러냄으로써 시간적 이미지를 **비(非)-실재**로 또는 실재하는 대상을 갖지 않은 관념으로 규정하는 것이다. 이를 위해서는 실체 개념의 진리, 즉 본질과 현존의 동일성으로서의 영원성을 잊어서는 안 된다. 실체의 본질에는 현존이 속한다. 즉 오로지 실체의 본질 혹은 정의로부터 실체의 현존이 도출된다. 영원성은 "우리로 하여금 신의 무한한 현존을 생각하게 하는 속성"(『형이상학적 사유』, 1부, 4장)이다. 따라서 실체를 양태와 혼동하는 것은 지성에게 금지된 일이므로 실체에 지속을 귀속시켜서는 안 된다. 만일 신 안에 **먼저**와 **나중**이 있거나 하루가 지날 때마다 신의 현존에 지속이 더해진다거나, 간단히 말해 신 안에 채워 넣어야 할 간극이 있다고 생각하는 것은 곧바로 신의 참된 개념을 파괴하는 것이며 지성이 지성이 아니라고 말하는 셈이다. 신에게 지속을 귀속시킬 때 우리는 신 안에서의 본질과 현존의 동일성을 망각하는 오류를 범하게 된다.

달리 말하면 지속은 양태들에만, 즉 그 본질이 "현존을 결코 내포할 수 없는" 존재들 또는 "가능성으로서의 현존만을 내포하는"(『형이상학적 사유』, 1부, 4장) 존재들에만 속할 수 있는 것이다.

"신에 의해 산출된 것들의 본질은 현존을 포함하지 않는다."

— 『에티카』, 1부, 정리24

더 정확히 말하면 지속은 **양태들의 현존**에만 속할 수 있으며 본질에는 속할 수 없다. 양태들의 본질은 신의 본질에 즉각적으로 포함되고 산출된 것이므로 지속하는 것이 아니다. 지속은 "창조된 사물들이 그들이 현재 가지고 있는 현존을 보존하는 한에서 우리로 하여금 창조된 사물들의 현존을 생각하게 하는 속성이다"(『형이상학적 사유』, 1부, 4장) 스피노자는 지속과 현존을 동일시한다.

"어떤 사물의 지속과 전체적 현존은 생각 속에서만 구분된다. 한 사물의 지속에서 무엇인가를 제거한다면 그것은 이 사물의 현존에서도 필연적으로 제거된다."

— 『형이상학적 사유』, 1부, 4장

여하튼 지속이 양태의 현존에 부여된다는 사실은 지속이나 현존은 신에 의해서만 부여된다는 점을 내포한다.

"신은 사물이 현존하기 시작하는 것에 대한 원인일 뿐만 아니라 사물이 현존에 머무는 것에 대한 원인이기도 하다. 또는 (스콜라 철학의 용어를 사용한다면) 신은 사물의 존재 원인(causa essendi rerum)이다. 왜냐하면 사물이 현존하든 현존하지 않든 간에 우리는 사물의 본질에 주목하는 순간 그것이 현존도 지속도 포함하지 않는다는 것을 발견하기 때문이다. 그러므로 사물의 본질은 사물의 현존의 원인도, 지속의 원인도 될 수 없고, 오직 현존하는 것이 그 본성에 속하는 신만이 그것의 원인이 될 수 있다."

— 『에티카』, 1부, 정리24 보충

이제는 어떤 방식으로 지속이 영원한 것들로부터 비롯하는지가 관건이다. 지속이 양태의 현존과 동일시된바 어떻게 양태가 현존으로 현실화되는지 알아보아야 한다. 이 문제는 앞서 영원성을 다루면서 논의되었다. 유한양태의 본질은 신 안에 영원성으로서 존재하지만 유한양태의 현존은 이미 현실화된 다른 현존자들, 즉 다른 유한양태들을 요청한다. 이 모든 유한양태들이 무한정하게 서로 영향을 주고받고 관계를 맺으면서 현존의 인과체계를 형성한다. 실제로 유한한 특정 현존은 신의 절대적 본성에 의해 산출될 수 없다. 이 경우 유한한 현존도 역시 무한하고 영원해야 할 것이기 때문이다. 또한 유한한 현존은 무한하고 영원한 신적 변용에 의해 산출될 수도 없다. 이 경우도 역시 유한한 현존은 무한하고 영원해야 할 것이기 때문이다. **유한한 현존은 일정한 현존을 갖는 유한한 양태적 변용에 의해** 산출될 수밖에 없다.

"다음으로 이 원인이나 이 양태도 마찬가지로 유한하며 일정한 현존을 갖는 다른 원인으로 결정되지 않으면 안 된다. 그리고 후자도 다시금 다른 원인으로 결정되며, 이처럼 언제나 무한하게 진행한다."

— 『에티카』, 1부, 정리28, 증명

인간의 현존은 모든 것이 원인인 동시에 결과인, 시작도 끝도 없는 무한정한 인과성에서 나타나는 신적 유한화의 결과이다. 이 점에 대해 현대의 중요한 스피노자 연구가인 마슈레는 다음과 같이 설명한다.

"어떤 것이 되었든지 간에 한 사물이나 사건에 대해 끝을 통한 설명이라는 엄격한 의미의 설명을 하려는 것은 전적으로 헛된 일이다. 이런 설명은 그 사물이나 사건을 따로 떼어놓거나 그것들의 정해진 자리가 있는 필연적 질서로부터 그것들을 뽑아내는 것이기 때문이다."*

현존의 인과성이 바로 순수 연속성 또는 현존의 무한정한 연속으로 정의된 지속의 장(場)이다. 결국 지속과 영원의 관계는 유한양태와 실체의 관계와 같은 본성의 것이다. 유한양태가 근원적으로 실체에 의해 현존을 갖는 것처럼 지속은 영원에 의해 삶을 유지할 수 있다. 영원성은 신의 영원성이며, 신의 영원성은 **삶의 영원성**이다.

"스피노자에 따르면 삶은 사물들에게 지속을 부여하는 것이지, 지속하는 것이 아니다. 삶은 신이다. 삶은 영원성 자체이다. 따라서 영원성은 지속의 삶이다. 지속은 영원성으로 인해 삶을 갖는다."**

*   Pierre Macherey, *Introduction à l'Ethique de Spinoza. La première partie: la nature des choses*(스피노자의 에티카 입문. 1부: 사물의 본성), p.181.
**   그리말디(N. Grimaldi)가 자크(S. Zac)의 고전적 저작 *L'idée de vie dans la*

신은 지속을 항구적으로 지원하고 있기 때문에 신과 관련한 지속은 단절이 없는 실재적 질서에 속해 있는 것이다. 그러나 지속은 역설적인 특성이 있다. 욕망 주체를 운명의 두 얼굴에 직면하게 하는 것이 지속이다. 존재론적 원리와의 관계 속에서 사물을 파악하는 이에게는 지속이 어떠한 단절도, 즉 시작도 끝도 없는 순수 연속성이라는 것이 사실이다. 그러나 다양한 관계들, 이미지들 간의 끝없는 연상이 쇄도하는 유한자들의 무한정한 연쇄에서는 각자의 필요에 따라 상황적 판단이 쉽사리 형성된다. 예를 들어 단지 창문을 연 나만의 행위가 방 안에 들어온 빛의 산출 원인이라고 쉽게 생각할 수 있다. 바로 이런 세계의 모습에서 욕망 주체는 주관적인 기준을 만들어내고 자기만의 세계를 형성한 것이다. 지속과 영원의 의미를 모른 채 이들의 본성과 관계에 대해 깊은 성찰을 하기보다는 시간적 이미지들로 그것들을 대체함으로써 불가해한 수동성의 세계에 빠져드는 것이다. 이는 지성이 은폐된 욕망 주체에게는 피할 수 없는 운명이다.

이제 영원과 지속, 그리고 양자의 관계가 지성을 통해 명확해진바 시간의 의미도 정확히 파악할 수 있다.

"지속을 규정하기 위해 우리는 변화 없는 일정한 운동을 하는 것들의 지속과 비교를 한다. 이런 비교가 시간이라 불린다. 따라서 시간은

---

philosophie de Spinoza(스피노자의 철학에서 삶의 관념)에 의거하며 강조한 내용이다. N. Grimaldi, *Le désir et le temps*(욕망과 시간), p.301.

사물들의 변용이 아니라, 단순한 사유 양태이거나 혹은 생각 속의 존재이다. 시간은 지속을 설명하는 데 쓰이는 사유 양태이다."

—『형이상학적 사유』, 1부, 4장

"우리가 시간을 상상한다는 것은 의심의 여지가 없다. 즉 우리는 어떤 물체가 다른 물체에 비하여 더 느리게 또는 더 빠르게 또는 같은 속도로 운동한다고 상상함으로써 시간을 상상한다."

—『에티카』, 2부, 정리44, 주석

시간을 실재로 인식하는 것은 즉각적 유용성의 경험에 따른 다양한 기호들에 의거하기 때문이다. 익숙한 기호들을 존재의 표시로 간주하는 것은 지성적 성찰보다 쉽기 때문에 대부분의 사람들은 기호들을 실재처럼 생각한다. 그리고 자신을 자기가 행하는 모든 행위의 자유로운 원인으로 간주함으로써 과거가 현재의 원인이고 현재가 미래의 원인이라고 생각한다. 이런 추상적이고 피상적인 절차는 유한과 무한의 혼동을, 나아가 무한의 부정을 낳음으로써 우리 자신의 욕망을 모든 존재의 근원인 실체로부터, 그리고 실체를 파악할 수 있는 유일한 부분인 지성으로부터 분리시키게 된다. 특히 욕망의 구체적 윤리를 구성하는 감정 상태와 관련하여 지속의 본성에 대한 무지는 유해한 결과를 첨예하게 드러낸다. 심지어 지성의 인식을 경험하고도 상상의 주체는 시간적 가치들의 불확실성에 사로잡힐 수 있다. 선과 악의 참된 인식에서 온 긍정적 감정 상태도 마치 현재 눈앞에서 보다 상위의 가치를 표현하는 듯한 우발적 이미지들의 고착화로 인해 약화되곤 한다.

"나는 최선의 것을 보고 그것에 동의한다. 그리고 최악을 행한다."

—『에티카』, 4부, 정리17, 주석

수많은 동요가 끊임없이 깊은 상흔을 남기는 이런 상황이 지성을 적절하게 적용하지 못하는 욕망 주체의 현존을 특징짓는다. 실체와 양태의 관계, 영원과 지속의 관계에 대한 인식을 결여하고, 지성이 인정하는 질서를 갖추지 못한 단절되고 혼란한 표상들, 실재하는 대상이 없는 (시간, 수, 척도, 언어 등의) 기호들, 그리고 기억과 연상의 기계적 연결에 묶이는 것이 바로 스피노자가 **첫 번째 종류의 지식 또는 상상**으로 일컫는 것이다. 상상적 지식의 삶은 수동적 감정 상태가 현존을 지배하는 삶이다.

지성의 발현

지성의 활동을 통해 욕망 주체는 영원과 지속의 관계, 그리고 지속과 시간의 관계를 규명할 수 있다는 것이 제시되었다. 지속의 이미지화로 인한 지성의 은폐가 욕망 주체를 삶의 희망과 죽음의 불안 사이의 동요에 빠지게 함으로써 수동적 감정 상태의 혼란으로 이끈다. 그러나 이제 우리는 지속으로의 회귀와 현존의 존재론적 규정의 의미를 알고 있다. 이로부터 욕망 주체에게 나타나는 감정 상태의 정점은 **신에 대한 사랑**(amor erga Deum)이다.

하지만 감정적 안정성을 경험하는 것과 감정적 안정성의 존재론적 원인이 무엇인지 아는 것은 다른 차원의 문제이다. 내가 지성적 행위를 하고 있다는 것과 내가 지성적 행위의 존재론적 주체라는 것을 아는 것은 다른 차원인 것이다. 존재론적 주체가 무한하고 영원한 지성의 영원한 한 부분으로서 발생학적으로 밝혀진 바 이제 욕망 주체의 이성적 활동이 영원한 지성과 갖는 관계의 의미를 규정해야 한다.

지속으로의 회귀는 혼란하고 갈등적인 사태 속에서도 드러나는 필연성에 대한 의식을 기초로 이루어진다. 욕망 주체는 자연의 규칙성을 감정 상태에 연결함으로써 현존의 의미를 확립하기 위한 견고한 출발점을 새롭게 설정할 수 있다.

> "선의 상실로 인해 나타난 슬픔은 그것을 보존할 아무런 수단도 없었다는 사실을 생각할 때 경감된다."
>
> —『에티카』, 5부, 정리6, 주석

외부 사물에 대한 지나친 집착에서 내적 삶으로 이행하게 되는 것이다. 실제로 욕망 주체는 욕망의 다양한 사태들을 반성적으로 고찰함으로써 그들의 "유사성, 차이 그리고 대립"(『에티카』, 2부, 정리29, 주석)을 생각할 수 있다. 즉 주관적 경향성의 압력 아래 충동적이고 기계적인 평가를 내리기보다는 사물들의 흐름을 다양한 원인체계에 관계시킬 시간을 가짐으로써 감정 상태의 원인들을 상대화하고 그 유해성을 약화시킬 수 있다.

이로부터 이성적 도구들이 의식의 표면에 드러나게 된다. 그런데 엄밀한 의미에서의 존재론적 또는 발생학적 관점에서 볼 때 모든 슬픔의 약화, 심지어 단지 우연적인 기쁨일지라도 모든 기쁨, 간단히 말해 모든 능동성은 지성 고유의 행위인 적합성이나 이해라는 유일한 구심점에서 유래하는 것이기 때문에 영원성은 지속 안에서 개화된 것이다.

그러나 이런 영원성이 영원성의 모든 것인가? 지속이 상상에게는 가분적이고 지성에게는 불가분적이라는 역설적인 성격을 보였던 것처럼 지성도 이중적 고찰의 대상이 된다. 물론 지성이 가분적이라거나 이미지나 액자 속의 그림처럼 공간화될 수 있다고 말하자는 것은 아니다. 육체의 본질에 대한 관념, 즉 신의 무한하고 영원한 지성과 분리될 수 없는 부분인 유한지성은 영원하고 불가분적이며 자기 동질적 행위이다. 지성은 "사유 방식 혹은 지성행위 자체"이며, 존재론적 진리로서 "자기 자신의 규범"(『에티카』, 2부, 정리43, 주석)이다. 이런 점이 지성의 첫 번째 근원적 특성이다. 지성은 아무 제한 없는 영원성이다. 지성은 자신의 행위 자체이다.

그러나 실재와 참의 영역으로 진입하기 시작한 것은 지성에 대한 발생학적 규정이 아니라 지성의 빛이 드러나는 사건 차원의 확인에 의해서이다. 따라서 주관적 필요를 쫓으며 굴절되었던 욕망은 객관적 필연성을 통해 점차적으로 펼쳐진 것이다. 그런데 적합성에 관한 일말의 느낌도 지성적 근저가 드러난 것인바 욕망 주체는 지성과 전면적으로 동일시되지 않은 가운데 지성의 영역을 접진적으로 확장하게 된 것이다. 지성의 이런 측면이 지성적 행위의 역설을 표현한다. 즉 욕망 주체의 이성적 삶에서 지성은 함축적인 동시에 확정적이다. 지성은 개별적 육체의 본질에 대한 표현으로 드러나지는 않았기 때문에 함축적이며, 이성적 절차 속에서 불가분적인 것으로 발견되는 모든 진리는 지성과 동질적이므로 지성의 발현은 확정적이다. 따라서 지성이 다양한 경험 사태에서 드러날 때도 이런 발현은 실제로는 영원성의 결과처럼 지성의 특성이 드러난 것이다. 이런 의미에서 전면적인 영원성 속에서 그 정체성이 드러나지는 않은 지성을 통해 해방을 경험한 욕망 주체의 이성적 행위는 지성의 발현 과정으로 특징지어질 수 있다.

이제 이성적 삶에서 나타나는 영원성의 의미도 명확해진다. 이성의 영역은 여러 사태 간의 공통적 근저에서 통일성을 형성하면서 전개되고 확장된다. 이런 측면은 불가변성, 자연적 접착성 그리고 이해를 통해 논리적인 동시에 감정적인 안정성을 산출한다. 그리고 여러 이해 대상을 연결하는 공통개념은 이미 영원성과 접촉해 있다고 말할 수 있다. 이성적 능력을 갖춘 욕망 주체는 사물들을 즉각 주어진 시간과 관련하여 고찰함으로써 우연적인 것으로 보지 않고, "신의 영원한 본성의 필연성 자체"(『에티카』, 2부, 정리44, 보충2)를 통해 생각하기 때문이다. 따라서 인식과 감정은 **영원불변의 대상**과 관계하며, 이로부터 안정성이 무한정하게 확장됨으로써 자연법칙이 보편적 체계로서 견고히 자리 잡는다.

이제 공통개념들을 근거로 사태를 파악하는 방식, 즉 "**이성과 두 번째 지식**"(『에티카』, 2부, 정리40, 주석2)의 고유한 특성과 그것이 내포하는 한계를 정확히 해야 한다. 물론 이성적 인식은 육체 및 물체의 공통적 특성들을 통해 형성되는 것으로 참과 실재의 필수불가결한 조건을 표현한다. 사물들의 공통적 특성을 기초로 형성된 개념들은 **추론의 기초**이다. 그러나 공통개념들은 사물들이 지닌 특성에 의거하기 때문에 사물들의 본질을 포착하지 못한다.

"모든 것에 공통되며 부분과 전체에 동일하게 발견되는 것은 어떤 개별적인 것의 본질도 구성하지 못한다."

— 『에티카』, 2부, 정리37

공통개념들은 개별적 실재들과 관계를 맺고 있지만, 개별적 실재들은 공통개념들의 연결 법칙의 재료이다. 물론 공통개념들은 신의 영원하고 무한한 본질, 즉 물질 속성에 의거하기 때문에 당연히 영원하다. 그러나 공통개념의 영원성은 자연법칙의 필연성으로서의 영원성이다. 우리는 공통개념들을 통해 세계의 체계를 형성하고 만물이 절대존재에 의존한다고 주장할 수 있지만 이로부터 우리가 누리는 것은 우리 자신, 사물 또는 사태들 그리고 신에 대한 추상적이고 일반적인 통일성일 뿐이다. 스피노자는 이런 인식이 우리에게 주는 영향에 대해 다음과 같이 명시한다.

"실제로 나는 1부에서 모든 것이(따라서 인간의 정신도 역시) 본질과 현존에 관해서 신에게 의존한다는 것을 일반적인 방식으로 제시했지만, 그 증명이 비록 정당하고 아무런 의심의 여지가 없다고 할지라도

그 증명은 우리가 신에게 의존한다고 말한 개별적인 것의 본질 자체
에서 이런 것이 결론 내려질 때처럼 우리의 정신에 영향을 주지는 않
는다."

— 『에티카』, 5부, 정리36, 주석

결국 욕망 주체와 즉자적 지성의 동일화를 통해 우리 자신이
신의 영원하고 불가분적인 부분으로서 신 안에 개별적으로 정립
되는 것이다. 나의 행위들이 안정적으로 보이기 때문에 내가 영
원하다고 말하는 것과, 이런 안정성이 내 정신의 존재로부터 오
는 것이라고 말하는 것은 다른 차원의 문제이다.

공통개념이 욕망 주체가 수동적 감정 상태를 치료하는 데 핵
심적인 역할을 수행한다는 것은 사실이다. 공통개념은 다양한 이
미지, 부적합 관념 그리고 수동적 감정에서 벗어날 수 없는 현존에
적용되는 것이다. 우선적으로 변용의 메커니즘을 통해 모든 이미
지들을 자연적 힘으로 간주하고 서로 연결시켜 그 체계를 구체적
감정 상태에 구현함으로써 끊임없이 힘을 정비해야 수동적 감정
상태에서 벗어날 수 있는 것이다. 간단히 말해 우선 살아야 한다.

"사람이 음식과 음료가 그에게 유용하다는 것을 증명하기 전에는 그것
들을 먹고 마시기를 거부한다면 배고픔과 갈증으로 죽게 될 것입니다."

— 『스피노자 서간집』, 서신56

그러나 이미지들 일반이 육체와 함께 소멸한다는 것을 모르

기 때문에 욕망 주체의 정신은 이미지들의 폐해를 상기하면서 계속적인 투쟁을 해야 했다. 공통개념에 기반한 **두 번째 지식**의 영역은 지성의 발현 과정과 상상, 개화된 영원과 지속의 조화로운 관리가 필요한 체제이다. 심지어 모든 이미지들을 신의 관념과 관련시키면서도 욕망 주체의 주요 관심은 육체의 현존이었다. 따라서 신을 향한 사랑이 비록 모든 감정 가운데 가장 안정적 감정이기는 하지만, 육체적 변용들, 그리고 외부 대상의 이미지와 관계하는 한에서는 육체와 함께 소멸할 수밖에 없다. 이런 사랑은 이미지들의 고찰로부터 오므로, 이미지들 또는 육체적 현존과 운명을 같이 할 수밖에 없기 때문이다.

물론 두 번째 지식에서 나타나는 영원성이 부분적이거나 추상적이라고 말하기는 힘들다. 존재론적으로 볼 때 영원성은 분할 가능한 것이 아니기 때문이다. 그러나 개별적인 것의 영원성으로서 영원한 지성이 명백하게 드러나지 않은 채 발견된 영원성은 함축적 영원성인 것이 사실이다. 두 번째 지식의 영원성도 존재론적으로 영원성의 불가분적인 부분이기 때문에 영원성으로 규정해야 한다면, 우리는 "영원성의 어떤 일종(quadam aeternitatis specie)"(『에티카』, 2부, 정리44, 보충2)이라고 특징지을 수 있을 것이다. 그렇다면 **일종의 영원성**이 아니라 영원성 자체를 누리는 욕망 주체의 활동은 무엇인가?

충만한 지성

우리는 **두 번째 종류의 지식과 삶**이 나타내는 특성과 한계를 살펴보았다. 이 영역에서 파악된 진리는 적합하고 영원한 것이지만 이 진리는 개별적 사물의 본질에 적용되는 것이 아니며, 따라서 개별적 사물 자체의 영원성에 적용되는 것이 아니다. 이런 한계는 지성이 욕망 주체가 수동적 감정 상태에서 해방되기 위해 사용한 다양한 이성적 행위들의 원인으로서 명백하게 드러나지 않았다는 사실에서 비롯한다. 이제 본질적으로 영원한 욕망 주체의 활동과 **세 번째 종류의 지식과 삶**의 의미에 대해 알아보아야 한다.

세 번째 종류의 지식에 대해서 우리는 두 번째 종류의 지식의 한계를 본래적 지성과의 관계 속에서 설명하면서 해답의 실마리를 찾을 수 있었다. 두 번째 종류의 지식의 한계가 개체들의 본질을 포착하지 못하는 것이었다면, 세 번째 종류의 지식은 개체들의 본질을 파악하는 상위의 인식이다. 실제로 지성의 영원성에 대한 인식이야말로 지성이 개별적 육체의 본질에 대해 신이 갖는 영원한 관념이라는 사실을 합법적으로 확립해주는 것이다. 즉 지성은 신의 본질과의 직접적인 관계 속에서 자신을 파악함으로써 사물들의 본질을 신의 본질로부터 파악한다.

> "세 번째 종류의 지식은 신의 몇몇 속성의 실재적/형상적(formalis) 본질에 대한 적합 관념에서 사물들의 본질의 적합한 인식으로 나아간다."
>
> —『에티카』, 2부, 정리40, 주석2

따라서 세 번째 종류의 지식은 현존의 여러 국면에서 드러나는 진리를 파악하는 것이 아니라 신의 본질로부터 개별적 존재의 본질을 그 자체로 파악하는 것이다. 물론 세 번째 종류의 지식은 영원성의 행위 자체이기 때문에 생성을 겪을 수 없으며 두 번째 종류의 지식의 근거이기도 하다. 그러나 세 번째 종류의 지식을 의식의 표면에 떠올리려면 상상의 다양한 메커니즘, 즉 즉각적으로 맺어지는 우발적 관계의 침입으로부터 정신을 보호해야 한다. 달리 말하면 지속의 차원에서 세 번째 종류의 지식은 두 번째 종류의 지식으로부터 유래하는 것이다.

> "세 번째 종류의 인식에 따라서 사물을 인식하려는 노력이나 욕망은 첫 번째 종류의 인식에서는 생길 수 없으며 두 번째 종류의 인식에서만 생겨날 수 있다."
>
> ─ 『에티카』, 5부, 정리28

달리 말하면 본래적으로 파악된 참의 영역에는 일말의 거짓 가능성도 섞일 수 없다. 존재론적인 참의 영역은 정신활동이 다양한 표상과 뒤엉킨 현상의 영역이 아니라 사물들을 이들 본질의 영원한 인식 속에서 설명하는 발생학적 체계로부터 모든 것이 개념화되는 존재의 영역이다.

모든 문제는 결국 실체와 양태가 가진 본질적 관계로 단순화된다. 발생학적으로 실체와 양태의 관계를 해명하는 것은 동시에 지성을 명백히 밝히는 것이다. 실체와 양태의 관계는 존재론적인 동시에 논리적인 의존 관계이다. 실체가 자신 안에 존재하며 자신에 의해 생각되는 것이라면 양태는 다른 것 안에 존재하며 다른 것에 의해 생각되는 것이다. 양태는 실체 안에 존재하고 실체에 의해 생각되는 것이다. 양태 또는 개별적 존재를 실체에 의해 절대적으로 규정된 것으로 파악하는 것이 바로 세 번째 종류의 지식이다.

여기서 인식의 운동은 이성적 추론을 통해 존재의 근원으로 상승하는 것이 아니라 존재의 근원으로부터 개별 존재의 규정으로 향한다. 지성은 상상과 달리 사물들을 존재의 근본원리와 분리시켜 보지 않는다. 지성은 신에 의해 신 안에 정립된 각 양태가 신으로부터 분리될 수 없고, 신의 존재론적 부분을 구성하며, 이로부터 정확하고 규정된 방식으로 신 또는 신의 속성들을 표현한다는 것을 직접적으로 긍정할 수 있고 또 그렇게 긍정해야 한다. 이런 정확하고 규정된 방식이 양태의 본질이며 실체의 변용이다. 간단히 말하면 개별적 실재는 신의 속성들의 변용일 뿐이다.

세 번째 종류의 지식은 신의 본질의 인식을 통해 사물들의 본질을 파악하는 것이기 때문에 지성 속에 신의 산출 방식이 재현되며 지성의 작용은 신의 작용과 동일시된다. 그리고 이 동일성의 영역은 더 많은 개별적 사물들을 이해할수록 확장된다.

"우리는 개별적 사물들을 더 많이 이해할수록 신을 더 많이 이해한다."

─『에티카』, 5부, 정리24

본질들이 신 안에서 펼쳐지는 것을 참관하는 지성적 절차에 의해 욕망 주체는 인식의 힘에서 신과 필적함으로써 최상의 정신적 덕을 실현한다. 욕망 주체가 확정적으로 지성 자체와 동일시되고 영원성을 획득하여 개별 본질들을 인식하는 것이 세 번째 종류의 지식 또는 **직관적 지식**의 내용이다.

그런데 영원성은 육체의 현존이 아니라 본질에 관한 고찰을 통해 드러났다는 점을 잊지 말아야 한다. 따라서 시간도 지속도 세 번째 종류의 지식에 개입되지 않는다. 오로지 지성만이 직관적 지식의 근본적 역할을 담당한다. 욕망 주체가 능동적일 수 있고 자기 행동의 적합 원인일 수 있으며 진정으로 자기 자신일 수 있는 것은 오로지 지성이 정신의 영원한 존재로 명백하게 드러났을 때뿐이다.

"세 번째 종류의 지식은 정신이 영원한 한에서 그 형상적 원인에 의존되는 것처럼 정신에 의존된다."

— 『에티카』, 5부, 정리3

욕망 주체는 세 번째 종류의 지식의 영원한 주체로서 지성을 내세우며 자신의 정신 속에 참되고 실재적인 질서를 구축하고 세계의 구조를 표현할 수 있다. 이제 운명의 두 얼굴이 지닌 결정적인 의미가 드러난다.

"우리가 사물을 현실적인 것으로 파악하는 데는 두 가지 방식이 있다. 즉 사물을 특정한 시간과 장소에 연관시켜 현존하는 것으로 파악하든가 아니면 사물은 신 안에 포함되어 있으며 신적 본성의 필연성에서 생기는 것으로 파악하는 방식이다. 그러나 이 두 번째 방식에 따라서 참되거나 현실적이라고 파악되는 것을 우리는 영원한 시각 아래서 파악하며 그런 것의 관념에는 신의 영원하고도 무한한 본질이 포함되어 있다."

—『에티카』, 5부, 정리29, 주석

이제 욕망 주체는 운명의 한 방향은 점점 자기 자신이 아닌 것이 되어가는 영역이고, 다른 방향은 지성의 빛으로 영원히 빛나는 영역이라는 사실을 확고부동한 확실성과 함께 인식함으로써 존재의 길로 들어갈 수 있다. 존재의 길에는 관념적 변용들이 정신의 존재 자체로부터 비롯하는 자율의 장(場)이 펼쳐진다. 그 근원에서부터 영원한 자신의 행위들을 통해 욕망 주체는 가장 높은 인간의 완전성으로 이행하여 가장 높은 기쁨, 그리고 이로부터 주어질 수 있는 가장 높은 만족을 누린다.

영원의 단계에서 욕망 주체는 더 이상 실재와 분리 가능한 상상 덩어리가 아니며 전체 안의 추상적 부분도 아니다. 이제 욕망 주체는 체계, 즉 자연과 욕망의 기하학을 그려가는 작자이다. 욕망 주체는 자신의 의식 속에 개인적인 동시에 보편적인 종합을 실현한다. 직관적 지식을 실천하고 자신과 각 사물을 신이 인식하는 방식 그대로 인식함으로써 자신과 신에 대해 의식하는 동시에 더욱 완전하고 행복해지는 것이다. 영원은 생성과 무관하지만 욕망 주체의 현존이 거친 여정을 고려할 때 우리는 욕망 주체가 이제 영원에 존재하기 시작했다고 말할 수 있다. 이런 부활의 의미는 무엇인가?

13.

욕망의 완성

영원한 지성, 즉 정신의 존재에 의거하여 시간, 지속, 그리고 영원의 관계를 밝혔고 이 관계에 내포된 욕망의 의미를 살펴보았다. 결국 욕망 주체의 지성 능력은 신의 지성 능력과 동일하다는 것이 드러났다. 이 동일성의 귀결은 감정의 차원에서 어떻게 나타나는가? 물론 우리는 최상의 기쁨과 최상의 자기만족이 직관적 지식의 실천을 통해 나타난다는 것을 확인했다. 이제 욕망 주체의 감정 상태를 궁극적 원인과 관계시켜야 하며 이 감정 상태가 내포한 모든 것을 펼쳐야 한다. 두 번째 종류의 지식이 **신에 대한 사랑**이라는 감정을 낳게 했다면 세 번째 종류의 지식은 고유한 특징을 가진 새로운 형태의 사랑을 낳게 할 것이다. 세 번째 종류의 지식을 통한 **신의 지성적 사랑**(amor intellectualis Dei)의 의미가 온전히 밝혀질 때 비로소 인식과 감정의 종합이 존재론적 통일성에서 실현될 수 있으며 스피노자 철학의 최종적 의미가 드러날 것이다.

신의 지성적 사랑

욕망 주체는 지성의 충만한 활동과 함께 진정한 영원성을 획득한다. 지성적 욕망 주체가 신 안에서 사유하는 것은 신이 욕망 주체 안에서 사유하는 것과 동일하다. 세 번째 종류의 지식이 제공하는 능동성을 통해 자기 자신을 생각함으로써 최상의 **자기만족**이라는 감정이 생겨난다. 이 자기만족은 자기 행위가 자유롭다고 상상하는 데서 오는 폭력적인 후회 감정을 내포하는 감정이 아니다. 세 번째 종류의 지식에서 유래하는 기쁨의 원인이 자기 자신의 관념이라고 할 때, 여기서 자기 자신의 관념은 육체의 본질에 대한 영원한 관념, 즉 무한한 지성의 한 부분인 유한한 지성이기 때문이다. 세 번째 종류의 지식에서 비롯하는 자기만족은 정신 자신과 신의 동일성에서 오는 기쁨이기 때문에 영속적인 것이다.

> "우리의 정신은 자기 자신을 인식하고 자신의 육체를 영원의 시각에서 인식하는 한에서 필연적으로 신을 인식하며, 자신이 신 안에 존재하고 신에 의해 생각된다는 것을 안다."
>
> ―『에티카』, 5부, 정리32, 증명

이런 자기만족은 신의 관념을 원인으로 갖기 때문에 신에 대한 사랑이지만, 여기서 신의 관념은 육체의 현존 또는 지속을 통해 갖게 되는 관념이 아니다. 즉 세 번째 종류의 지식에서 비롯하는 신에 대한 사랑은 현존의 변용들로부터 형성되는 신의 관념을 원인으로 하는 사랑이 아니라 신의 본질을 영원으로서 이해하는 지성에게 고유한 **지성적 사랑**이다. 지성적 사랑은 육체의 현존과 상상, 한마디로 말해 지속과 아무 관련이 없고 오로지 정신의 영원성인 지성과 관계하는 것이기 때문에 **영원한 사랑**이다.

신에 대한 지성적 사랑 속에서 욕망 주체는 인식과 감정의 통일을 이룬다. 수동적 감정 상태의 여정은 이 존재론적 사랑에서 마감된다. 하지만 지성적 사랑은 영원하기 때문에 욕망 주체의 모든 활동에, 즉 첫 번째 종류의 지식이 특징짓는 수동적 삶에도, 두 번째 종류의 지식이 규정하는 이성적 삶에도 이미 존재했었다고 말해야 한다. 윤리적 활동은 욕망, 즉 자기보존노력을 토대로 시작된다. 수동적 삶도 마찬가지로 이 근원적 활력에 근거하여 이루어지는 것이다. 외부를 고려하지 않고 자기보존노력이 그 자체로 자율적이고 파괴 불가능한 것으로 정의되었다면 그것은 신의 지성적 사랑을 구성하는 직관적 지식의 싹이 자기보존노력 안에 이미 존재했기 때문이다. 그러나 삶의 다급함과 불행하게도 실재가 아닌 상상적 시간에 쫓겨 유한하고 사멸하는 대상들에 집착함으로써 직관적 지식, 즉 자기 자신의 전체적 회복을 가능케 해주는 지성을 알아보지 못한 것이다. 욕망 주체는 자기가 진리 속에 존재한다는 사실에 대해 수동적 상태에서는 거의 의식하지 못했던 것이다. 또는 욕망 주체는 언제나 영원한 기쁨을 추구했으므로 영원이 마치 무한정한 존속인 것처럼 생각하고 영원성과 지속을 혼동했던 것이다.

그러나 욕망 주체는 공통개념들을 발견하고 그것들을 삶에 적용함으로써 자기 자신 속에 존재하는 실재성을 점점 더 의식하게 된다. 즉 지속 속에서 적어도 함축적으로 영원을 접한다. 실제로 이성적 삶의 정점이라 할 수 있는 **신에 대한 사랑**은 거의 절대적인 안정성과 함께 표현되기 때문에 욕망 주체는 이미 일종의 영원성을 느낀 것이다. 그러나 외부와 끊임없이 관계를 맺고 육체의 변용들에 대한 생각을 다듬어야 하기 때문에 욕망의 이정표는 육체의 현존이었던 것이다. 따라서 육체의 파괴와 함께 신에 대한 사랑도 파괴될 수밖에 없다는 것을 받아들여야 하는 것이다. 즉 신에 대한 사랑을 절대적으로 내면화하지 못한 단계였다. 이 내면화는 **신의 지성적 사랑**에 의해 실현되므로 신의 지성적 사랑은 신에 대한 사랑 속에 이미 내포되어 있었으며 신에 대한 사랑은 신의 지성적 사랑의 현상적 형태를 취한 것이라고 말할 수 있다. 신의 지성적 사랑은 "오로지 정신에만 그것을 관계시키는 한에서"(『에티카』, 5부, 정리20, 주석) 신에 대한 사랑에 다름 아니다. 신에 대한 사랑이 수동성의 이해라면 신의 지성적 사랑은 능동성의 의식이다.

이런 관점에서 볼 때, 비록 욕망 주체의 여정을 고려하면 지성적 사랑의 완전성이 그에게 지금 생겨난 것이라고 인정하지 않기는 힘들다고 해도, 실제로 그가 완전성을 영원으로부터 소유하고 있었다고 말해야 한다. 신의 지성적 사랑을 통해 욕망 주체는 완전성의 증대가 아니라 완전성 자체를 누리는 것이며 인식과 감정의 완전한 종합을 실현한다. 지성적 사랑에는 어떠한 간극도 외부성도 존재하지 않으므로 지성적 사랑의 주체는 영원하고 자율적인 주체이다.

그러나 영원한 인식과 사랑은 신 안에서만 가능하다는 것을 잊어서는 안 된다. 신이 세 번째 종류의 지식과 지성적 사랑의 주체이기 때문에 인간도 세 번째 종류의 지식과 지성적 사랑의 주체일 수 있는 것이다. 달리 말하면 '신의 지성적 사랑'이라는 표현에서 '~의'는 이중적 의미를 가지고 있다. 영원한 인식과 사랑의 두 주체가 갖는 완전한 관계를 규명할 때 비로소 우리는 스피노자가 제시하는 **지복**(至福, beatitudo)을 이해할 수 있다.

지복

직관적 지식은 개별적 사물들의 본질에 대한 인식으로서 유한한 인간의 지성이 **모든** 개별적 사물들의 본질을 이해할 수는 없다는 것을 제외하고는 신의 지식과 다를 바 없다. 인간의 지식은 양적인 한계를 가진 반면, 절대적으로 무한한 존재인 신은 "자신의 본질과 그로부터 필연적으로 생겨나는 모든 것의 관념"(『에티카』, 2부, 정리3, 증명)을 형성하기 때문에 신의 지식은 만물에 적용되는 것이다. 따라서 신은 자신의 또는 "자기 고유의 원인", 즉 자신의 절대적 내부성과 함께 "무한한 완전성을 향유한다." 즉 "신은 무한한 지성적 사랑으로 자기 자신을 사랑한다."(『에티카』, 5부, 정리35, 증명) 신은 자신에 대한 관념을 통해 자신과 만물 속에서 자기 자신을 영원히 사유한다. 절대적 자기의식이 바로 신이 자기 본성의 무한한 완전성에 대해 갖는 지성적 사랑이다.

그렇다면 신의 지성적 사랑과 인간의 지성적 사랑의 관계는 무엇인가? 두 사랑은 모두 지성적이므로 이 관계는 단순히 동일성의 관계이다. 신에 대한 인간의 지성적 사랑이 인간이 자신을 신의 관념과 함께 고찰하는 것이라면, 이는 또한 신이 다른 정신들과 관계없이 이 인간의 정신 속에서 자기 자신을 표현하고 설명한다는 것을 의미한다.

"신에 대한 정신의 지성적 사랑은 신이 자신을 사랑하는 무한한 사랑의 한 부분이다." "신은 자기 자신을 사랑하는 한에서 인간을 사랑하며, 따라서 인간에게 대한 신의 사랑과 신에 대한 정신의 지성적 사랑은 똑같다."

— 『에티카』, 5부, 정리36

이 동일한 사랑 안에서 주체와 객체의 구분은 의미가 없다. 인간은 **신-객체**를 사랑하는 주체인 동시에 **신-주체**에게 사랑받는 객체이다. 동일한 사랑 속에서 신이 신 안에서 나를 사랑하는 것처럼 나는 내 안에서 신을 사랑하는 것이며, 신이 내 안에서 신 자신을 사랑하는 것처럼 나는 신 안에서 나 자신을 사랑하는 것이다. **서로를 사랑하는 신과 인간은 완전한 통일을 이룬다. 사랑은 하나이자 전부이다.** 욕망 주체는 지성적 사랑의 존재론적 통일 속에서 비로소 존재의 근원과 교류한다. 수동성의 영역에서는 타자들의 작용을 통해 자신을 완성하고자 하고, 자신의 사랑을 만족시키기 위해, 만족을 줄 수 없는 이들에게 사랑을 돌려받기를 원함으로써 수많은 마음의 동요를 겪었고, 이성의 영역에서는 자신의 사랑에 대한 신의 응답을 원하지 않음으로써 어느 정도 신과 자기 자신으로부터 거리감을 느끼지만, 진정한 영원의 삶에서는 존재론적으로 동일한 사랑 속에서 신과 절대적으로 결합한다. 이제 욕망 주체는 능동성의 주체일 뿐 더 이상 수동성의 주체가 아니다. 인간은 신과 점점 더 하나가 됨으로써 점점 더 자기 자신이 된다. 그의 실재는 자신의 완전성이 강화됨과 동시에 강화된다. 인간의 의식은 신의 사유와 사랑이 끊이지 않는다. 인간은 자신이 생각하는 모든 것을 신 안에서, 그리고 신에 의해서 생각한다. 신이 인간 안에서, 그리고 인간에 의해서 생각하기 때문이며 인간은 영원한 전체의 영원한 부분이기 때문이다. 인간은 신적인 지식의 인과율 한가운데 존재하는 것이다.

> "우리의 정신은 이해하는 한에서 사유의 영원한 양태이고, 이것은 사유의 또 다른 영원한 양태에 의해서 결정되며, 그것은 다시금 다른 것에 의해서 결정되고, 이처럼 무한히 계속되어 모든 양태는 동시에 신의 영원하고 무한한 지성을 이룬다."
>
> —『에티카』, 5부, 정리40, 주석

욕망 주체의 존재론적 완성, 즉 지복은 무한과 유한의 완전한 종합 속에서 실현된다. 지복의 단계에서 인간은 자기 본성의 필연성에 의해, 즉 자기 자신만의 법칙에 의해 존재하고 행동하기 때문에 자유롭다. 그러나 지복의 자유는 자유의지가 아니라 자유로운 필연성이다. 지복을 누리는 욕망 주체는 **일종의 영원한 필연성**(『에티카』, 5부, 정리42, 주석) 속에서 자신과 신과 사물들을 의식하는 자유로운 필연성의 인간이다. 절대존재와 존재자들의 결합 속에, "신에 대한 계속적이고 영원한 사랑, 즉 인간들에 대한 신의 사랑 속에 우리의 구원, 달리 말하면 우리의 지복 또는 우리의 자유가 있는 것이다."(『에티카』, 5부, 정리36, 주석) 신과 인간의 근원적 통일이 마음의 진정한 만족을 주며 이런 만족이 **영광**

(gloria)이다. 그러나 신과 인간의 통일에서 오는 영광은 아첨을 통해 얻는 헛된 영광이 아니라 우리의 진정한 힘, 즉 지성적인 행동을 생각함으로써 생겨나는 영광이다.

그러나 지복의 기쁨이 감각적 쾌락의 금욕에서 오는 것처럼 생각함으로써 지복이 덕행의 보상이라고 말해서는 안 된다. 지복은 덕 자체이다. 그리고 감각적인 욕망을 제어할 수 있는 것은 기쁨이 있기 때문이다.

> "지복은 덕의 보상이 아니라 덕 자체이다. 우리는 쾌락을 억제하기 때문에 지복을 누리는 것이 아니라, 반대로 지복을 누리기 때문에 쾌락을 억제할 수 있다."
>
> ─『에티카』, 5부, 정리42

이 점을 파악하려면, 욕망 주체가 지성과 동일시될 때 직관적 지식과 신의 지성적 사랑, 즉 지복을 누린다는 점을 잊어서는 안 된다. 능동성, 덕, 힘은 오로지 지성과의 관계에서만 그 자체로 가치를 지닌다.

> "덕과 힘을 나는 동일한 것으로 이해한다. 즉 인간과 관계되는 경우 덕은 인간이 자신의 본성의 법칙에 의해서만 이해되는 어떤 것을 행하는 능력을 가진 한에서 본성 자체이다."
>
> ─『에티카』, 4부, 정의8

요컨대 기쁨은 정상적인 이해 기능에 다름 아니며, 슬픔은 이해 기능의 변질에 다름 아니다. 달리 말하면 능동성과 덕의 기준이 지복인 것처럼 악을 치유할 수 있는 것도 지복뿐이다.

"정신은 이 신적 사랑 또는 지복을 누림으로써 쾌락을 억제하는 힘을 소유한다. 그리고 감정을 억제하는 인간의 힘은 오직 지성에만 있기 때문에, 어떤 사람이든 감정을 억제했기 때문에 지복을 누리는 것이 아니라, 오히려 그와는 반대로 쾌락을 억제하는 힘이 지복 자체에서 생기는 것이다."

— 『에티카』, 5부, 정리42, 증명

결국 욕망 주체는 지성과 자신을 동일시할 때 적합한 존재로 거듭날 수 있다. 구원은 내부에 있다. 욕망 주체는 오직 지성을 통해 자신과 신을 인식할 수 있으며, 신이 자신을 인식한다는 것을 알 수 있다. 오직 지성을 통해 신을 사랑할 수 있으며 신이 자신을 사랑한다는 것을 알 수 있다. 오직 지성을 통해 자신이 진정한 자기 자신이며 신으로부터 분리될 수 없는 부분이라는 것을 알 수 있다. 지성이 없이는 윤리학도 형이상학도 없다. 지성과 함께 윤리학과 형이상학은 융합한다.

죽음과 지혜

욕망 주체는 지성적 사랑으로 신과 결합할 때 지복을 누린다. 이 존재론적 사랑에는 수동적 감정이 섞여 들어갈 어떠한 침전도 없고 대립적인 요소도 없다. 지성적 사랑은 인식과 감정의 종합으로서 영원한 삶을 끊임없이 표현한다. 그러나 영원한 삶은 다른 세계나 피안의 세계에 놓여진다는 것을 의미하지 않는다. 자연주의의 원리는 계속 유지된다. 영원의 체험은 현세, 현재, 현존, 즉 지속 속에서 이루어진다. 따라서 욕망 주체는 지속을 최대한 **영원화**함으로써 영원의 영역을 확장할 필요가 있다. 물론 이것이 의미하는 바는 영원이 변화에 종속된다는 것은 아니다. 영원을 확장한다는 것은 영원의 주변에 있는 먼지를 털어냄으로써 영원을 부각하고 빛나게 한다는 의미이다. 영원과 지속, 본질과 현존을 최적의 관계로 결합하는 것이 지혜이다.

실제로 신의 지성적 사랑을 통해 존재의 통일성이 확보된다고 할지라도, 어떤 방식으로든 반응을 촉발하는 외부의 즉각적 재료와 사태의 현존을 부정할 수는 없다. 게다가 외부요소들은 육체의 정상적 기능을 위해 필요하다. 그렇다면 영원한 내부성을 명목으로 육체의 변덕에 자신을 맡김으로써 정신과 육체를 대립되는 방향으로 끌고 가는 것은 무분별한 일이다.

특히 여기서 정신과 육체에 대한 인식을 올바로 사용해야 한다. 어떤 방식으로 육체의 정상적 유지는 영원의 확장에 유용한가? 그리고 유용하다면 그 유용성을 보존하고 확대하기 위해 필요한 것은 무엇인가? 우선 육체의 삶을 유지해주는 것은 육체의 부분들이 서로 간에 운동을 전달할 수 있게 해주는 관계의 안정성, 즉 육체의 **형상**이라는 사실에 주목해야 한다. 육체의 형상이 보존될 때 비로소 육체는 여러 방식으로 외부 물체들로부터 영향을 받을 수도 있고 외부 물체들에 영향을 줄 수도 있다. 달리 말하면 육체가 더 많은 영향 관계 속에 있을수록 정신도 그만큼 많은 것을 이해할 수 있다. 바로 여기에 정신의 영원성의 확장을 위한 육체 보존의 유용성이 있다. 최대한의 육체적 변용을 신의 관념과 관계시킴으로써 정신은 최대한으로 신의 사랑에 머물 수 있고 이로부터 세 번째 종류의 인식에 최대한의 재료를 제공함으로써 자신의 지성, 즉 자신의 영원성의 가장 많은 부분을 자기화할 수 있기 때문이다. 따라서 우리는 육체를 아끼고, "삶의 모든 시간을 건강한 육체 속의 건강한 정신을 가지고 보낼"(『에티카』, 5부, 정리39, 주석) 필요가 있는 것이다. 즉 육체의 지배와 정신의 지배는 평행적으로 이루어져야 하는 것이다. **지혜는 심신평행론의 구현**이다.

이제 깊은 통찰력과 함께 죽음에 대한 태도를 조명할 수 있다. 실제로 육체의 삶이 형상의 유지라면 죽음은 형상의 파괴이다. 그러나 이런 파괴를 단지 생물학적 죽음, 예를 들어 혈액 순환의 멈춤 또는 송장으로의 변형으로 이해해서는 안 된다. 육체의 부분들의 관계가 다른 관계로 변형되는 것, 예를 들어 전적인 기억상실이나 아이가 어른으로 변하는 것도 죽음으로 간주될 수 있다. "육체의 부분들이 서로 운동과 정지의 상이한 비율을 취할 때"(『에티카』, 4부, 정리39, 주석) 육체는 죽은 것이라 할 수 있다. 스피노자는 이런 변화를 본성의 변화로 본다. 달리 말하면 개체의 정체성은 언제든지 변할 수 있는 것이기 때문에, 엄밀한 의미에서 보면 "정체성"이라는 것은 무의미한 것이다. 따라서 죽음이 육체의 형상의 변화를 의미한다면 이런 변화를 최선의 방향으로 이끄는 것이 무엇보다 중요하다. 즉 육체의 형상의 변화는 외부 원인들의 우발적 영향 아래 이루어져 지성을 은폐함으로써 정신을 상상에 빠뜨려서는 안 되고, 그 반대로 지성의 지도 아래 이루어져 정신을 최대한의 직관적 지식의 재료로 채워야 한다. 달리 말하면 육체의 건강을 정상적으로 최대한 발전시킴으로써 정신의 부분들 중 육체와 함께 소멸하는 부분인 상상이 정신의 영원한 부분, 즉 지성에 비해 무의미하고 무시해도 좋은 것이 될 수 있는 상황을 구현해야 한다.

> "우리는 삶에서 그 본성이 허락하는 한, 그리고 본성에 도움이 되는 한 무엇보다도 어린아이의 육체를 다른 것으로 변화시키려고 애쓴다. 즉 많은 것을 할 수 있는 육체 그리고 자신과 신과 사물에 대해서 가장 많이 의식하는 정신에 관계되는 육체로 변화시키려고 애쓴다. 또한 그렇게 변화하면 정신의 기억이나 상상에 속하는 모든 것은 지성과 비교해볼 때 거의 의미가 없을 것이다."
>
> — 『에티카』, 5부, 정리39, 주석

우리가 통상적으로 생각하는 죽음이라는 것은 현존 양태들의 무한정한 연쇄에 따라 결정되므로, 죽음의 사유는 지극히 상상적인 관념으로서 정신의 삶 자체를 표현하는 지성과 비교해볼 때 무의미한 것이 된다. 따라서 죽음이 아니라 죽음의 불안이 추방되는 것이다. **정신과 육체를 존재론적으로 이해할 때 죽음이 개념**

적으로 규정되고 더 이상 불안의 대상이 되지 않는다.

그렇지만 지성에 의해 정의된 이론적 삶을 천착하는 것이 구체적 삶을 무시하는 것은 아니다. 지성이 영원하다는 것을 알지 못한다고 가정하더라도 정신의 힘, 즉 굳건함과 관대함에 관계되는 모든 것을 우선적인 것으로 간주해야 한다. 자기 보존의 유용성에 대한 직접적인 추구를 요청하는 이런 덕들은, 비록 그 안에서 정신의 영원성이 충만하게 드러나지는 않는다고 해도 확실한 추론과 신의 관념에 의해 규정되기 때문이다. 특히 이런 덕들의 부정이나 왜곡으로 인해 생겨날 수 있는 지극히 불합리한 태도와 비교할 때 이 덕들의 유용성은 자명하게 드러난다. 수동적 감정 상태에 함몰된 무지인들은 정신의 굳건함과 관대함에 속한 모든 덕을 죽음 후에 던져버리거나 죽음 후에 찾아올 잔혹한 형벌의 불안으로 힘겹게 지고 있는 짐으로 간주하며 그들에게는 예속에 다름 아닌 경건과 종교심에 대한 보상을 받기를 희망한다. 희망과 불안의 연쇄에 빠진 무지인의 모순적 태도는 그 자체로 부조리한 것이다.

"만일 이런 희망과 공포가 인간에게 없었더라면, 그리고 반대로 만일 정신은 육체와 함께 소멸하고 경건의 부담에 사로잡힌 불행한 사람들이 미래의 삶이 있지 않다고 믿게 되었다면, 그들은 자연적 성향으로 되돌아가 모든 것을 감각적 욕망에 따라 처리하고 자기 자신보다 오히려 요행을 따르려고 할 것이다. 이는 사람들이 훌륭한 식품으로 육체를 영원히 보존한다고는 믿지 않으므로 오히려 독이나 치명적인 음식을 마음껏 먹기를 바라거나, 정신을 영원하다거나 죽지 않는다고 보기 때문에 혼란한 마음으로 이성 없이 살아가기를 바라는 것과 똑같이 내게는 부당한 것으로 보인다."

— 『에티카』, 5부, 정리41, 주석

지혜로운 욕망 주체의 삶은 무지인의 삶과 진정 다르다. 물론 현인은 자신의 힘이 극도로 제한된 것이며 외부 원인에 의해 무한히 압도된다는 것을 알고 있다. 그러나 현인은 부적합한 관념에 다름 아닌 죽음의 불안으로 삶을 낭비하기보다는 삶의 원리를 통해 삶을 향유한다. 현인은 지성의 계속적이고 진지한 주의력을 통해 외부 원인을 구체적 삶의 유용성을 위해 사용할 뿐 아니라, 거기서 영원한 이해의 재료를 도출해냄으로써 신과 결합할 줄 안다. 현인은 외부로부터 극미하게 영향을 받을 뿐이며 지성적 사랑을 통해 끊임없는 기쁨을 누린다. 현인은 진정한 자기만족과 영원한 사랑을 영위한다. 존재의 증표는 슬픔이 아니라 기쁨이다. 현인은 존재하기를 멈추지 않는다. 물론 구원의 길은 가파르고 험하다.

"그러나 고귀한 모든 것은 드문 만큼 어려운 것이다."

— 『에티카』, 5부, 정리42, 주석

참고문헌

1. 스피노자 저작

『스피노자 서간집』, 이근세 옮김, 아카넷, 2018.

『에티카』, 강영계 옮김, 서광사, 2007.

Cogitata Metaphysica(형이상학적 사유), *Spinoza Oeuvres completes*(스피노자 전집), Paris, Gallimard, La Pléiade, 1954.

Ethique(에티카), Robert Misrahi 프랑스어 역, Paris, PUF, 1990.

Ethique(에티카), Ch. Appuhn, 라틴어-프랑스어 역, Paris, Garnier, 1906.

Korte Verhandeling(소론), *Spinoza Oeuvres completes*(스피노자 전집), Paris, Gallimard, La Pléade, 1954.

Tractatus de Intellectus Emendatione(지성개선론), *Spinoza Oeuvres completes*(스피노자 전집), Paris, Gallimard, La Pléiade, 1954.

Tractatus Theologico-Politicus(신학정치론), Jacqueline Lagré, Pierre-Françis Moreau, 라틴어-프랑스어 역, *Spinoza Oeuvres III*(스피노자 전집 제3권), *Tractatus theologico-politicus, Traite theologico-politique*, PUF, Paris, 1999.

2. 2차 문헌

빅토르 델보스, 『스피노자와 도덕의 문제』, 이근세 옮김, 선학사, 2003.

질 들뢰즈, 『스피노자의 철학』, 박기순 옮김, 민음사, 1999.

Albert Rivaud, "La nature des modes selon Spinoza"(스피노자에서 양태의 본성), *Revue de la métaphysique et de la morale*, 1933, no.3~4, pp.281~308.

Alexandre Matheron, *Individu et communauté chez Spinoza*(스피노자의 철학에서 개인과 공동체), Paris, Les Ed. de Minuit, 1969.

_____, *Le Christ et le salut des ignorants chez Spinoza*(스피노자의 철학에서 그리스도와 무지인들의 구원), Paris, Aubier, 1971.

A. Darbon, *Etudes spinozistes*(스피노자 연구), Paris, PUF, 1946.

Bernard Rousset, *Traité de la réforme de l'entendement*(지성개선론). Introduction, texte, traduction et commentaire, Paris, Vrin, 1992.

Chantal Jaquet, "Corps et Esprit: la logique du tantôt, tantôt chez Spinoza"(육체와 정신: 스피노자에서 '때로는-때로는'의 논리), *Intelletica*, Paris, Association pour La recherche Cognitive, 2012, pp.69~79.

Emmanuel Lévinas, *Difficile liberté*(어려운 자유), Le Livre de Poche, 2003.

Ferdinand Alquié, *Le rationalisme de Spinoza*(스피노자의 이성론), PUF, 1981

G. Bosse, "Méthode et doctrine dans le *Traité de la réforme de l'entendement*"(『지성개선론』에 있어서 방법과 이론), *Studia Spinozana*, vol.2 (1986), pp.93~108.

Léon Brunschvicg, *Spinoza et ses contemporains*(스피노자와 그의 동시대인들), Paris, PUF, 1971.

Lucien Mugnier-Pollet, *La philosophie politique de Spinoza*(스피노자의 정치철학), Paris, Vrin, 1976.

Martial Gueroult, *Spinoza, t.1. Dieu*(스피노자, 1권, 신), Paris, Aubier, 1968.

N. Grimaldi, *Le désir et le temps*(욕망과 시간), Paris, PUF, 1971.

Pierre Macherey, *Introduction à l'Ethique de Spinoza. La première partie: la nature des choses*(스피노자의 『에티카』 입문, 1부: 사물의 본성), Paris, PUF, 1998.

_____, *Introduction à l'Ethique de Spinoza. La cinquième partie: les voies de la libération*(스피노자의 『에티카』 입문, 5부: 해방의 길), Paris, PUF, 1994,

Stanislas Breton, Spinoza, théologie et politique(스피노자, 신학과 정치), Paris, Desclée, 1977.

Sylvain Zac, L'idée de vie dans la philosophie de Spinoza(스피노자의 철학에서 삶의 관념), Paris, PUF, 1963.

Victor Delbos, Le problème moral dans la philosophie de Spinoza et dans l'histoire du spinozisme(스피노자의 철학과 그 역사에서 도덕의 문제), Paris, F. Alcan, 1893.

_____, "La notion de substance et la notion de Dieu dans la philosophie de Spinoza"(스피노자의 철학에서 실체의 개념과 신의 개념), Revue de Métaphysique et de Morale, 1908, n°6.

_____, Le spinozisme(스피노자 철학), Paris, Vrin, 1950.

지은이 후기

이 책을 집필한 동기는 『스피노자 서간집』의 번역 출간과 관련된다. 대우재단의 지원을 받아 2018년 아카넷 출판사에서 『스피노자 서간집』을 출간하고 나서 스피노자의 철학에 관한 일련의 특강을 진행했다. 스피노자의 편지, 스피노자 존재론의 원리, 스피노자의 종교론과 정치철학, 윤리학에 대해 강의했고 강의록을 바탕으로 스피노자 철학에 대한 개론서를 집필하기로 했다. 예상된 일이었지만 집필 작업을 시작하면서 곧바로 책의 범위가 넓어졌고 이전 발표한 다수의 논문을 활용할 수밖에 없었다. 그래서 『지성개선론』, 『신학정치론』, 『에티카』의 핵심 논의를 대부분 다루게 되었다. 길게 쓰지 않으려던 책을 마무리하니 오히려 더 포함시키지 못한 부분 때문에 아쉬워졌다. 『에티카』를 두루 논했지만 『에티카』 4부의 내용을 풍부하게 담지는 못했다. 혹시라도 2쇄의 기회가 주어진다면 관련 내용을 수록할 예정이다. 그렇게 되면 스피노자 철학 전반에 대한 어느 정도 완결된 해설서의 모습을 갖출 것 같다.

이전 연구에 사용된 많은 2차 문헌을 어떤 방식으로 처리해야 할지 고민했다. 대부분 국내에 번역된 문헌이 아니기 때문에 이 책의 논의에 직접 활용한 것만을 간략히 다루었다. 그러나 스피노자의 저작을 활용할 때는 독자가 그의 글을 접하도록 직접 인용을 늘리는 방향을 택했다. 이 책의 목표도 독자를 스피노자의 원전으로 안내하는 것이다. 어떤 해설서도 원전을 대체할 수 없다. 독자가 이 책의 논의를 스피노자의 원전을 통해 확인하고 그의 사유와 씨름한다면 더 바랄 것이 없다.

벨기에 루뱅대학교의 은사님인 클로드 트로아퐁텐느(Claude Troisfontaines) 선생님께 사의를 표할 일이 있다. 스피노자의 편지에서 그의 모든 저작에 이르기까지 선생님께서 엄정한 텍스트 분석과 함께 진행한 강의가 없었더라면 필자의 스피노자 연구는 진전을 이루지 못했을 것이다. 특히 이 책에 담긴 『신학정치론』 논의는 전적으로 선생님의 분석 틀에서 비롯되었다. 선생님의 강의록을 통해 『신학정치론』 원전과 여러 관련 문헌을 확인해가는 작업을 수행한 것에 지나지 않을 정도이다. 귀국한 지 어느새 20년이 되었고 선생님께서 사람을 제대로 못 알아볼 정도로 편찮으시다는 소식을 들었다. 『스피노자 서간집』의 중요성을 알려주신 것도 선생님인데, 국역본을 전해드리겠다는 약속도 코로나 사태를 핑계로 못 지켰다. 시간이 얼마 남지 않은 듯하지만 이 책과 함께 전해드릴 수 있었으면 하는 바람뿐이다.

스피노자, 욕망의 기하학

1판 1쇄 펴냄 2022년 9월 5일
1판 2쇄 펴냄 2023년 3월 3일

지은이   이근세
펴낸이   김정호

책임편집   신종우
디자인   이대응

펴낸곳   아카넷
출판등록   2000년 1월 24일(제406-2000-000012호)
주소   경기도 파주시 회동길 445-3 2층
전화   031-955-9510(편집) 031-955-9514(주문)
팩스   031-955-9519
홈페이지   www.acanet.co.kr
블로그   blog.naver.com/acanet2001
페이스북   facebook.com/acanet2015

ISBN 978-89-5733-807-0 93160